Für Rita, Vera, Johannes
und alle, die dabei waren

Das Licht des 13. Mondes

Äthiopisches Tagebuch

Henry-Martin Klemt

Bibliografische Information der Deutschen Nationalbibliothek: Die Deutsche Nationalbibliothek verzeichnet diese Publikation in der Deutschen Nationalbibliografie; detaillierte bibliografische Daten sind im Internet über http://dnb.dnb.de abrufbar.

© 2017 Henry-Martin Klemt
Fotos: © Henry-Martin Klemt / Henry-Martin Klemt - Archiv
Herstellung und Verlag: BoD – Books on Demand, Norderstedt
ISBN: 978-3-7431-2785-2

Asassa

Das Mädchen mit rotem Stirnband
will ich noch einmal sehen
in einem brunnentiefen Moment,
aus dem wir Wasser schöpfen,
das uns durstig macht.

Abstreifen werd ich das Band,
wie der Abend die Sonne,
wie der Berg die Wolke,
wie die Frau das Kleid
abstreift. Unsere Füße
werden einander berühren
auf dem vulkanischen Stein.

1987

Am 29. September 1987 morgens um vier Uhr fliege ich von Berlin-Schönefeld mit einer IL 62 M der Interflug über Cairo und Khartoum nach Addis Abeba. Das Bordmenü ist halal.

29. September:

Der morgendliche Horizont läßt mich an die alten *Saba*-Schiffsbilder denken, die mein Großvater gesammelt hat und die meine Mutter in einem kleinen, handgeschnitzten Kästchen verwahrt.

Als Kind habe ich sie oft, anfangs heimlich, aus dem großen Schrank genommen und den feierlichen Geruch alten Holzes und alten Papiers geatmet. Die Bildchen vereinten in sich fremde Länder und vergangene Zeiten und diese beiden beunruhigendsten aller Geheimnisse berührten sich in einem Traum, den fast jeder Junge einmal träumt, der Seefahrt.

Dort also, auf den Abbildungen von Kreuzern und Viermastern, Luxuslinern und Zerstörern, war mir zum ersten Mal ein Himmel begegnet, der zwischen rot und blau, schwefelgelb und grün schwingt. Heute morgen erkannte ich ihn wieder. Kein Bild aber zeigt das Auflodern der vulkanischen Röte im Wolkenschnee, wie wir es auf unserem Weg über Budapest, Varna, Istanbul nach Cairo sahen.

Nach elf Stunden erreichen wir Addis Abeba. Brigadier Helmut und die anderen zur Vorhut Gehörenden nehmen uns in Empfang. Er hat Ansichtskarten gekauft, das Geld ausgelegt, damit alle nach Hause schreiben können, die Post schnell ankommt. Alles wirkt selbstverständlich - wenn man nicht wie ich ein völlig Unwissender ist. Wir übernachten im Hotel d´Afrique. Mengistu Haile Mariam ist allgegenwärtig. Am Platz der Revolution wird er flankiert von Marx, Engels und Lenin.

Helmut leitet seit dem vergangenen Jahr die Brigade. Er ist in den 40ern, kaum Bauch, sauber geschnittener Vollbart, Jeans, kariertes Hemd. Für einen waschechten Mecklenburger ist er erstaunlich aufgeschlossen und, wenn man daran stößt, für viele kleine Schönheiten, menschliche wie landschaftliche, empfänglich. Nachdem sein Berufswunsch Matrose geplatzt war, lernte er Maschinen- und Traktorenschlosser mit Abitur, dann bewarb er sich erneut bei der Reederei, ging drei Jahre auf Fahrt, studierte Schiffsbauingenieur, fuhr wieder. Als seine Frau als Lehrerin nach Mali geschickt wurde, fuhr er als Schlosser mit. Die Kinder wuchsen auf in ursprünglicher Natur. Die nächste Station war Guinea. Eine schwarze Mamba, die ihm an die Hühner wollte, liegt heute in seinem Wohnzimmerschrank. Seine Tochter ist 16. Trotz Notendurchschnitt 1,0 darf sie nicht an die EOS. Helmut hat eine Eingabe an den Zentralrat der FDJ geschrieben und wartet auf Antwort. In Rechlin ist er Betriebsteildirektor im Kreisbetrieb für Landtechnik. Er hat eine kleine Wirtschaft, Kaninchen, Hühner, sein Boot zum Angeln. Jeden Abend vor dem Einschlafen liest er. Auch hier. Über das Land, in dem er ist. Aber auch Krimis.

Das äthiopische Fernsehen hat ein Programm von 19 bis 23 Uhr. Die Ständige Brigade verfügt über drei Wohnungen in einem vierstöckigen Haus. Die Mitglieder arbeiten als Ausbilder. Das ist nicht spektakulär; so bleiben sie immer etwas im Schatten. Die DDR-Botschaft liegt im Diplomatenviertel abseits der sechsspurigen Churchill Road, der Hauptstraße von Addis Abeba. Mehrere zweigeschossige Häuser, Lagerschuppen, Garten. Wir brauchen Passbilder. Ein Fotograf in einer grün gestrichenen Wellblechhütte nimmt sie auf - mit einer Exa 1 B. Nachmittags sind wir im Zentralkomitee der REYA - dem Pendant zur FDJ - eingeladen. Das Sitzungszimmer schmuck- und bilderlos. Die Gastgeber tragen blaue und braune Partei- oder Verbandskluft. Äthiopische Kinder fahren an den Werbellinsee, Funktionäre studieren an der Jugendhochschule Wilhelm Pieck am Bogensee.

Helmut spricht frei, unpathetisch. Er hat ein Ohr für Unter- und Zwischentöne und reagiert darauf unaufgeregt und natürlich.

In Äthiopien leben 800 DDR-Bürger. Am Straßenrand Werbeschilder - auch vom Landmaschinebaukombinat Fortschritt. Unsere Fahrzeuge sind, neben dem Lada, ein alter Toyota Jeep und ein noch älterer Nissan Jeep. Keiner der Fahrer spricht englisch oder deutsch. Als erstes macht der Toyota mit festgefahrener Bremse schlapp. Die Reparatur dauert eine Stunde. In Asella stoßen die Koordinatoren der Äthiopier zu uns. Die Enterprise unterhält sechs Staatsfarmen in der Region. Im RAS Hotel gibt es uns zu Ehren einen Empfang. Das ist neu. Es drückt Erwartungen aus. Wir wissen, daß wir gegen den Hunger kämpfen sollen. Das Wetter war schlecht in diesem Jahr. Die Ernte droht es auch zu sein. Der Manager der Enterprise hält eine Rede. Helmut übersetzt. Wenn er etwas nicht versteht, übersetzt er: *Das habe ich jetzt nicht verstanden...* Auch er hat eine Rede vorbereitet. Zehn Sätze in sauberem Schul-Englisch. Wir werden unser Bestes geben.

2. Oktober

Vor uns liegt die Ebene von Garadella, ein Talkessel mit einer Ausdehnung von mehr als siebzig Kilometern, sanft geschwungen, grün. In drei Wochen, sagt Helmut, wird es hier anders aussehen, staubig und trocken. Schon von weitem sehen wir den Stausee und die Lichter des sowjetischen Camps. Das gestaute Wasser wird mit einer Fallhöhe von 300 Metern auf die Turbinen gelenkt, die eigentlich zum 70. Jahrestag der Oktoberrevolution in Betrieb gehen sollten. Aber noch ist das Wasserreservoir zu klein.

Über die Straße läuft ein Schakal. Der erste, den ich in Freiheit zu sehen bekomme. Auch Michael, unser Ornithologe, hat seine Freude. Und Helmut erzählt von seiner Heimkehr aus dem Libanon, wo er sich eine Ruhr geholt hatte. Na schön, sagte er sich, kann ich mir die Olympischen Spiele im Fernsehen angucken (1972). Aber statt dessen lag er in Quarantäne...

Garadella liegt fast schon im Dunkel. Ein paar Dutzend Baracken, an der Straße aber der unverzichtbare Kreisverkehr, den niemand beachtet. Bei den ersten Häusern eine Gruppe, die dort seit dem Nachmittag auf uns gewartet hat. Die Tochter des Doktors mit Blumen, seine Frau, Manager, Wachmänner, für einige von uns Bekannte, und so fällt auch die Begrüßung aus.

Unser Vorkommando, Bibi und Jan, kommt, Latexspuren verraten, womit sie den letzten Tag verbracht haben. Hinter den Häusern lugen Kinder hervor, einen Moment könnte man meinen, das Dorf sei von Kindern bewohnt. Der LKW wird abgeplant. Nun holt erst mal eine Flasche Bier raus, sagt Helmut. Eine simple Zeremonie, aber sie läßt den Eindruck entstehen, hier wären welche nach Hause gekommen.

Die Gleichförmigkeit der Hohlblockbauten stört mich nicht. Die Augen tasten nach der Ferne, die nun verhüllt wird von der afrikanischen Nacht. Es ist erst halb acht. In manchen Häusern brennt Licht. Wir entladen den LKW, tragen Koffer in unsere Räume. Die Wände sind frisch geweißt, die Betonböden mit Wofasept gescheuert. Das Dach besteht aus Wellblech, das auf einer Holzkonstruktion ruht, und aus Papier - der Decke. Drei große Klappfenster, eine Blechtür mit Vorhängeschloß.

Sieben Räume hat die Brigade, manche sind etwas kleiner, in einem ist eine Dusche, die aus einem Faß auf dem Dach gespeist wird, das an die Wasserleitung angeschlossen ist. Die aber läuft nur, wenn das Dieselaggregat eingeschaltet ist. Deshalb steht für uns gleichzeitig noch ein Wasserwagen zum Waschen bereit. Küche und Klubraum. Mit den Lebensmitteln laden wir einen Gasherd ab, Flaschen. In allen Räumen gibt es elektrisches Licht. Das Vorkommando hat Kabel neu verlegt, Schalter angeschlossen.

Das Zimmer, das ich mit Thomas und Detlef teile, mißt 25 Quadratmeter; mehr als ich angenommen hatte. Nach den Berichten von Nicaragua hatte ich härtere Bedingungen erwartet. Sicher bekommen wir noch zwei Betten, wenn die Nachhut eintrifft, aber für den Moment ist mir einfach gut. Campingbetten und -stühle, zwei Tische, aus Luftfrachtkisten gebaut, deren Platten zusammengeschoben ein Riesen-Mensch-Ärgere-Dich-Nicht bilden.

Was braucht ein Mensch wirklich zum Leben, ist der erste Satz. Der zweite: Was wissen wir, wie Menschen auf unserer Erde leben? Der Himmel ist überall heimatlich, aber hier scheint es, als hätte Gott sich einen Vorrat aller Arten von Wolken angelegt. Vier Worte lerne ich noch an diesem Tag: Kuschascha, dada, bida, bila... (Scheiße, essen, bumsen, trinken). Was braucht ein Mensch?

Mitten in der Nacht erwachte ich und stand auf, um mein Wasser abzuschlagen. Der Riegel der Tür knallte. Dann stand ich draußen. Seitdem weiß ich, was Neruda wirklich meinte, als er schrieb von seinem *wütend bestirnten Himmel*, unter dem er liebte. Ich pinkelte und starrte andächtig hinauf. Selbst durch die niedrig hinfliegenden Wolkenfetzen drängten sich die Sterne. Der ewige Wind war abgeflaut, ein südlicher Himmel, ein niemals geschauter, fremd und heimatlich.

3. Oktober

Am Morgen war ich noch vor den anderen, kurz nach sechs, wach. Es war frisch, Hähne krähten, Hühner scharrten umher. Einige Kinder waren schon auf den Beinen, einige Frauen. Das Dorf erwachte. Ich drehte den ausgestreckten Händchen den Rücken, das werde ich hier immer wieder tun müssen, und ging zum Wasserwagen. Das Wasser dampft auf der Haut. Immer findet der Blick ins Weite. Es mußte einfach ein guter Tag werden.

Nach dem Frühstück begannen wir uns einzurichten. Unsere Ausstattung ist luxeriös. Für jedes Zimmer gibt es noch einen Radiorekorder und einen Spiegelschrank. In der Küche entsteht aus Luftfrachtkisten ein Riesenregal für unsere Lebensmittel. Helmut steht am Kochtopf. Jan bringt Hakenleisten für Kellen und Messer an und wir nehmen uns den Klubraum vor. Die Brigadefahne wird an die Wand gehängt, ein REYA-Wimpel, zwei äthiopische Poster für das Land der 13 Monde. Zehn Sommermonate. Die Wandzeitung hängt noch vom Vorjahr. Das löst bei mir den Effekt einer Flaschenpost aus oder den des Blätterns in alten Tagebüchern:

NEUE INFORMATIONEN

4.12.86

UNO-Vollversammlung hat mit der Verabschiedung von mehr als 70 Abrüstungsvorschlägen begonnen; Dollarkurs 1,97 DM

8.12.86

Welt-Cup-Auftakt im Skispringen; Neuseeland hat Frankreich aufgefordert, die Nukleartests einzustellen

12.12.86

Moskau strebt Truppenabzug aus Afghanistan an; Libysche Truppen im Tschad eingefallen, Napalm und Giftgas eingesetzt; Atomwaffenfreie Zone im Südpazifik angestrebt, UdSSR und China schon zugesagt.

Schließlich noch die Oberliga-Ergebnisse vom 22. 11. Das ist es, was bis in diese abgelegenen Täler dringt: Waffengeklirr, Sport und der Kampf um ein bißchen mehr Sicherheit für die Welt.

Aus einigen Kisten bauten wir mit Hilfe von etwas Blechband Regale. Langsam begannen die Unterkünfte sich zu verwandeln. Fenster wurden zum großen Erstaunen der Dorfbewohner mit Fit-Wasser und Zeitungen geputzt, die Koffer wurden ausgepackt.

Kisten dienen als Schrank und Nachttisch. Fotos von Mädchen und Frauen kleben über den Liegen. Neben unserer Behausung steht eine zentrale Toilette, aus Wellblech zusammen gezimmert, von der uns zwei Zellen zugewiesen sind. Glatter Beton mit einem Schlitz über der Sickergrube. So baue ich mit Thomas und Detlef zusammen mein erstes Klo. Man nehme eine Vasina-Kiste, löse den Deckel und säge in den Boden ein Loch. Sodann schneidet man von einem Plasteeimer den Boden aus und befestige mit Kupferkrammen eine Wachstuchschürze. Dann nagle oder schraube man den Eimer von unten, die Klobrille von oben an den Kistenboden. Die Wachstuchschürze versenke man trichterförmig in den Betonschlitz. Sodann lasse man die Hosen zum Probesitzen hinunter...

Mittags bekamen wir unsere Vergütung ausgezahlt. Fünfzig Birr gingen in die Küchenkasse. Davon wird in Addis im Victory Gemüse und Obst eingekauft, um unsere Konservenverpflegung aufzubessern. Aus seinen Vorräten grub Helmut noch einen Packen Farbfotos aus, Sport und Politik, so daß ich höchst eigenhändig zwei Bilder des Generalsekretärs anbrachte und über mich selbst lächelte. Aber Garadella ist nicht Berlin, und so kam ich mir eigentlich überhaupt nicht sonderbar vor.

Inzwischen graben Schwarze mit einem Stemmeisen und bloßen Händen Löcher für unsere Fahnenstangen. Die, leider, gerieten zu kurz und liegen noch jetzt vor der Tür. Auch Fahnen sind Stoff und können sich in der Nacht selbständig machen, wenn eine Schattenhand sie erreicht.

Später gehen wir noch einmal los. Auch Detlef kommt mit. Auf der Farm werden sie von Bekannten begrüßt. Menguso, Mechanic Junior, im grünen Overall, lacht, als Thomas ihn anspricht:

„Na, alte Ratte!"

„Alte Ratte, alte Schabracke, jaja, how are you?"

Irgendwer hatte vergangenes Jahr die Bezeichnung benutzt und sie mit *friend* übersetzt. Nach einigen Tagen erfuhr Menguso die Bedeutung. Er nahm nichts übel, merkte sich aber das Wort. Und er fragt Thomas mit Namen nach den anderen Brigadistas, was macht dieser, ist jener nicht mit? Hast du die Fotos mit, die du machen wolltest? Dazu gesellen sich dann noch ein Hydraulikspezialist und der Chefschweißer, die beide aussehen, als wären sie jüngst aus einem Guerilla-Camp heimgekehrt.

Gutes Geld wird auf der Staatsfarm verdient, aber das Gefälle ist groß. Ein ungelernter Arbeiter bekommt 58 Birr im Monat, ein Mechanic Junior (Jungfacharbeiter) 250 Birr, ein Mechanic One 400 und ein Mechanic Two 500 Birr. Der Manager der Farm lebt mit seiner Familie und einigen anderen Funktionären in einem separaten umzäunten Gelände. Er verdient monatlich 1600 Birr. Außerdem gibt es Wachleute für die Farm und alle wichtigen Objekte. Frauen werden zum Sieben und für andere Arbeiten angestellt, die sie dann in großen bunten Gruppen auf uralte Weise ausführen.

Auf dem Farmgelände stehen neben den Mähdreschern reihenweise Traktoren, ZT und jugoslawische, zum Teil Freundschaftsgeschenke der DDR. Manche davon dienen nur noch als Ersatzteilspender, andere sehen nach drei oder auch zwei Erntekampagnen auch für meinen Laienblick schon ziemlich mitgenommen aus. Unebene Felder, schlechte Roughroads und eine durchschnittliche Leistung bei Mähdreschern von 500 Betriebsstunden tragen das ihre bei, manchmal auch die unzureichende Qualifikation von Fahrern und Schlossern.

Ein paar hundert Meter vom Farmgelände stoßen wir auf das Flüßchen, das dem See entspringt, von dem auch wir unser Trinkwasser beziehen. Ein paar Halbwüchsige sind dort, ein Alter auf seinem Maultier kommt dazu. Für zwei Zigaretten läßt er sich fotografieren. Die meisten wissen, daß sie damit, im Wortsinne, verewigt werden. Mütter nehmen für diesen Moment ihre Säuglinge auf den Arm. Väter rufen ihre Familie zusammen. Ein Hirt greift seinen Prachtochsen bei den Hörnern. Der Greis zwirbelt den Bart und mein Alter sitzt stolz auf. All das tun sie mit solcher Ernsthaftigkeit, daß niemand es wagen sollte, von einem armseligen Stolz zu sprechen.

Auf dem Rückweg regnen wir ein. Der Wind weht schärfer. Trotzdem ist es nicht kalt. Anderswo in solchen Höhen liegt ewiger Schnee. Im Camp verteilt Helmut FDJ-Abzeichen, die wir auf unsere Monturen nähen. Es ist Abend geworden. Die Sonne geht unter, nicht mit rotem, sondern mit gelbem Schweif. Darüber türmen sich tiefblaue Wolken.

Nach dem Essen findet unsere zweite Brigadeversammlung statt. Sie dauert nicht lange. Präambeln und Vorreden spart Helmut sich. Er beruft die Küchenkommission, mich als KuS-Funktionär, benennt die Küchendienste und erläutert dann die Sicherheitskonzeption, An- und Abmeldepflichten und auch die Ernstfälle: Ausbleiben des Brigadeleiters oder einer Arbeitsgruppe zum Beispiel.

Die Karenzzeit, nach deren Ablauf Suchaktionen eingeleitet werden können, beträgt 30 Minuten. Ein Punkt benennt *besondere Ereignisse*, also Naturkatastrophen, Unruhen und Staatsstreiche. Jeder in der Mannschaft muß sich ein Notgepäck anlegen, der Koch eine Zwei-Tage-Reserve für Lebensmittel und Trinkwasser bereitstellen. Für den Fall, daß die Mannschaft sich verbarrikadieren muß, ist in der Küche ein Vorschlaghammer bereitzuhalten, mit dem - nachdem jemand durch die Decke über die Mauer gestiegen ist - ein Wanddurchbruch gemacht werden kann. Einige von uns grinsen. Der Brigadeleiter muß dann entscheiden, ob und wie eine Evakuierung nach Addis Abeba in die Botschaft erfolgen muß. Einige lächeln, weil dieser Fall absurd erscheint. So absurd, daß er in anderen Ländern bereits eingetreten ist.

Detlef ist zum Getränkeverantwortlichen avanciert. In unserer Bude lagern Bier, Cola und Ambo, ein Mineralwasser mit natürlicher Kohlensäure, das in Äthiopien gewonnen wird. Außerdem haben wir relativ viel Platz. Was Wunder also, wenn wir schon heute eine Art zweiten Klubraum zur Verfügung stellen, in dem sich fast die ganze Brigade trifft. Thomas hat, ich weiß nicht, wie er das Wunder vollbrachte, noch zwei Flaschen Goldbrand gerettet, die er auf den Tisch stellt. Außer Hartmut und Matthias, ein Serviceman, der sonst viel in Ungarn unterwegs ist, sitzen alle auf Campingstühlen und Getränkekisten und führen zwei bis drei Gespräche zugleich. Auffällt mir Andreas, der aufmerksam und intensiv mitnimmt, was ihm hier begegnet. Wir unterhalten uns schwärmend über Jugoslawien beziehungsweise Algerien. Andreas erzählt von Dutzenden kleiner Galerien, Malern unterschiedlicher Stile. Er malt selbst, zeichnet, liebt die Feder mit ihrem unzurücknehmbaren Strich, die Glasdrucke. Aber er zeichnet nicht nur, was er auch hier schon getan hat, sondern fotografiert auch, am liebsten Vögel, da er organisierter Ornithologe ist.

Wir vier Neuen aber setzen uns mit Detlef in den Toyota und fahren Richtung Tamella. Auch dort befindet sich eine Farm, dem Augenschein nach größer als die hiesige, in der nur wenige Leute dieses Jahr arbeiten werden und dies vor allem, weil wir nicht nur hier leben und Forderungen stellen wollen.

Doch nicht die Staatsfarm war unser Ziel, sondern die etwas weiter gelegenen Höhlen. Sie sind bewohnt. Hinter einem Wall aus Steinen und Kuhmist hausen in den Felsen Familien zusammen mit Schafen, Katzen, Hunden. Draußen weiden die Rinder. Gern wüßte ich, was für ein Verhältnis zwischen Mensch und Tier aus solchen, niemals sehr langen Leben entsteht. Wir aber sind Fremdlinge, verstehen kaum ein Wort. Vor der Behausung werden wir begrüßt, und Detlef kramt aus seiner Tasche eine Zeitung und ein Stück Seife. Ich fingere nach einer Zigarette. Die übliche Geste. Geduldig wartet die ganze Familie, bis jeder seine Aufnahmen gemacht hat. Der Familienvater greift nach der Hand seiner Frau und streckt sie uns entgegen. *Wir beide sind es, die hier zusammengehören.* Auch die Höhle dürfen wir fotografieren. Nehmen, die hier leben, ihren Geruch nach Mist, Tier und Mensch noch wahr? Mit der Seife wird die Frau an den Fluß gehen und die Wäsche waschen, die es, auch für hiesige Verhältnisse, nötig hat. Ein Mann bittet uns um Streichhölzer, aber wir haben keine mit. Ein anderer folgt uns, als wir auf dem höher gelegenen Weg weiter gehen. Unten begleitet uns eine Gruppe von Kindern. Das ist überall so. Sie strecken die Hand aus nach einem Abzeichen, wenn sie uns für Russen halten, wegen des sowjetischen Camps am Staudamm, nach einem Bonbon. Sie lassen sich nicht abhängen. Der unbekannte Inhalt unserer Taschen ist stärker als jedes: *Jelem! Hit!*

Während wir die Savanne fotografieren und seltene Vögel, Andreas´ Leidenschaft steckt mich rasch an, kommt von unten ein Alter mit löchrigem, ausgeblichenem Sonnenschirm. Auch für ihn haben wir noch ein Journal. Der andere folgt uns geduldig und am Toyota erwartet uns ein dritter. Beide bekommen ihre Zigarette und danken auf ihre Weise. Die Hand an die Stirn gelegt, verabschiedet sich der eine mit einem preußischen Paradeschritt auf der Stelle. Der andere läuft uns hunderte Meter nach. Ich selbst, wenn ich schnell oder bergauf laufe, pumpe wie ein Maikäfer.

Zurück in Garadella, treffen wir ein Mädchen mit langen dünnen Zöpfen und blauem Arbeitsanzug, das gekommen ist, um starke Glühbirnen und Leuchtstoffröhren gegen schwächere Lampen zu tauschen, sei es, weil die anderen irgendwo gebraucht werden, oder um die Belastung des öfters ausfallenden Aggregates zu verringern. Daß eine Leuchtstoffröhre nur 15 Watt hat, scheint sie nicht zu wissen. Die Maße in Äthiopien sind manchmal eigenwillig. Auch Benzintalons werden nicht nach Hubraum oder PS, sondern nach der Anzahl der Sitze vergeben.

Einige der Jungs haben inzwischen die Werkzeugkisten für unsere Arbeitsgruppen gepackt. Jan rührt eine Riesenportion Kartoffelbrei und ich säge eine Türschwelle zurecht, die Mäusen den Weg versperren soll. Vieles, was der Erfahrung nach notwendig oder wenigstens nützlich ist, würde mir gar nicht auffallen. In solchen Momenten komme ich mir ausgesprochen blöde vor.

Für uns stand wieder der Toyota bereit. Diesmal ging es zu

den Canyons, der Schluchtenkette, die oft hunderte Meter abfällt und sich bis ins Flachland hinunterzieht. Hier brüten die Adler, sonnen sich auf den Wiesen tief unter uns Paviane, lassen sich Krummschnabelkrähen und Störche vom Wind über den Abgrund tragen, Kreise ziehend unter dem tiefblauen Zelt. Im Hintergrund steigen Wolken von Staub. Noch wird am Staudamm gebaut. Fast alle verknipsen wir einen ganzen Film. Detlef im Übermut setzt sich auf die Kühlerhaube des Jeeps, als wir über die steinigen und löchrigen Wiesen fahren. Mir blutet plötzlich heftig die Nase; als ich den Kopf zurücklege, läuft mir der Mund voll Blut, das ich aus dem Fenster spucke. Nach zwanzig Minuten ist das vergessen. Die Jungs haben mir für diese Zeit den Platz neben dem Fahrer überlassen, damit ich nicht über die Lehne steigen muß. Hartmut jubelt. Er hatte Probleme mit seinem Fotoapparat, der den Film nicht transportierte, und nur dreißig Bilder machen können. Nun meint er, alles zu haben, was hier zu holen ist. Tatsächlich ist das Panorama wunderschön.

Im Camp macht Hartmut zum ersten Mal ein bißchen Druck. *Warum ist die Tür nicht verschlossen? Warum ist hier noch nicht sauber gemacht?* Er will, daß sich in den ersten Tagen nichts einschleift, was später Probleme heraufbeschwören kann. Später setzt er sich ein Stündchen hin und liest. Unruhig wird er erst bei der Suche nach dem Fieberthermometer. Matthias liegt flach. Fieber, Husten, Kopfschmerzen. Auch ich brauche eine Tablette (die ersten Seiten heute zu schreiben, hat mir keinen Spaß gemacht!). Beim Abendbrot weist er Jan zurecht, daß die äthiopischen Fahrer das Gleiche zu bekommen haben, wie wir. Der mümmelt ein bißchen, erhält aber lediglich die gleiche Antwort noch einmal. Auch über das Geld hat man sich geeinigt. Da sie im letzten Jahr 45 Birr bezahlten, auf 50 statt 60. Die Fahrer zählen ihre Scheine und zählen genau. Sie wissen, unser Argument der Verteuerung stimmt, aber gerade darunter leiden sie ja auch und wollen sich also Erleichterung verschaffen.

Noch einmal setzt sich die Brigade zusammen. Helmut liest das *Kampfprogramm* vor. Friedensschicht. Zwei Solidaritätsbasare zugunsten der REYA-Kasse, Erfahrungsaustausche, Feierlichkeiten, Sport und Freizeitgestaltung. 10 Birr Solidarität aufs Zentralratskonto (das verstehe, wer will, denn von dort kommt´s ja - und nicht überreichlich. Braucht es die Geste und wäre der REYA nicht besser geholfen; aber ich habe zugestimmt).

Danach lerne ich die Kneipe von Garadella kennen, die leicht zu finden ist, brennt über ihr doch die einzige Außenbeleuchtung des Ortes. Das Lokal liegt in einer Wellblechhalle, in die man, vorbei an grasenden Schafen, über einen kleinen Hof gelangt. Die Wände sind mit Preßpappe verkleidet. Drei Poster hängen daran. Tresen, Bänke und Tische sind aus grob bearbeiteten Holz gezimmert, gestrichen oder mit Wachstuch bezogen. In einem Eimer steht Bier, im Regal ein Rekorder (drei äthiopische und eine englische Kassette, die ein Weilchen nach unserem Kommen eingelegt wird). Einige Stangen Zigaretten. Bedient werden wir von einer jungen Frau, die keine Miene verzieht, aber, sobald man ihr in die Augen sieht, zu lächeln beginnt, und von ihrem Mann. Außer uns sitzen da ein Pärchen und am anderen Tisch unsere Fahrer. Wir bleiben ein Stündchen, schwatzen.

4. Oktober

Dieser Sonntag erinnert mich in manchem an die freien Tage bei der Armee mit ihrem begrenzten Spielraum und den sich erschöpfenden Möglichkeiten, Zeit totzuschlagen. Jeder wird auf seine Weise damit fertig. Jeder muß ohne Radio und Rekorder, ohne Bälle, Tischtennisplatte und anderen Luxus auskommen. Auch vor die Tür kann man sich nicht setzen, schon der Morgen war wolkenverhangen. Nur von Zeit zu Zeit ließ die Sonne sich sehen. Nach dem Frühstück fuhren Detlef, Thomas, Andreas und Michael nach Asassa, um Bier zu holen. Ich legte mich noch einmal hin und las. Draußen spielten Kinder. So oft jemand von uns auftauchte, erscholl das: *You! You!* der Kinder, die versuchen, Stachelschweinborsten gegen Abzeichen oder Zeitungen einzutauschen. Sie haben beachtliche Mengen davon und die Abzeichen sind begehrte Ware für ihre Kaupelei. Auch dabei gibt es eine Hierarchie, wagemutige und feige Jungs und die Kleinen, die nur ein Hemdchen anhaben und manchmal geschwollene Bäuche; sie tun es einfach den Größeren nach, wenn sie die Hand ausstrecken. Manchmal fährt einer der Erwachsenen dazwischen, aber lange hält das nicht vor. Auch die struppigen Hunde umstreichen das Haus und machen sich erst aus dem Staub, wenn ein Stein geflogen kommt. Der Wind versetzt die papierne Decke in Schwingungen. Im Zimmer Zwielicht. Lesen.

Seit dem 4. Jahrhundert gibt es in Äthiopien Denkmäler des Schrifttums, in die gleiche Zeit fällt die Annahme des Christentums, der monotheistischen Lehre, die den Zentralisationsbestrebungen der Feudalherren entgegenkam…

Erithrea ist ein Name für jene Territorien am Roten Meer, die 1889 von Italien kolonialisiert wurden und vorher als einzelne Landschaften des öfteren eine politische oder Verwaltungseinheit darstellten. 1936 wurde das Gebiet zusammen mit Somalia und dem unterworfenen Äthiopien dem italienisch-ostafrikanischen Imperio eingegliedert. 1941 fiel es auf Beschluß der UNO unter britische Verwaltung und bildete 1952 eine mit Äthiopien föderierte Provinz, die als 14. Provinz dem Staat unmittelbar angegliedert wurde... Die Hauptstadt Addis Abeba (Neue Blume) wurde 1885 gegründet... 1974 Revolution, 1975 Überführung von 90 Prozent des Wirtschaftspotentials in staatliches Eigentum. Bemühungen um den Aufbau einer Industrie, die Kupfer, Eisenerz, Zink, Blei, Molybdän, Wolfram, Uran, Stein- und Braunkohle, Mangan, Gold, Platin, Salz und Pottasche nutzen soll. Aufbau einer Energiewirtschaft und Entwicklung der Erdölverarbeitung... Alphabetisierungskampagnen bei einem Stand von 90 Prozent Lese- und Schreibunkundigen nach einheitlichem Bildungsprogramm in den Hauptsprachen des Landes... Führende Rolle der Amharen mit Unterbrechungen von 1270 bis ins 20. Jahrhundert... Artikel 2 der Verfassung von 1955: *Die Würde des Kaisers bleibt für immer mit der Dynastie des Kaisers Haile Silassi I. verbunden ..., der aus der ununterbrochenen Linie der Dynastie Memliks I, des Sohnes der äthiopischen Königin Saba und des Königs Salomon aus Jerusalem, stammt.*

An den südöstlichen Grenzen Äthiopiens entwickelten sich im 11. Jahrhundert die islamischen Sultanate. Da das christliche Reich danach strebte, sein Territorium auszudehnen, sahen die im Süden und Osten angrenzenden Völker in den Sultanaten eine Stütze gegen den gefährlichen Nachbarn und traten dem Islam bei. Dazu gehörte die heutige Provinz Bale. (Geschichte Äthiopiens in zwei Bänden) Auch wir hatten sowohl die schmucklosen steinernen Gräber, als auch die kleinen islamischen, weiß gestrichenen Kuppelgräber mit dem Halbmond auf unserer Herfahrt gesehen.

Kurz vor dem Mittagessen kommt der Toyota zurück. Der Niva aber fährt noch einmal zur Farm, so daß wir schon mit unserem Sonntagsessen fertig sind, als die beiden Fahrer kommen. Der Rest reicht nicht aus. Helmut sagt, Jan soll irgendwas machen. Er fügt sich fluchend. *Hat nicht einer ein paar Pepperoni?* Die Abwehr bei ihm ist deutlich. Er ist ohnehin ein flapsiger Typ, aber die Dinge haben immer eine Geschichte.

Ein Kapital davon sind die jungen kubanischen Arbeiter, die in seinem Betrieb ausgebildet werden. Bei einer Schlägerei im

Tanzsaal, mitten in den Ferien, haben einige von ihnen eine Reihe Vierzehnjähriger zusammengeschlagen, zum Teil mit Stühlen und anderem. Drei wurden werden verurteilt und eingesperrt. Jans Schuldzuweisung ist eindeutig: *Diese Schweine. Wenn wir uns hier so aufführen würden, die Watchmen würden uns an die Wand stellen und fertig.*

Manche legen sich hin und schlafen. Helmut, nehme ich an, liest. Detlef malt Phantasietiere und bastelt mit seiner ungarischen Pyramide. Andreas kommt mit den Skizzen herüber, Landschaften, Tiere. Sauber gearbeitet, mit viel Gefühl für Perspektiven und Schraffuren. Naturstudien. Aber vielleicht ein bißchen statisch. Er hat auch Karikaturen gemalt, die zum Teil in der *Armeerundschau* und im *Magazin* veröffentlicht wurden. Einiges, was er kurzerhand aufzeichnet, kannte ich. Also habe ich ihn angesprochen, bei der Bergfestzeitung mitzumachen. Eigentlich wollten wir noch einmal an den Teich auf Fotopirsch gehen, Aber Licht und Wetter blieben unfreundlich. Ab und zu werde ich so etwas brauchen, relative Einsamkeit. Zeit zum Denken, der Okkupation des Kopfes zu entgehen. Und wenn ich nicht die Möglichkeit finde, Kontakt zu Äthiopiern zu finden, wird das vielleicht Wichtigste fehlen.

Aber statt dessen hole ich das Skatblatt und sitze drei Stunden mit Andreas und Thomas zusammen beim Bierlachs. Binnen zehn Minuten ist Detlef mit seiner Pyramide fertig. Das werde ich nie können. Seine Zeichnung klebt er neben das Paßbild seiner Freundin an die Wand. Gegen achtzehn Uhr wird der Strom angeschaltet. Der Küchendienst, Michael, Andreas und Jan, stürzen sich aufs Abendbrot.

Neben unserem Zimmer befindet sich auch die Gemeindebibliothek. Dort hielten am Nachmittag Dorfbewohner, Farmarbeiter, eine Versammlung ab. Von anderswoher hörten wir Trommeln, auch Singen. Feiertag in Garadella.

Diesmal stehen für die Fahrer die gleichen Büchsen bereit, wie für uns. Zwiebeln, harte Wurst. Die Fahrer registrieren das. Einige sind stolz verschlossen, nur einer, der italienisch spricht, sucht den Kontakt. Am ehesten kommt er über Frotzeleien zustande. *Viel dada, viel fuckyfucky...* Der *Italiener* zieht ein speckiges Kartenspiel aus der Tasche, nimmt zwei Luschen und einen Buben. *Wo liegt er?* Die Technik beherrscht er und legt Michael ein paar Mal herein.

Um neunzehn Uhr füllt sich unser Zimmer wieder mit denen, die nicht in die Kneipe gehen wollen. Sieben von zehn Jungs plündern das Spielemagazin zur *Dame* und *Mensch, ärgere dich nicht*. Frauen, habe ich gelesen, bringen Kinder zur Welt; Männer können das nicht. Ihr Kind bleibt immer in ihnen und das ist gut so.

5. Oktober

Den ganzen Tag spielen die Kinder im Freien. Zerlumpte Hosen, schmutzige, löchrige Kleidchen. Dreijährige Knirpse mit schwarzem Wuschelkopf und traurigweisen Augen, die nichts anhaben als einen Pullover, der Hintern und halben Bauch frei läßt. Die Größeren, die uns Kunststücke vorführen, Brücke, Rad und Handstand, und niemand weiß, wen sie mehr fürchten, die Erwachsenen aus dem Dorf oder uns. Auf eine Geste hin, einen hastigen Schritt, stieben sie davon und die Kleinsten tappeln hinterdrein. Nimmt ihnen ein anderes Kind etwas weg, helfen die Geschwister einander. Das Schöne ist, sie hungern nicht. Sie streiten sich, balgen, halten zusammen und sind glücklich. Sie lachen, und von weitem sehen ihre Mütter uns zu.

Was mich bewegt: diese Kinder - unsere Leute, die sich - wie ich - eingerichtet haben, normal leben, dieses überall zu Hause sein und doch nichts greifen können, weil eine Sprache fehlt, das macht auch mich sprach-los.

Mit Bibi haben sich die Kinder schon befreundet, allerdings haben sie vor ihm auch am meisten Respekt. Er hat die meisten *Geschäfte* mit ihnen gemacht. Seine Freundin ist Freundschaftspionierleiterin und gab ihm auf die Reise einen ganzen Karton voller Abzeichen mit. Dafür hat er ein Bündel Stachelschweinborsten bekommen, aus denen er sich eine Lampe bauen will. Seltsam sieht es aus, wenn er zur einen und der Schwarm Kinder zur anderen Seite des Stacheldrahtzauns stehen, der das Hospitalgelände umgibt.

Dort, beim Doktor, herrschte wieder Hochbetrieb. Bibi meint, das allgemeine Wundermittel sei Penicillin. Hinter dem Haus, wo sich der Eingang befindet, warteten zum größten Teil Frauen, die in Grüppchen auf dem Rasen saßen. Manche trugen ihre Kleinkinder auf dem Rücken. Um sie vor der starken Sonne zu schützen, wurden sie tief im Tragetuch versteckt, so daß man nicht einmal das Köpfchen sehen kann.

Auch ich grüße nicht jeden, der vorüber kommt. Macht man es

aber und dazu auf Amharisch, kann es passieren, der Angesprochene dreht sich um und kommt auf dich zu, um dir die Hand zu schütteln und, wenn er englisch kann, zwei, drei Worte mit dir zu wechseln. Die Fahrer sind sich schon so weit sicher, daß auch sie versuchen, Tauschgeschäfte anzubahnen, worauf allerdings niemand von uns reagiert. Wenn solch ein Geschäft Ärger einbringt und sich der Partner beschwert, hat das harte Konsequenzen für den Betreffenden: Er fliegt zurück.

Nachmittags gingen Thomas, Andreas und ich am Flüßchen entlang zu dem von übermannshohen Kaktusmauern umgebenen Trinkwassersee, um Vögel zu fotografieren, den kleinen rotschnäbligen mit den langen, wie Matrosenbänder flatternden Schwanzfedern, den Ibis, den Reiher, die Blauracke, den Kaktusfresser mit seinem langen spitzen Schnabel.

Wir gingen querfeldein, um dem Schweif kleiner barfüßiger Kerlchen zu entgehen, aber nach und nach folgte uns doch ein halbes Dutzend von ihnen. Andreas hatte ein paar Bonbons bei sich, und so etwas scheint sich wie ein Lauffeuer zu verbreiten. Auch Mütter, kaum älter als ich (wie schön könnten sie sein, wenn jemand sie schmückte) baten für ihre Kleinsten: *Karamella...* Einige hatten halb geschorenes Haar, Zöpfe mit eingeflochtenen Muscheln oder Perlen. Auch sie stellen sich schon in Positur, wenn wir fotografieren.

Der Rückweg führte uns an einigen runden Hütten vorbei, die wir vorher nicht gesehen hatten, weil sie in einem Kakteenhalbrund verborgen sind. Ein Stück weiter befindet sich die Schule, von einem halbhohen Wall umgeben, erkennbar an der Fahne auf dem Hof. Noch weiter sehen wir die fensterlosen Wellblechhütten der Dorfarmen. Selbst die dünnen Wellblechplatten sind geflickt und durchlässig. Hier schicken auch Erwachsene manchmal ihre Kinder zu uns. Aber sie trauen sich nicht und wir sind eigentlich ganz froh, nur noch um die Haltestelle - der Bus ist ein Traktor mit Hänger, auf dem Schulkinder und Arbeiter gefahren werden - herum zu müssen, um *zu Hause* angekommen zu sein.

6. Oktober

Heute stand ich gegen sechs auf, wusch mich am Wagen und sah den Garadellaberg aus einem schneeweißen Nebelband aufsteigen. Eine Stunde später ist die Sicht frei und klar. Jede Entfernung scheint geringer, als sie in Wirklichkeit ist, auch jene von einer Seite des Kessels zur anderen, die vielleicht 120 Kilometer mißt und nicht, wie ich glaubte, siebzig.

Fünfundvierzig Kilometer sind es allein bis zu unserem Arbeitsplatz in zweitausenddreihundert Metern Höhe auf der Staatsfarm Sirofta. Während wir unsere blauen Arbeitsanzüge überstreiften, liefen die Jeeps warm. Allzu genau sollte man sich die nicht ansehen, sonst stellt man fest, daß der Toyota rechts vorn auf der blanken Leinwanddecke fährt und es um den Nissan nicht besser bestellt ist. Die Wagen sehen zwar häufig einen Putzlappen, aber selten ein Werkzeug und noch seltener einen Schlosser.

Von uns schien das keinen zu stören. Alle waren mehr oder weniger aufgekratzt, daß Vorbereitungen und Warterei vorbei sind. Mir jedenfalls ging es so. Der Morgen machte mich fröhlich. Wir luden Werkzeug- und Schraubenkiste, Teekanister und Fototasche auf, drückten uns in unseren Toyota. Auch der Fahrer war gut gelaunt, und wenn er das ist, versucht er unermüdlich, mit Bibi ins Gespräch zu kommen, sei es über Begriffsbrücken wie: *Asassa, fuckyfucky.*

Bibi reagierte darauf, wie ein gewöhnlicher Deutscher frühmorgens auf dem Weg zur Arbeit: Er wollte seine Ruhe haben. Das machte auch nichts, da sang sich unser Fahrer halt eins seiner kehligen afrikanischen Lieder, die keinen genauen Anfang und schon gar kein sicheres Ende zu haben scheinen. Hinter uns auf der Piste blieben zwei Staubfahnen zurück. Wir fuhren zwischen Raps- und Weizenfeldern, wo das Getreide zu niedrig steht, um Mähdrescher einzusetzen, überholten Reiter auf Pferden und Eseln, nicht sehr selten zu zweit auf einem Tier, und kleine Viehherden. Manchmal bleibt ein Tier unbewegt auf der Piste stehen, bis der Wagen auf zwei, drei Meter herangekommen ist und hupend angehalten hat. Es kommt auch vor, daß Hirten große Steine auf die Piste legen, wie es hier üblich ist, wenn ein Wagen Panne hat. Für unsere Bereifung ist das nicht ungefährlich.

Wir fuhren an Dörfern vorbei, einem, das aus mehr als hundert sich gleichenden, runden Holzhütten mit einem Durchmesser von vielleicht fünf Metern besteht. In jeder wohnt eine Familie.

Auch das legendenumsponnene Asassa bekam ich an diesem Morgen zu sehen. Hier befindet sich die Oberschule, die mit der fünften Klasse beginnt. Kinder und Halbwüchsige kamen uns entgegen, ihre Schulsachen unter dem Arm, meistens in größeren Gruppen, die Mädchen zu dritt, zu viert, drehten sich um und lachten, seltener grüßten die größeren Jungs.

Um acht ist ein Teil der Kneipen schon geöffnet und wartet auf Kundschaft, zufällige zu dieser Tageszeit. Ihre Namen sind bezeichnender für ihren Zweck, als ihr Aussehen: *Blaue Wolke, Grüne Hölle, Sportlerheim...* Wenn man dem Erzählen der älteren Garadellafahrer glauben darf, und man darf wohl, fehlt es keiner dieser Stampen an Hinterzimmern mit Bett, wo die drallen jungen Frauen oder auch minderjährigen Mädchen den Gästen zu Willen sind.

Ein *Kamas* stand am Straßenrand, Kinder, viel mehr als Erwachsene, schien es mir. Und immer, auch hinter den niedrigen, verwohnten und lange nicht gestrichenen Häusern mit ausgetretenen Schwellen und wetterrissigem Gebälk, sahen wir das Panorama der Dreitausender. Einmal sprang vor uns eine Hyäne ins Feld, ein anderes Mal stieg von der Straße ein ganzer Schwarm Schwalben auf. Falken flogen uns zur Seite, Ibisse querten die Straße, Reiher. Und dieses Land erwacht in Freundlichkeit. Es ist schwer vorstellbar, daß es hier einen Tag ohne Lachen gibt.

Für unsere Strecke brauchten wir siebzig Minuten. Daß ein PKW diese Strecke ohne Panne übersteht, ist zweifelhaft. Unser Toyota fuhr zwischen zwanzig und achtzig Stundenkilometern manchmal nur auf einem Spur-Grat.

Die Farm in Sirofta könnte etwas wie eine Musterfarm sein.

Dafür spricht die Ordnung auf dem Gelände, die Ausstattung mit Mähdreschern, der einzige E514, der in Äthiopien ist, wird dort getestet, und Traktoren. Anderswo sind Schrottmaschinen keine Seltenheit. In Sirofta sahen wir nicht viel davon. Der Anblick eines zerbeulten und geplünderten ZT303, auf dem noch *Gift from GDR* zu lesen ist, stimmt traurig genug. Es soll allerdings westliche Korrespondenten gegeben haben, die ihn verständlicherweise genossen. Empfangen wurden wir vom englisch sprechenden Technik-Manager der Farm, einem bärtigen, leicht angegrauten Vierziger im braunen Kittel. Viel zu erklären gab es nicht. Auf uns wartete eine Reihe Maschinen, die vor der Ernte noch einer Null-Durchsicht bedürfen, und ein E512, dessen Antriebswelle und rechtes Vorderrad abmontiert waren.

Ein bißchen seltsam kam ich mir schon vor. In den Reiseunterlagen stehe ich als Mechanic, in der Identitätskarte von der Botschaft gar als Engineer, und nun sah ich zum ersten Mal einen Mähdrescher aus der Nähe, bislang eine Zaubermaschine für mich, ein Vielfraß, der Spreu und Stroh und Weizen spuckt, und das alles sortiert. Nun werde ich von äthiopischen Arbeitern als einer der fremden Wissenden angesehen, von denen sie sich wohl oder übel etwas abgucken müssen. Was mitunter den Vorteil hat, daß sie selbst nur zuschauen und nicht selbst zugreifen müssen. Im Zuschauen, das merkten wir rasch, haben sie Ausdauer. Im übrigen gab es kaum Probleme.

Ungewohnt für uns war die Sonne, die schon um neun mit aller Kraft brennt, ungewohnt für mich: ein ganzer Arbeitstag im Freien. Der Vormittag war noch nicht vergangen, da hieß es schon: *Thomas hier* und *Thomas dort* und *Thomas bravo*, als das neue Lager auf der Welle saß und die Welle in der Maschine. Meine Hilfe beschränkte sich zunächst darauf, Schrauben passender Größe zu suchen, Werkzeug zuzureichen, etwas festzuhalten und dabei ein möglichst kluges Gesicht zu machen. Unangenehm war es, nach einer Keilriemengröße oder dem Zweck einer Kraftübertragung gefragt zu werden.

Die Farm selbst ist ein großer Fuhrhof mit zwölf bis vierzehn

27

Blechhallen, einem Schleppdach und dem Office. Bewacht wird sie von bewaffneten Watchmen, die von Zeit zu Zeit auch den Arbeitern zusehen. Ein Zaun mag irgendwo sein, aber er schließt das Gelände nicht ab. Schwierig ist es, ein Ersatzteil zu bekommen. Wenn es dieses Jahr nur *eine* Unterschrift braucht und nur eine halbe Stunde dauert, hat sich viel getan. Die Vorräte sind nicht groß und Ersatzteil heißt auch: ein Simmerring, eine Schraube mit Mutter. Putzlappen gibt es nicht. Was wir darunter verstehen, damit wird hier die Alltagskleidung geflickt. Statt dessen gibt es streng bemessen eine Handvoll Putzwolle für jeden. Mittags sahen wir uns nach Wasser um und fanden nichts. Der Wasserkanister stand in Garadella. Daraufhin führte der Kombinefahrer uns in den Ort.

Sirofta unterscheidet sich in manchem von Garadella. Die meisten Häuser hier sind aus Beton. Jedes ist von Gärtchen umgeben mit Kräutern, Rizinusbäumen und Sträuchern, Zwiebelbeeten, Blumen. So ins Grün geschmiegt, wirkt die Siedlung an einem sanft abfallenden Hang fast wie eine Vorstadtkolonie. Auch hier sammeln sich sofort Kinder. Sie sind ein wenig besser gekleidet als in Garadella und die Gesten des Bettelns bleiben aus.

Der Kombinefahrer leitet unseren Jeep zu seinem Haus. Eine junge Frau kommt, seine Kinder, wie viele zu ihm gehören, war nicht zu erkennen. Auch hier war das Wasser knapp. Ein Eimer stand im Haus und aus einer kleinen Schöpfkelle goß er uns über die Hände. Später sahen wir unten im Ort den Wagen, nicht größer als unserer in Garadella, von dem die Leute ihr Wasser holen müssen. Wir bedankten uns mit einer Hand voll *Linda Neutral*, das wundervollste Geschenk, wie uns schien, und fuhren zurück zum Office des Managers, das er uns zum Mittag zur Verfügung gestellt hatte.

Die Pause ist relativ lang, anderthalb Stunden, aber bis zum Ort sind es ein bis zwei Kilometer und die Arbeiter essen zuhause. Das Office besteht aus einem Tisch, zwei Stühlen, einer Bank und zwei Regalen, in denen die Unterlagen der Fahrzeuge und der Materialversorgung liegen. Wir packten unsere Kühltasche aus,

Wurst- und Butter-Büchsen, Semmeln, Zwiebeln, Knoblauch, Plastgeschirr. Meine täglichen Knoblauchzehen sind eine zwar nicht jedem angenehme, aber gesundheitsfreundliche Maßnahme, der ich auch zuschreibe, daß ich bislang einigermaßen von Flöhen verschont blieb.

Später legten wir uns an einer schattigen Stelle ins Gras. Auch von dort sind die Berge zu sehen, aber sie bleiben fern genug, um eher erhabene Weite auszustrahlen als das Gefühl von Begrenzung. Bevor die anderen wiederkamen, machten wir weiter. Vier oder fünf Maschinen bekamen wir auf diese Weise bis vier Uhr fertig. Unser Fahrer stromerte derweilen herum, war einmal bei diesem oder bei jenem Grüppchen, wie sie sich am Rand der Farm zusammenfanden.

Nach diesem Tag war die Stimmung merklich lebhafter. Das Schwatzen unseres Fahrers störte niemanden mehr, wir hatten selbst genug zu reden. Mit dem Nissan waren wir verabredet, wo der Farmabzweig auf die andere Piste stößt. Dort befindet sich auch eine Ortschaft.

Wir hatten kaum angehalten, als die ersten Kinder näher kamen, auch ein paar junge Männer, davon einer in auffällig neuem Jeansanzug, der mit dem Fahrer redete und das Selbstbewußtsein eines Dorfkings zu haben schien, ein in Besitz nehmendes Selbstvertrauen, das sich überschätzt. Schließlich kam noch ein Graubärtiger mit einer Art Wünschelrute, die in eine eiserne Spitze auslief, der plötzlich laut und meditativ zu singen anhub, und ein achtzehnjähriges Mädchen mit koketten und zugleich scheuen Augen, das beim Lachen seine rosige Zunge zwischen die Zähne steckte und offenbar zu einem der Männer gehörte. Uns wurde dieser Auflauf allmählich zu viel. Wir waren froh, als staubumwölkt der Nissan erschien. Dann, aus einem Seitenweg, tauchte noch der Toyota von der Staatsfarm in Garadella auf. Der kleine Konvoi war beisammen. Abwechselnd überholte einer den anderen auf dem Run nach Asassa, wo beide Jeeps vor der *Blauen Wolke* stoppten.

Auch hier gab es sofort einen Auflauf von Kindern, darunter

kleine Schuhputzer, die sich ein Geschäft erhofften, und ein Junge, der Bibi und ein paar der Mannschaft offenbar schon kannte und zur Kneipe gehört. Unsere Fahrer verdrückten sich in eine Seitenstraße, während unser lärmender Haufen die Kneipe besetzte. Ein gezimmerter Tresen, ein Regal mit Schnapsflaschen, drei Dutzend Gläser. Eine Frau mit tiefen Ringen unter den Augen, eine jüngere, deren Profession ebenfalls unschwer zu erkennen ist. Beide strafften die Bluse über ihrer drallen Ware und setzten Kringelaugen auf, während sie Cola an die beiden Tische brachten und die Gläser mit Ouzo, einem fünfzigprozentigen Anisschnaps, füllten.

Der Schankraum besteht aus einem Zimmer mit ungestrichenen Dielen, sechs kleinen Tischen und vielleicht zwanzig Stühlen. Die Mittelfläche ist frei. Man sitzt an der Wand. Außer uns war nur noch ein älterer Mann mit seinen zwei halbwüchsigen Söhnen da, der einen Teekessel auf dem Tisch abgestellt hatte und uns zu animieren versuchte, Schnaps für ihn zu kaufen. Nun saß ich außen und war der Ansprechpartner für ihn. Als er merkte, daß ich kein Wort verstand, begann er zu singen, man merkte, daß er getrunken hatte, zu schnipsen, und es fehlte nur eine Geste von mir, dann hätte er auch getanzt. Die Bardamen sahen dem kurzen Schauspiel belustigt zu, erst recht, als der Mann sich erhob und mit stelzend stolzem Schwanken sich auf die Hintertür zubewegte. Inzwischen verhandelten unsere Jungs mit der Kneiperin.

Der Nissan hatte morgens einen leeren Kasten Bier zum Umtausch abgegeben. Davon wollten die Frauen nichts wissen. Erst als Hartmut, ganz und gar nicht so ruhig, wie er beim *Menschärgere-dich-nicht* aussieht, die leicht zerbrechliche Einrichtung musternd durch den Raum stapfte, tauchte plötzlich ein Bierkasten, gefüllt nach Wunsch, auf.

Unsere Autos waren noch immer umlagert. Als wir einstiegen unter Wortfetzen: *Money... Cigarettes... Ama...* fiel mir ein halbwüchsiges Mädchen auf, das ruhig am Straßenrand stehen blieb. Um die Stirn hatte es ein leuchtend rotes Band, und einen Augenblick lang hatte ich den Wunsch, es ihm abzustreifen mit der gleichen Zärtlichkeit, wie sie in dem schmalen Körper ruhte.

Als wir in Garadella ankamen, war ich schon müde. Dagegen half auch die kalte Dusche nicht mehr, die mich nur auskühlte, statt zu erfrischen. Wir waren spät dran. Das Essen war beinahe fertig. Nachdem ich meine zwei Teller Spaghetti hintergestopft hatte, legte ich mich hin.

Es gibt eine kuriose Art von Kollegialität. Thomas kam und setzte sich auf sein Bett, erzählte, was sie in Goffar gemacht hatten (unter anderem einen E512 in den Graben gekippt, weil es keinen Wagenheber zum Aufbocken gab). Dann, nach dem Abwasch, kamen Andreas und Michael, die Küchendienst haben, und alle, die durstig waren. Verständnisvoll rückten sie ihre Stühle vom Tisch weg, so daß wir uns unterhalten konnten.

Wenn Bibi und Thomas anfangen, von vergangenen Erntebrigaden zu sprechen und gerade, wenn man aus Asassa kommt und gerade, wenn in der nächsten Zeit keine Frau bei uns liegen wird, sind die Anekdoten offenbar unerschöpflich. Ich aber war müde und verdrehte die Augen, rappelte mich noch einmal hoch, schlief doch ein und wurde von jeder neuen Lachsalve aufgeschreckt.

Es sind nette Kerle und sie entwickeln eine Art *naja, klar doch*-Verständnis für meine Ungelenkheit, die mir Freude macht, aber diesmal war ich einfach froh, daß sie gegen zehn verschwanden. Für Geschichten war kein Platz mehr in meinem Kopf. Ich wollte nur noch schlafen.

7. Oktober

Noch immer glaube ich, daß vor zehn Jahren mein eigentliches Leben begonnen hat. Seltsam: Nun bin ich verheiratet, werde Vater, habe eine wunderbare Frau und stehe mitten im ostafrikanischen Hochland. Nichts davon hätte ich mir so träumen lassen, wie es dann kam.

Damals mit B. ist wahrscheinlich das Wahrhaftigste, was ich über meine Liebe schreiben konnte. Ich habe niemals wieder so um einen Menschen gelitten, wie um Bettina. Das ist nicht auslöschbar, es hat mich gelehrt, wie weit meine Empfindungen reichen.

Ich hatte mir, als alle irgendwo steckten, sich wuschen, in der Küche palaverten, die Zeit genommen, ein paar Schritte zu gehen, über das steinige Wiesenstück, dem Fluß zu, die letzte Abendsonne im Rücken. Nun hatte ich Zeit und die geringe räumliche Entfernung, die ich brauchte.

Wo ich singen kann, kann ich auch denken. Das gilt, wenn jemand dabei ist, wie fürs Alleinsein. Ich kann denken, daß der Mensch des Menschen Bruder ist, daß Ferne immer mehr Fernweh macht, Freiheit immer nur Befreiung heißen kann.

8. Oktober

Donnerstags gibt es frühmorgens Bohnenkaffee. Das hat er mit dem Sonntag gemein. Ansonsten ist er ein Arbeitstag, ein gewöhnlicher nun schon fast. Matthias sagt, er habe sich schon wieder daran gewöhnt, als sei er nur ein paar Wochen weg gewesen, und Andreas sagt, ihm kämen die paar Tage vor wie Wochen.

Noch gibt es Dinge und Bezeichnungen, die wie Geschenke für den legitimen Sprachschatz des Schreibers sind. Lene Gram schrieb damals vom Zelt des Beduinen, und ich beneidete sie um die Legitimität, die sie mit ihren Reisen erworben hatte. Nun sehe ich und höre: *Drachenbaum. Falke. Adler. Kojote. Hyäne. Schakal. Hütte...*

Wir fahren die Piste entlang und sind still. Fahrtgespräche beginnen sich schnell ums Bett zu drehen. Man sollte Männern besser nicht zuhören, wenn sie aus irgendeinem Grund abstinent sind. Was sie zu sagen haben, klingt kalt, animalisch.

Bei der *Fahne* habe ich diesen Ton gelernt. Er nimmt, da halte ich mich zurück, oft die eigene Frau nicht aus. Aber niemand würde es wagen, sich zum Beispiel zur Selbstbefriedigung zu bekennen. Die Abstinenz wird kultiviert und das große Bumsen danach. Große oder kleine Mösen sind im Gespräch, Koffer die man nach den drei Monaten an den Schwanz hängen kann, drei oder fünf *Nummern* am Tag. Vielleicht ist *das Mädchen mit rotem Stirnband* eine Art Gegenbewegung dazu.

Während wir zu zweit eine Hydraulikpumpe demontierten, saßen vier oder fünf Arbeiter um uns herum, ich rauchte. Zwei oder drei von den Leuten deuteten auf die Zigarette und sagten irgend etwas. Ich deutete es für einen der Schlauchversuche, auf die man nur von Fall zu Fall, als Gegenleistung oder dergleichen eingehen sollte, bis der englischsprachige Schlosser sich an mich wandte. Mit dem Schmierfett hatte ich natürlich die Zigarette beschmutzt. Das tat ihnen leid. Ich sollte erstmal in Ruhe aufrauchen und sie derweile weitermachen lassen.

Sagais Tresen liegt hinter einem Bretterzaun und einem gartenähnlichen Hof, der exotisch wirkt. Die Kneipe selbst ist noch kleiner als die *Blaue Wolke*. Auch hier steht ein schnarrender Rekorder, aber von der Decke hängt glitzernder Silvesterschmuck und in der Mitte eine einzige Petroleumlampe, die erst abends angezündet wird, so daß der Raum im Halbdunkel liegt. Bei der Tür saßen zwei Männer und spielten mit Kronkorken *Dame*. Nach dem obligatorischen Ouzo verschwanden wir wieder. Auf dem Weg zum Camp scherte der Nissan aus. Irgendetwas an seiner Elektronik oder den traurigen Resten davon hatte zu schmoren begonnen. Irgendwie ging es dann aber doch noch einmal.

Es ist ausgemacht, daß wir um halb sechs in Garadella ankommen. Dann haben wir noch eine Stunde Zeit bis zum Abendbrot, bis zur Dunkelheit, bis das Licht eingeschaltet wird. Umziehen und Waschen oder Duschen nehmen nicht mehr als eine halbe Stunde in Anspruch. In dieser Zeit spielt sich am Himmel das merkwürdigste Schauspiel ab, stehen die meisten irgendwo herum, deckt der Küchendienst die Tafel, ist in unserem Zimmer Ruhe.

Ich suche solche Lücken im Tagesablauf. Auch für andere ist das ein Aufatmen. Jeder, glaube ich, braucht irgendwann am Tag vor allem sich selbst, spürt das und findet sich irgendwo. Wenn er es nicht weiß, verliert er sich aus den Augen. Aber selbst das bemerkt nicht jeder. Was diese Lücken für die anderen sind, wüßte ich schon gern. Am einfachsten ist es bei Andreas. Er zeichnet. Detlef schreibt Briefe. Thomas sitzt auch einfach mal schweigend da. Der Koch, der seine Sache übrigens gut macht und, vor allem von Helmut, aufmerksam gelobt wird, hat sich mit einem der Dorfhunde befreundet und ihn, wie den Vorgänger, *Blacky* getauft. Etwas Fressen kann Wunder wirken hier. Wahrscheinlich bekommt er das ohnehin scheue Exemplar nicht nur zahm, sondern auch anhänglich. Wir werden zudem die trotzdem anfallenden Essensreste los.

Helmut schleppte gestern noch von der Kneipe zwei schlanke Stämme heran, die eher die Bezeichnung Fahnenmast verdienen, als die Blattgehölze, die neben dem kleinen Vorgartenzaun liegen geblieben waren. Heute abend wehten FDJ- und DDR-Fahne. Na schön. Sie knattern wie ein Gewitterregen und stören mich nicht. Ob wir sie brauchen? Wenn, dann hier eher als anderswo. In Äthiopien weht die Staatsflagge vor öffentlichen Gebäuden und vor jeder Schule. Sie hat eine feste Funktion. Aber ich bin der Inflation von Symbolen, einschließlich Symbolsätzen und -versatzstücken einfach müde. So vieles ist aufgesetzt.

In Berlin, erzählt Bibi, pflegten einige Funktionäre (oder war es in Halle?) die Brigadistas vorzubereiten mit dem Slogan: *Einsatzbedingungen Mali 64*. Dort hatten sie einmal vierzehn Tage im Zelt campiert. Äthiopien kannten sie nur vom Atlas.

Dem Zentralrat fiel dieses Jahr *im Zuge der langfristig planmäßigen Vorbereitung von Maßnahmen und Aktivitäten zur würdigen Gestaltung des zwanzigsten Jahrestages des Bestehens der FDJ Freundschaftsbrigaden* ein, daß sie nach neun Jahren Erntebrigade Äthiopien noch kein Dia, kein Foto von dieser Truppe haben. Also wird die Neunte mit Filmen ausgerüstet. Was Repräsentatives ist gefragt. Helmut nimmt das gelassen. Eine Arbeit mehr oder weniger. Ich bin froh, daß statt meiner kein Fotograf geschickt wurde. Trotzdem ist es ein Symptom, und auch die Ankündigung eines Besuches vom verantwortlichen Zentralratssekretär Nitz sehe ich in diesem Licht. Ach, diese immer nur halb aufgegangene, nie für sich leuchtende Sonne...

Steh ich vor der Karte des Riesenlandes, in dem ich bin, möchte ich mich manchmal auch einfach in den Jeep setzen und fahren, fahren. Fernweh bringt Fernweh hervor. Ich kann nicht genug bekommen von meiner Erde.

Nach dem Essen fragte Thomas mich, ob ich Lust hätte, mit ihm zu Menguso, dem Mechanic Junior von der Garadella-Farm zu gehen, mit dem er sich für halb acht verabredet hatte. Zum ersten Mal ging ich in den Ort. Menguso wohnt am Rand der Siedlung in einem massiven Haus, wie es das unsere ist. Der Raum, den er mit zwei anderen Arbeitern und einer Haushälterin teilt, ist ein wenig kleiner als unserer und durch eine Trennwand, allerdings ohne Tür, geteilt. Hinten stehen die Betten und Liegen und ein kleines Regal, das wie die Wände blau gestrichen ist. Die meisten Sachen befinden sich in Koffern und Kisten längs der Wand.

Die Männer hatten sich Jogginganzug oder gute Hose und Hemd angezogen. Schaut man sich Familienfotos an, so denkt man sich ausgewogene Verhältnisse, sieht feiertägliche Gesichter, Sommerfarben und Fröhlichkeit. Nur die Paßbilder sind ernst. Auch an den Wänden sind, als einziger Schmuck, Bilder. Kleine Werbeposter, Ansichtskarten, die Muttergottes liegt noch auf dem Regal, eine Tizian-Reproduktion, Frauen, weiße und schwarze, die einen wie die anderen züchtig, aber nicht reizlos bekleidet. Im Vorraum steht ein Tisch, ein Grillhocker für den Tee und Kaffee, Hausrat. Die eigentliche Küche mit offenem Feuer und Holzvorrat befindet sich in einer Wellblechhütte neben der Unterkunft.

Menguso lebt hier seit fünf Jahren und davon jedes Jahr sieben Monate. Die restliche Zeit verbringt er bei seinen Eltern in Addis Abeba und seinem Bruder, der in einem Hilton-Hotel arbeitet. Dem Tonfall Mengusos nach zu urteilen, ist das eine allgemein geachtete Position.

Wir haben ein paar kleine Geschenke mitgebracht. Thomas vor allem zwei Briefe, die ihm der Farm-Manager in Goffar mitgegeben hatte, jeder von einem andern Mädchen. Eine *News*, ein paar Ansichtskarten, Aufkleber, Zigaretten. Menguso hat Englisch an der Oberschule gelernt, auch Thomas spricht ziemlich sicher, mir fallen meine Brocken wieder ein. Anfangs setzen sich Mengusos Gefährten dazu.

In der *News* ist ein Artikel über einen mocambiquanischen Autor und sein Buch *The Other Bank Of Elbe*. So sind wir wieder einmal beim geteilten Deutschland, und ich erlebe das gleiche Unverständnis, das mir schon in Algerien begegnete. *Na schön, Politik, ach, Politik, aber es ist doch die gleiche Mentalität*, höre ich. Thomas geht, wie er sagt, solchen Debatten grundsätzlich aus dem Weg. Sie führten zu nichts, und unsere Sprachkenntnisse reichten nicht aus, das zu erklären. Er hat Recht. Wir bleiben auch nicht lange dabei.

Eigentlich hatte Menguso uns zum Kaffee einladen wollen, aber seine Haushälterin hatte ihn versetzt. Um uns dennoch bewirten zu können, bringt er das Tischchen aus der Küche, einen Plastekrug mit Wasser und eine Schüssel. Wir spülen uns die Hände ab, dann erscheint Menguso mit einem großen Teller Inshera, sehr feuchtes Fladenbrot aus Teff, das ein wenig nach Schwarzbrot schmeckt, wenn es angefeuchtet wird, säuerlich und scharf von einer Reihe Gewürze. Wir essen mit den Fingern, zwischen denen wir nach Mengusos Vorbild die Bissen zurecht kneten, und trinken dazu würzigen süßen Tee. Der meiste Teil unseres Gesprächs dreht sich um Landwirtschaft. Wann beginnt wo die Ernte, mit wie vielen Kombines.

Das Desaster mit der diesjährigen Ernte in Garadella und unsere Abwesenheit auf der Farm scheint Menguso nahe zu gehen. Vergangenes Jahr konnte die Farm als erste in der Provinz die Ernte abschließen. Damit verbinden sich immer Hoffnungen für die folgende Kampagne und die haben sich nun nicht erfüllt. Ein Gespräch über die Maschinen ist auch immer ein bißchen Werbung für uns. Der E512 hat sich in Äthiopien bewährt, auch der ZT und die jugoslawischen Traktoren. Weniger gut sieht es mit den sowjetischen Niva-Kombines aus. Sie sind anfälliger, und im Gegensatz zur DDR kann die Sowjetunion nicht genügend Ersatzteile liefern. Nach der Probeserie hat Äthiopien den Ankauf gestoppt.

Menguso will uns noch einmal einladen, dann wirklich zu Kaffee und Inshera. Als wir uns verabschieden, bringt er uns bis zu unserer Unterkunft zurück. Abseits des Weges haben die Hunde des Dorfes sich versammelt. Ein erotisches Meeting, wie es aussieht. Später höre ich sie herumjagen, zähnefletschend, fauchend, knurrend und geifernd verbeißen sie sich ineinander mit solcher Heftigkeit, daß einen Augenblick Furcht mich streift. Irgendwo beginnen Hyänen den Mond anzuheulen.

9. Oktober

Freitag ist mein Chlorochin-Tag. Bis halb sieben habe ich heute geschlafen. Wie Helmut und Andreas träume auch ich hier das unmöglichste Zeug zusammen. Auf der Fahrt nach Sirofta lief ein Kojote vor uns her und flüchtete ins Weizenfeld. Eine gescheckte Hyäne lag überfahren auf der Piste. An Rinder, Pferde und Esel haben wir uns schon gewöhnt. Traurig war der Anblick eines Gauls, der am Straßenrand angepflockt war und sich nicht von der Stelle rührte. Er sah uns an, als erwarte er etwas, schicksalsergeben und abgründig. Von seinem Rücken glänzte rosafarben rohes Fleisch. Wir fuhren an ihm vorbei. Er stand. Seine Hinterhand hatte sich im Strick verfangen. Heute habe ich all die Reiter gehaßt, die uns entgegenkamen und die wir überholten.

Schließlich war Zeit, mit dem Toyota eine Parkrunde zu drehen und mich auch einmal auf den Mähdrescher zu wagen, nicht nur, um Schneidwerk und Kraftübertragung zu prüfen, sondern den Gang einzulegen. Es ist wirklich ein Schiff, einschließlich der anfangs verwirrenden Hinterradlenkung. Als ich auch noch rückwärts fahren mußte, um den Drescher wieder abzustellen, kam ich einige Male den anderen Blechgehäusen bedenklich nahe. Aber man muß schon ganz Besitz ergreifen von dem, woran man arbeitet, um ein Verhältnis dazu zu finden. Was die anderen für Anfälle von Arbeitswut hielten, war nichts als Neugier, wie diesem und jenem beizukommen ist. Und eigenartigerweise hatte ich auch keine Schwierigkeiten, mit meiner Schwäche umzugehen: *Eh! Wollt ihr mich etwa allein mit der Bremse hier lassen?!*

Um zehn gehen die Arbeiter, ihre Frühstückspause zu machen. Die ersten zwei Tage hatten wir das nicht einmal bemerkt. Heute machten auch wir uns auf den Weg zum Teehaus. Das ist eine runde Bambushütte in der Form einer Jurte, wo es Teemarken gibt, Brötchen und Mineralwasser. Drinnen ist es fast dunkel. Draußen befinden sich, auch aus Bambus geflochten, eine Reihe Nischen, wie Abteile angeordnet, wo die Arbeiter sitzen und frühstücken. Den Tee bringt ein kleiner Junge mit einem Tablett, das an etwas Draht hängt, damit er sich nicht verbrennt. Es erinnert an eine Waage, und die kindliche Grazie macht diese Art von Ausschank, im Gegensatz zum profanen Gläsereinsammeln, schon wieder zur Zeremonie.

Ich bekomme einfach Lust, diesen kleinen Kerlen über den Kopf zu streichen, die mich wachsam ansehen. Niemand findet etwas dabei. Während des Frühstücks sieht man auch eine ganze Reihe Mädchen und Frauen. Nicht alle arbeiten auf der Farm, aber vom Dorf ist es ungefähr der gleiche Weg. Unsere Augen freuen sich nicht weniger als die Verwandten und Bekannten, mit denen da geschwatzt und gegessen wird. Auch unserem Fahrer bekam das. Der Ärmste hatte heute morgen eine schwere Stunde, als die andere Crew statt des Nissans den Niva benutzte und damit an uns vorbei rauschte. Automatisch gab er Gas und riß uns dabei durch alle Schlaglöcher und Bodenwellen, bis Bibi ihn bremste. Er konnte doch den anderen nicht wegfahren lassen! - *Doch. Warum nicht.* Lachend machte Tebesa seinem Ärger Luft, dann küßte er das Lenkrad des Jeeps und lobte den Toyota eifrig, um zu zeigen, daß er ihm die kleine Unterlegenheit der schlechteren Federung vergibt, um gleich wieder zu zeigen, wie der Niva davonrauscht und er muß - *gasgas* - langsam fahren...

Wenn man unter den Leuten sitzt, fallen einem auch Details ins Auge. Schnürsenkel und Flickzwirn sind nicht selten aus aufgezwieselten alten Keilriemen gefertigt, manchmal auch aus Draht. Viele tragen die Arbeitskombi, gestern gab es neue, das heißt gewaschene, über ihren Alltagssachen. Und auch hier scheint es Gründe genug für ein Lachen zu geben, begegnet der Fremde allenthalben neben der Zärtlichkeit der Frauen einer großen Zärtlichkeit der Männer untereinander, dem Bedürfnis nach gegenseitiger Berührung. Ein Witz, ein Scherzwort kann der Anlaß sein, man faßt sich bei den Schultern, Händen. Ich habe noch kein Volk gesehen, das soviel lachte, lächelte, wie dieses. Nicht aus einer Heiterkeit des In-sich-ruhens heraus, sondern kommunikativ. Lachen ist Verständigungsmittel, wie die Gestik, die manchmal schon zwischen Tanz und Zeichensprache sich bewegt, oder die militärische Grußerweisung selbst bei Kindern. Der einzige Eingebildete, den ich sah, war ein Watchman, über den sich unser Schlosser auch prompt lustig machte. Ein paar Besserkönner gibt es auch hier, aber sie fallen, so lange nicht Streß herrscht, nicht ins Gewicht. Mich stört auch ihr extrakluges Zuschauergesicht nicht, denn wahrscheinlich können sie wirklich mehr - als ich.

Auch unser Fahrer taut mehr und mehr auf. Durch das gemeinsame Essen ist er einbezogen in die Gruppe. Heute räumte er, ungewöhnlich für einen Fahrer hier, den Tisch ab und drückte mir den Autoschlüssel in die Hand, damit ich den Wagen zu den Dreschern bringen konnte.

Nur das Wetter scheint uns im Stich zu lassen. Die Wolken scheinen an den Berggipfeln hängen zu bleiben, reißen sich los, senken sich über den Talkessel und regnen ab. Die Farm will erst in zehn Tagen mit der Ernte beginnen. Bibi und Helmut reden, daß er nach Sirofta kommt und mit den Leuten spricht, denn unsere Arbeit wird kaum noch bis zum Ende der nächsten Woche reichen. Als wir uns auf den Rückweg machten, verabschiedete unser Schlosser sich ausgiebig, indem er uns lebhaft erklärte, wie hervorragend es sich in Asassa bumsen läßt und wie gut speziell er zu bumsen versteht. Das tat er mit großem Ernst und erst, wenn man die Stirn runzelte, lachte er breit und ließ die weißen Zähne sehen.

Tebesa hatte scheinbar immer noch nicht verkraftet, daß der Niva ihm am Morgen davongefahren war. Jetzt kam uns der alte Nissan entgegen, der zur Reparatur nach Asassa fuhr. Ich gewöhne mir an, auf dem Weg ins Camp zurück Gedanken nachzuhängen, die nicht unbedingt mit unserem Aufenthalt hier zu tun haben, oder nur insofern, als das Hiersein Abstand mit sich bringt.

In Garadella knatterte nun auch die rotgelbgrüne Fahne. In der Küche saß Helmut und schälte höchst eigenhändig Mandarinen für den Salat. Morgen soll das Prasnick zum 7. Oktober stattfinden. Das wichtigste daran ist nun einmal das Essen, also wird es vom Brigadier kontrolliert. Es stimmt schon, was Helmut sagt: Man muß sich selbst etwas vornehmen, etwas machen auch als kleine Truppe, damit keine Langeweile aufkommt.

Nach dem Dunkelwerden beginnt der Hexentanz der Dorfköter. Anders als die einzeln gehaltenen, abgerichteten Haushunde bei uns, bilden sie hier Rudel, in denen Rivalenkämpfe auf der Tagesordnung sind. Manchmal klingt das dann, als wimmerte ein Dutzend alter Weiber und plötzlich schlägt es in trockenes Bellen um, Hecheln, Beißen.

10. Oktober

Kann ich das Lied dieser Berge schreiben? Ich kann es nicht. Ein Lied müßte das sein, in dem die schwarzgrünen Drachenbäume ihren Schatten werfen, die blutigen Rücken der Pferde, auf denen sich Fliegen niederlassen, die Reiter, die Kinder, kaum drei Jahre alt, unter anderen Kindern zu sehen sind, die Mädchen, die sich anbieten für ein paar Abzeichen. Die tote Hyäne am Straßenrand, der flüchtende Kojote, Frauen und Männer, die viertausend Meter hohen Gipfel, die Vögel müßten Platz finden darin. Nichts darf gewollt sein, nichts herbeigeholt, eine vorgefaßte Absicht zu befriedigen. Das ist das Schwerste, wirklich offen sein, sich frei machen von allen fremden und auch den eigenen Erwartungen. Ohne Ballast aufsteigen zu den Wörtern, aus denen das Faßbare entsteht, was zwischen mir und den Dingen in Schwingung gerät.

Auf unserer Fahrt zur Staatsfarm begegneten uns mehr Reiter als gewöhnlich, oft in kleinen Gruppen. In der Nacht hatte es lange und heftig geregnet. Die Piste war weniger staubig als sonst. Die Reiter trieben kleine Herden von Rindern, Schafen oder Eseln vor sich her. An den kleinen Flußläufen, die oft zur Pfütze schrumpfen, wo sie die Piste unterqueren, wird das Vieh getränkt. Manchmal kann man dort den Kampf zweier Bullen beobachten und einen jungen Hirten, der versucht, mit Steinen oder einem Stock die Tiere auseinander zu bringen. Vor unserem Jeep flüchtete ein Kojote, ohne die Piste zu verlassen. Kurz bevor die Räder ihn erfassen konnten, sprang er zur Seite auf das schmale Grasstück, das Piste und Weizenfeld trennt. Dorthin wagt er sich nicht.

In Asassa, wo Bibi Brötchen holte, doppelt so groß wie gewohnt, war schon am Morgen ein lebhaftes Kommen und Gehen. Viehmarkt. Ein Areal von der Größe eines Fußballfeldes, das sich bis zum Mittag mit Mensch und Tier füllte, bis von der Piste aus kaum noch mehr als eine verwobene Masse zu erkennen ist. Dreißig bis fünfzig Birr kostet eine Kuh, ein Schaf um die sechzig, ein Fußbänkchen aus Holz sieben Birr, ein Ring aus

18-karätigem Gold, zwei, drei Gramm schwer, ungefähr einhundertfünfzig.

Nah bei den traditionellen Dörfern sind unweit der Piste Friedhöfe angelegt. Auf einem davon wurde jemand zu Grabe getragen. Seine Familie stand zwischen den anderen kleinen Steinpyramiden. Etwas abseits aber, fünfzig Meter entfernt, saßen Leute im Halbkreis. Einzeln kamen weitere vom Dorf herüber und setzten sich dazu. Ich weiß nicht, ob sie sprachen oder schwiegen, aber ich hörte sie schweigen. Im Auto sitzend, sah ich einen stummen Film, das Geräusch des Wagens war das Klackern eines vorzeitlichen Projektors. Bild für Bild fügte sich zusammen, bis ich wußte, diese Leute halten sich ihren Toten nah, wie die Toten uns nah sind an den sonderbar nebelhaften und kühlen Tagen, wenn wir ihres Beistandes bedürfen.

Etwas weiter lag unterhalb einer kleinen Böschung die Hyäne, die wir gestern sahen, mit aufgedunsenem Leib und stumpfen, schwarzen Augen. Ihr Rachen war eine rote Höhle. Auf den Bauch hatte jemand einen Feldstein geworfen. Keine Bestie mehr mit mahlenden Kiefern. Nichts als eine verendete Kreatur.

Denn es ergehet dem Menschen wie dem Vieh. Wie dies stirbt, so stirbt er auch.

Kinder umstanden uns, als wir fotografierten. Musterten die Fremdlinge, musterten den Kadaver, der schon zu stinken begann. Auch das Pferd sahen wir wieder. Auf dem Rücken saßen Fliegen. Rosa, gelblich und rot glänzte das Fleisch. An einigen Stellen bildete sich Schorf. In Asassa hatten wir ähnlich zugerichtete Kreaturen gesehen. Ihre Reiter verdienten es, geschlagen zu werden. Aber kein Wesen hat vom Tod mehr zu erwarten als vom Leben, wenn es sein Dasein nicht selbst sich unerträglich macht, und so hatte der wunde Gaul schon wieder den Kopf gesenkt und zupfte das frische Gras am Straßenrand.

Unser Schlosser begrüßte uns mit einer Umarmung. Auf der Staatsfarm stehen jetzt neunzehn Mähdrescher einsatzbereit. Am zwanzigsten richteten wir heute die verbogene Haspel. Am Montag, spätestens am Dienstag, wird auch die einundzwanzigste Maschine fertig sein. Aber es soll dabei bleiben: Erntebeginn in zehn Tagen.

Am Mittag, als wir zurückfuhren, wurde auch das Wetter freundlicher. Ich wollte mich ans Wäsche waschen machen, aber der Strom kam erst um halb drei wieder. Wenigstens bekam ich noch Wasser, auch zum Spülen. Wenig später waren Wasserwagen und Duschfässer leer, ohne daß sich alle gewaschen hatten. Langsam schwoll das Klappern in der Küche an. Ich schaute aus meinem Bau, in den ich mich zum Schreiben zurückgezogen hatte. Es tat sich was. Bibi schwang im Klubraum schon den Besen, in der Küche war fast die halbe Mannschaft versammelt und half. Helmut stand am Herd und kochte Geheimnisvolles, das sich als Auberginen erwies. Er scheint gerne zu brutzeln und tut auch das mit seiner Ernsthaftigkeit, die immer etwas ungelenk wirkt. Ich weiß noch nicht, weshalb.

Alles Offiziöse fällt ab von diesem Mann. Versatzstücke kann man ihm nicht umhängen, und wenn er solche Wendungen ausspricht, möchte man sie wörtlich nehmen. Er ist ein vollkommen unauffälliger Mensch. Vielleicht ist es das. Geht von ihm plötzlich Kritik aus, hebt er die Stimme, so wundere ich mich beinahe, daß er da ist und daß *er* das ist. Mecklenburger können doch sympathisch sein.

Die Blumen für unsere Tafel schnitt ich im Vorgarten unserer Bude. Ihre Blüten sehen schon ziemlich zerfressen aus, aber es waren die einzigen und sie reichten immerhin für zwei leere Ketchupflaschen. Imposanter war da schon das Buffet, das im Klubraum entstand. Den Anfang machte eine Waschschüssel voll Kartoffelsalat. Daneben standen gebratene Würstchen, falscher Hase, Auberginen, Bouletten, Tomatensalat, gefüllte Eier, Paprikaschoten und der Inhalt etlicher Wurstkonserven, säuberlich aufgeschnitten und auf Holzbrettern garniert. Auf dem Tisch stand Bier, Cola und Ambo bereit, die leeren Tassen warteten auf Ouzo und Cognak, und in der Küche schließlich stand ein Eimer Mandarinenbowle. Für amharische und englische Musik war gesorgt und wir hatten uns stadtfein gemacht, ohne daß jemand auf die Idee gekommen wäre, gegen das Blauhemd zu murren. Helmut wurde, so weit sein Temperament das zuläßt, nervös.

Noch am Nachmittag war er in Malka Wakane gewesen, um die sowjetischen Genossen am Staudamm einzuladen. Nach und nach warteten fast alle, daß eine Staubfahne ihr Kommen ankündigte. Pünktlich um sechs hielt ein weißer Wolga neben dem Klubraum, dem der Komsomolsekretär, ein Dolmetscher und der stellvertretende Leiter des Projekts, ein Kirgise aus Frunse, entstiegen (und natürlich der Fahrer). Später kamen noch der Parteisekretär der Garadellafarm, ein sprühender kleiner Dreißigjähriger, der einer katholischen Familie entstammt und für den der Marxismus die letztendliche Offenbarung war, der Administrator der Farm, Daniel, der in einem Jahr Minsk fließend Russisch lernte, und der Doktor aus dem Hospital hier, natürlich unser Fahrer und jemand, den ich noch nicht kenne. Hartmut und Bibi gingen mit den Flaschen herum und Helmut, der bis dahin französisch mit den Genossen palavert hatte und dabei unversehens englische und amerikanische Brocken einstreute, setzte zur Begrüßung an und stellte uns vor.

Das babylonische Modell funktioniert nicht mehr. Die uralte Konzeption, die Sprachen zu verwirren, hat ausgedient. Wir bauen unseren Turm...

Übrigens stellte sich heraus, daß einige ziemlich gut Russisch sprechen, unter anderem Detlef. Aber erst einmal wurden Reden gehalten und Gläser geleert. Malka Wakane wird es den Äthiopiern ermöglichen, der Elektrifizierung eine neue Dimension zu geben. Ziel ist es sogar, einmal Strom nach Djibouti zu exportieren. Der neue Stausee ist ein Schritt dorthin. Er bringt mit vier Generatoren je nach Füllstand bis zu 140 Megawatt.

Nach und nach kamen wir alle ziemlich in Dusel. Jemand schob die amharische Kassette in den Rekorder. Der Doktor begann zu tanzen, der kleine Parteisekretär sprühte wieder. Nach und nach kamen die anderen dazu. Micha, von dem ich es - warum eigentlich - nicht erwartet hatte, schaffte sich. Detlef zeigte eine Fröhlichkeit, die einen Zipfel Selbstironie zu enthalten scheint. Helmut genoß. Eine runde Fete, die Jan dann mit der Bowle krönte, als es aufs Stromabschalten zuging. Der gesüßte Wein wirkte entsprechend.

   Als der Klubraum sich geleert hatte, das Abschiedszeremoniell beendet war, setzte Helmut sich in die Küche, goß uns noch einen Schnaps ein *aus der Flasche des Vorbereitungskomitees*. Vielleicht ist *Unauffälligkeit* doch nicht das richtige Wort. Seine Stimme ist zu hören, wenn er sich einschaltet, geradlinig und greifbar, was er sagt. Nichts Abgeschliffenes. Ich hab´s noch nicht. Jedenfalls war ihm sichtlich wohl. Mir auch.

11. Oktober

Es gibt Stereotype. *Die Fahrer essen wie die Schweine* ist ein solches. Wahr ist: Der Tisch sieht aus, als hätte dort jemand ohne Teller gegessen. Wahr ist aber auch: Hier wird vielleicht öfter ohne als mit Teller gegessen. Vorurteile finden *immer* Nahrung und Aversionen richten sich zuerst gegen das Fremde. Das unterläuft mir zu Hause nicht anders, aber hier kontrolliere ich mich stärker und so fällt es mir auf.

Erwarte ich vielleicht zu viel? Wir haben fast alle ein Parteibuch. Es lohnt sich, über Maßstäbe nachzudenken und dabei nicht in die eigene Falle zu laufen. Alle sind Arbeiter mit großer Disziplin. Keine Vor-Arbeiter, es gibt Dinge, die ihnen Spaß machen und solche, die sie ankotzen. Aber sie haben feststehende Werte: Pünktlichkeit, Arbeitenwollen, Schlamperei nicht einzuführen. Wenn sie die im Schrott stehenden zehn oder zwanzig ZTs sehen, ärgern sie sich, weil daraus nicht drei *neue* gemacht werden. In ihren zwischenmenschlichen Beziehungen sind sie geradlinig und trotzdem wirken sie manchmal unbeholfen. Obwohl sie Egoismus hassen, notwendigerweise, denn sie leben kollektiv, denken sie ich-bezogen und sind mitunter verletzt, wenn Konflikte auf sie zurückschlagen. Die Unfähigkeit zum Taktieren macht sie resolut, laut, auch manchmal intolerant. Wenn sie sagen, es sei ihnen etwas egal, das die Arbeit betrifft oder sie, ist die Gleichgültigkeit gespielt, bestenfalls machen sie sich selbst etwas vor. Ihr Tun widerlegt sie. Ich frage mich, ob sie mit den schön geschliffenen Haarspaltern aller Ebenen etwas anfangen könnten. Wahrscheinlich nicht. Trotzdem passen sie sich ein in gesellschaftliche Schizophrenien. Wenn sie sich trotzdem das Maul verbrennen, stehen sie dazu und sind stolz darauf.

So allgemein das hier steht, gilt es möglicherweise nicht. Aber das sind die Widersprüche, zwischen denen ihr Herz schlägt, das sie nicht auf der Zunge tragen, sondern hüten und zu bewahren versuchen. Begriffe wie Bewußtheit, wenn man sie verabsolutiert, versagen vor dem lebendigen Dasein.

Zugegeben, solcherart waren meine Sonntagmorgengedanken

nicht, nachdem ich mit schwerem Kopf erwacht war und mich an einen wirren Traum erinnert hatte.

Bude fegen. Aufräumen. Nach einer Weile kam Helmut herein, dann Bibi. Helmut sucht das Gespräch, es muß nicht lang sein, mit jedem. Ich bilde da keine Ausnahme. Natürlich will er wissen, ob meine Erwartungen sich erfüllen.

Was mich wirklich ausfüllt, hat mit meinen Erwartungen wenig zu tun. Das Abenteuer findet nicht statt. Für jene, die zum zweiten oder dritten Mal hier sind, scheinen die Bedingungen sofort, für die anderen nach einigen Gewöhnungstagen fast normal. Nicht im Abenteuer (obwohl ich mir auch das manchmal wünschte!) liegt das Geheimnis, dem sich nachzuspüren lohnt. Schon gar nicht im Pathos der ideologisierten Berichterstattung. Vielleicht in dem, was ich über mich erfahre, während ich hier lebe. Gibt es denn eine andere Tür zu den Erfahrungen der anderen? Während ich *mit* ihnen lebe, muß es heißen.

Bibi erzählt von seiner LPG, Privilegien und Hierarchien, an denen er sich reibt. Warum darf jener Pausen überziehen und der nicht? Warum wartet der Arbeiter vier Monate auf einen Termin für die Autowerkstatt und ein Funktionär, der sechshundert Meter vom Arbeitsplatz entfernt wohnt, nur zwei? Warum kaufen im Ausland die mit dem höchsten Verdienst am billigsten ein?

Gegen halb neun rief Jan zum Frühstück. Vor der anderen Unterkunft war ein Campingtisch gedeckt. Es gab Kaffee. Die Sonne schien erträglich. Man hätte uns für Sommerfrischler halten können. Mit freiem Oberkörper, unseren Brillen und Mützen bilden wir einen Blickfang für die Bewohner des Dorfes.

Und tatsächlich ist es ein seltsam anmutendes Bild. Haus, Jeeps, Tisch und die sechs Männer. Ringsherum ein Stacheldrahtzaun und dahinter die Straße, Kinder, die zu uns herüberrufen: *Ferenjuk! Haile Selassie!* Sie wollen alte Kaisermünzen gegen Abzeichen, Zeitschriften, Ansichtskarten tauschen.

Wir, so abgehoben und abgezäunt, sehen aus wie Besatzer, denke ich plötzlich, wie Rangers. Die Blechhütten, Wiesen, die Berge im Licht und wir. Hinterm Zaun. Aber bitte. Aber gut. Meinetwegen wie Rangers, ohne Waffen. Keine Söldner irgend jemandes Glücks jedenfalls. Nicht das Abenteuer des Niedermetzelns, des Beherrschens anderer. Meinetwegen Sommerfrischler, nach der Arbeit, und Kaupelei. Helmut sitzt da und raucht sogar, um Zigarettenasche zum Münzenputzen zu haben. Meinetwegen ein anachronistisches Bild. Aber ein Bild des Friedens. Auf der Straße gehen Leute spazieren, sonntäglich gekleidet, spielen dreijährige Nacktärschlein, wartet ein kleines Mädchen auf Karamella (Bonbon).

Bob Dylan singt und Joan Baez, Melanie. Es ist die Musik der sechziger Sommer, des amerikanischen Traums, der blutigen Erdbeeren. Lieder, die nach Blumen riechen, nach der Weite jenseits der Straßenschluchten von New York und San Francisco. Es ist die Musik, die mich glauben macht, auch ich könnte noch fliegen lernen. Sie karamboliert nicht mit der Atmosphäre, wie das andere Gedudel, das so merkwürdig abwesend daherkommt. Sie verwandelt die Details dieser Landschaft in einen Film, reduziert die Sinne auf Auge und Ohr und schärft dabei Blick und Gehör.

Irgendwann läßt die Spannung nach, ich setze mich wieder, um zu schreiben. Wenn ich nach einer Weile aufblicke, scheint es, als hätten, trotz des Windes, die Wolken sich kaum bewegt. Andreas malt mit Buntstift und Kreide den Garadellaberg. Man muß diese Blätter aus einigem Abstand betrachten. Dann leuchten die Farben auf und die Strenge der Zeichnung löst sich ein wenig.

Auch zwei junge Schwarze kommen, grüßen. Unschwer zu merken, daß sie ein Gespräch anknüpfen wollen. Schließlich zeigt der eine einen Fotoapparat, eine Beirette. Auslöser und Spannhebel rühren sich nicht. Es stellt sich heraus, daß Andreas auch davon etwas versteht. Da gibt es ein Hebelchen, das klemmt, und gleich darauf, großes Wunder, ist alles in Ordnung. Die beiden bedanken sich und zeigen, wieder auf der Straße, sogleich dem Nächsten, den sie treffen, was die Ferenchi da gemacht haben. So und ähnlich kommen wir zu unserem Ruf, der Achtung, die uns entgegengebracht wird. Aber wir sind doch keine Medizinmänner. Etwas in mir sträubt sich gegen die Freude.

Nachdem die Sonne sich hinter die aufziehenden Wolken verkrochen hat, mache ich mich mit Andreas auf, um noch ein wenig die Gegend zu durchstreifen. Warum nicht Vögel fotografieren, Landschaft; allein darf niemand gehen und Andreas' Leidenschaften sind den meinen insofern verwandt, als sie das gleiche Material benutzen, offen sind für die gleichen Impulse.

Wir folgen dem Fluß, entlang am Rand der Felder und Weiden, auf denen alle paar Schritte Skelett-Teile von Rindern liegen, Hörner, Knochen und ganze Schädel, weiß und rissig. Kaum weniger zahlreich sind die bewohnten und unbewohnten Höhlen der Stachelschweine. Das Flüßchen scheint an einigen Stellen zu versickern und nimmt die bräunliche Färbung stehenden Wassers an, dann wieder beschleunigt es seine Strömung und fließt in einem Bett tausendjährigen Basaltsteins. Insekten gibt es hier, Schmetterlinge, sogar Eisvögel. Ibis und Steppenadler sitzen still auf der Böschung. Sie werden nicht bejagt und sind weniger scheu als ihre Artgenossen anderswo. Hinter einer Kaktushecke entdecken wir den Kadaver eines gerissenen Falken. Hier hat ein Kampf auf Leben und Tod stattgefunden, ein ganzer Flügel und erst einige Meter weiter, was mal ein Vogel war.

Ein ganzes Stück weiter gelangen wir auf eine Anhöhe, das sind hier etwa 2400 Meter über dem Meer. Über uns sind sechs verschiedene Himmel. In Streifen laufen Gewitterwolken dräuend auf einen schmalen Streifen Licht zu, gegenüber strahlt der Himmel noch, daneben bauschige Schäfchen und so fort im Kreis, dessen Mittelpunkt wir geworden sind, zur Seite die beiden Viertausender, die auf jeder Landkarte zu finden sind. Unweit dieser Stelle, wir haben uns schon zweieinhalb Stunden im Halbkreis müde gelaufen, stoßen wir auf einen kleinen Friedhof inmitten eines unbestellten Feldes. Steine im doppelten Kreis mit Ornamenten, deren Herkunft wir nicht kennen. Dazwischen Gräser und Kakteen. Dämmerung.

13. Oktober

Nach einer Weile beginnt man, die Abwechslungen zu vermissen, an die man gewöhnt war. Etwas später wird die Knobelei an Ernsthaftigkeit zunehmen, mit der wir rätseln, ob es am 9. oder 23. Dezember oder noch später nach Hause geht. Nein, ein viertel Jahr ist keine kurze Zeit. Dieser Aufenthalt gleicht einem Achthundert-Meter-Lauf. Keine Langstrecke, aber wenn man sie zu hastig angeht, fehlt in der zweiten Hälfte die Kraft. Die schon einmal hier waren, wissen das. Schlimm ist, daß gerade Tage wie heute, an denen wir nichts geschafft haben, innerlich müde machen und es dann Momente gibt, in denen man sich nach dem Sinn seines Hierseins fragt. Darüber ein Buch? Das ist keine Baustelle mit Anfang und Ende. Wo schreibt man hin?

Zum Auto zurückgekehrt, fanden wir ein Dutzend Schulkinder vor, auch noch kleinere, die uns um Abzeichen, Stifte und alles Mögliche baten. Als wir nichts herausrückten, warf einer der Kleinsten einen Stein nach dem anfahrenden Jeep. Tebesa sah die Meute davon stieben, sprang hinaus, griff sich zwei faustgroße Steine und rannte hinterher. Einen, der stehengeblieben war, schnappte er sich, versetzte ihm eine Ohrfeige und ein paar Fußtritte, ohne daß die Größten, fünfzehn oder sechzehn Jahre alt, sich eingemischt hätten.

Als Tebesa wieder einstieg, entbrannte der Streit zwischen dem sich ungerecht behandelt fühlenden Jungen und den wirklich Schuldigen. Aber sein Trotz ließ ihn uns auch noch ein Steinchen nachschicken, der zum Glück das Auto nicht mehr traf. So anstrengend die Bettelei um allen Krimskrams auf die Dauer ist, jetzt tut mir der kleine Kerl schon leid und ich denke mich an seine Stelle.

Auf dem letzten Wegstück erzählte Tebesa auf seine Art, was Asassa schön macht. *Garadella: essen, schlafen, essen, schlafen, muschije jelem* (muschije ist eine Wortschöpfung, die dem Versuch einiger Jungs entsprang, ihm Begriffe wie Muschi, Votze und dergleichen beizubringen). *Asassa: Geld und dann muschije. Gut...*

14. Oktober

In den abendlichen und mittäglichen Gesprächen manifestieren sich Haltungen, wird hörbar, was den Leuten durch den Kopf geht. Für jemanden wie Hartmut ist vieles unverständlich, wie hier gearbeitet wird. Er stimmt zu, wenn ich einwende, daß Äthiopien auch keine Geschichte als Industrieland hat. Da streife ich seinen *patriotischen Nerv*: „Ist ja auch so. Der Deutsche kann bißchen arbeiten. Der Deutsche."

Bibi erzählt über Schwierigkeiten mit dem äthiopischen Partner: „Schwer zu nehmen. Sind viele von sich eingenommen. Vor allem in Addis."

Auf einer Farm entbrannte einmal ein stundenlanger Streit um zwei Stangen, die sich die Jungs vom Schrott genommen und zu Stemmeisen umgeschmiedet hatten. Sie würden unbedingt noch gebraucht. Erst Bibis Argument, er mache das alles hier schließlich nicht für sich, sondern fürs äthiopische Volk, verblüffte die Gesprächspartner. Solche Episoden gibt es allerdings meistens dort, wo schon längere Zeit FDJ-ler arbeiten.

Dem gegenüber stehen die Empfänge der Enterprise und andere Feierlichkeiten. Vor zwei Jahren bekam jeder Brigadist einen Goldring geschenkt, vor einem Jahr eine äthiopische Tracht. Helmuts hat sich in einen Bezug verwandelt. Matthias' in ein Faschingskostüm.

Wieder eine andere Geschichte ist der tatsächliche Ersatzteilmangel. In Sirofta sagen die Manager, es gäbe vieles im Zentrallager in Addis, aber die Farm habe kein Geld, es zu kaufen. So geschieht es auch mit vielen Waren, selbst Solidaritätsgütern, die erst ausgelöst werden müssen, bevor sie den Flugplatz verlassen können.

Aber in Sirofta sieht sich Matthias die ZTs an und sagt: „Wieso kann das Blech vom Armaturenbrett kaputt gehen oder das hier - da hat einer was gebraucht. Und das hier, das ist einfach, weil sie keine Ahnung haben und nicht fahren können."

„Soll man deshalb die anderen verrecken lassen?"

„Ein Schiff Sicheln sollte man ihnen schicken, damit können sie was anfangen. Aber umsonst kriegen sie ja von uns auch nichts mehr. Die Zeiten sind vorbei."

Das ist wahr. Äthiopien lernt und muß lernen, aus eigener Kraft zu wachsen. „Andere Länder", meinte Bibi gestern abend: „brauchen die Hilfe, ist meine Meinung, dringender und sind dankbarer dafür."

Ich kann und will das alles nicht kommentieren. Es sind Stichpunkte, die für eine mir selbst neue Vielschichtigkeit stehen, mit der unsere Leute sich ihrem eigenen Tun nähern.

Die Mittagspause verbrachten wir wieder im Office. Irgendwie kam das Gespräch auf Devisen, den Internationalen Währungsfonds, die Nichtkonvertierbarkeit unserer Währung. Im Hintergrund aber stand die Erfahrung, im Ausland ohne *hartes* Geld ein Mensch zweiter Sorte zu sein, und *daß wir unterm Strich doch halb eingesperrt sind.* (Matthias)

Diese Dinge sind nicht geklärt, nicht in den Köpfen der Genossen und schon gar nicht in denen der anderen. Die meisten haben in ihrem Umkreis, in der Verwandtschaft selbst NSW-Kader (Bruder in Westberlin gearbeitet, Onkels, Cousins...), und messen mit dem begrenzten Einblick, der ihnen gestattet wird, entwickeln Bedürfnisse. Wer wollte es ihnen vorwerfen?

Angesprochen darauf, was sie mit ihren überflüssigen Klamotten machten, erzählte Bibi, daß sie in den vergangenen Jahren viel verkauft haben. Um die hundert Birr hatten sie am vorletzten oder letzten Tag in Garadella auf diese Art erhandelt. Gebraucht wird hier draußen alles: Socken, Trainingsanzüge, Hemden...

Auch die Fahrer nutzen ihre Position aus. Wenn wir dabei sind, werden sie am Checkpoint kaum einmal kontrolliert. Also bringen sie Getreide und grünen Kaffee mit nach Addis, wo sie die Sachen gewinnbringend absetzen können. Auch dies ist ein Volk des Handelns. Bei weitem nicht alles, was sie von uns kaufen möchten, wollen sie für sich.

Tebesa singt nicht nur an ihm freundlichen Morgen vor sich hin, er kann sich auch freuen. Vor einigen Tagen war es der

Schlüsselanhänger von Bibi, über den er in Entzücken geriet, heute die wieder funktionierende Scheibenwischerpumpe. Es macht nichts, daß dies Kleinigkeiten sind.

Heute abend sah öfter mal jemand durch das Fernglas, ob da auf der Piste nicht irgendwo eine Staubfahne erscheint. Wir warteten auf Helmut, die Nachzügler, vor allem aber auf Post. Um viertel sieben kamen Niva und Pickup im Camp an. Der Toyota war beladen mit Werbe- und Propagandamaterial. Die erwarteten Werkzeugkisten, es ist schon einiges verloren gegangen, stehen noch unausgelöst auf dem Flughafen. *Mit Büchern drehe ich keine 17er Schraube fest.* Aber das Zeug taugt für den Soli-Basar. Letztes Jahr waren es immerhin 700 Birr, die wir zugunsten der REYA einnahmen.

Auch die Küche bekam Nachschub. Gurken, Bananen, Eier, Getränke. Diesmal saß die Truppe beizeiten am Abendbrottisch. Helmut befestigte einen Zeitungsausschnitt am Informationsbrett, der unsere Anreise verkündete. Nachdem wir gegessen hatten, öffnete er seinen Zauberkoffer und holte einen Stapel Briefe heraus. Zehn davon waren für Jan, vier oder fünf für Bibi, zwei für Andreas. Ich war ein bisschen traurig, aber wer würde sich das anmerken lassen in der aufgekratzten Runde. Zwei Flaschen Schnaps machten die Runde. Begrüßungstrunk aus der Heimat von Bernd, Andreas und Gerald, die, noch im Blauhemd, zum ersten Mal mit am Tisch saßen.

Andreas N. und Gerald sind mit in unserer Bude untergebracht. Damit sind wir nun fünf. Bernd schläft drüben. Er hat wohl Außenpolitik studiert und hält sich immer wieder einmal in Bärenklau zur Sprachqualifizierung auf. Vielleicht ein Diplomat in spé. Seine Augen gefallen mir nicht. Sie sind ein bisschen verkniffen. Aber nehmen wir einmal an, das besagte nichts…

15. Oktober

Heute nachmittag fahren die ersten zehn Drescher in die Gerste und auch wir fahren morgen ins Feld. Einem Bauern mag das kaum auffallen, aber mir ist es ein angenehmes Erlebnis, wie dieser Begriff wieder in seinen natürlichen Ursprung zurückfindet, zu seiner friedlichen Dimension, zu seinen Gerüchen, Geräuschen: ins Feld. Angesteckt von der Ungeduld der anderen, die dem Gefühl der Überflüssigkeit angesichts der fahrbereiten zwanzig Maschinen entsprang, sah ich heute genauso wie Bibi der Kolonne durchs Fernglas zu, wie sie die Farm verließ.

Wir hatten noch einmal am 21. Mähdrescher zu tun, der nun aber wohl doch stehenbleiben wird, weil es in Sirofta keine Taumelwelle gibt. Zu Fekado, den wir *Mr. Ouzo* getauft haben, ist in den letzten Tagen noch ein anderer Chefschlosser gekommen. Den haben wir *Schauspieler* getauft mit seinen Grimassen, Tiergeräuschen, Flüchen. Es gibt freundliche Balgereien und es gibt zunehmend Gespräche über Frauen, die unter der Gürtellinie liegen. Die Arbeiter auf der Farm haben sich auf unser Hiersein eingestellt. Lediglich jene, die uns nur in der Teepause zu Gesicht bekommen, stehen manchmal in Grüppchen, vor allem Jugendliche, vor unserer Nische und starren uns unverwandt an.

Immer wieder verschätze ich mich im Alter der Äthiopier. Tebesa sieht man seine fünfunddreißig nicht an, einem anderen nicht seine vierzig, aber in diesem Alter liegt ungefähr auch die Grenze, von der ab man sich leicht nach oben verschätzt. Ihnen scheint es genauso zu gehen.

Wir haben viel Zeit zum Schwatzen an Tagen wie heute. Andreas erzählte von seiner Zeit beim Armeesportklub, seiner Beinverletzung, mit der er im VP-Krankenhaus lag, wo er zu zeichnen begann. Bibi von seinen Bequemlichkeiten, daß die Post von seiner Freundin / Frau erledigt wird und sie ihm auch sagt, was in der Zeitung steht. Nach und nach wird der kleine, Sichtlücken füllende Privatkram heraufgeschwemmt. Wohligkeit in einem anderen Sinne, als was ich darunter verstehe, aber auch frei von Extravaganzen.

Dabei sind Bibi und Andreas von der lebhafteren Art, Matthias ist etwas spröder. Nicht so, wenn es sich um Frauen dreht. Heute kommen zum ersten Mal Vögeleigeschichten vergangener Brigaden und die Erinnerung an Kumpel mit *verbrannter Pfeife*. Sprache der Männer.

Übrigens begleiteten uns auf dem Hin- und Rückweg bis / ab Asassa zwei Krankenschwestern aus dem Hospital in Garadella, die einkaufen wollten. Schwarz gekleidet die eine, in blauer Hose und Jeansjacke, später noch mit einem großen Leinentuch die andere. Wenn schon Russinnen schwatzfreudig sich vertiefen können und im hohen Diskant wandeln, wenn das Gespräch angeregter wird, so waren diese beiden zwei rechte Schnatterinchen. Wir waren für diese Zeit zwangsläufig sprachlos. Ein schönes Amüsement gab es, als sie die Anrede *Schnecken* auffaßten und fragten, ob das etwas Gutes sei. Andreas übersetzte kurzerhand: *Simi, Frau.*

Wenn man immer wieder einmal Watchmen mit Karabinern auf der Farm sieht, Watchmen an den Getreidefeldern mit amerikanischem Sturmgewehr, fragt man sich, wie ruhig es wirklich hier ist. Bibi erzählte, er habe von zwei Fällen gehört, daß Saboteure erschossen wurden. Einmal, als die Ölablaßschrauben der Mähdrescher entfernt wurden, und einmal, als ein Weizenfeld in Brand gesteckt wurde.

Abends erzählt Bernd, der Dolmetscher und Parteisekretär, der sich inzwischen als Sprachlehrer Englisch / Russisch in Bärenklau vorgestellt hat, daß der Westen gerade die Regierungsmeldung gesendet hat, derzufolge in Äthiopien dieses Jahr drei bis vier Millionen Menschen sterben werden, wenn das Land keine Unterstützung erhält. Es entzieht sich trotz alles Elends, das wir sehen, trotz des Bauers mit Hakenpflug und Ochsen an der Straße nach Sirofta, der körbe- und säckeschleppenden Frauen, der Sichelbauern dem Vorstellungsvermögen, daß von diesem Land die Rede war. Eine Verweigerung dem Gedanken, daß hier, wo ich jetzt bin, Menschen verhungern werden. Es ist ja nicht nur die eigene Hilflosigkeit angesichts bemessener Kraft. Größer ist die Hilflosigkeit angesichts unausgeschöpfter Kraft, sei es die konkrete eigene oder die noch immer brach liegende dieses allem zum Trotz lächelnden Volkes.

Mittags umgibt uns beinahe Stille. Die dünnen Wellblechwände und -dächer knattern in der Sonne, als schlüge Regen darauf. Von irgendwoher summt und zwitschert etwas. Wir liegen neben dem Mähdrescher und lassen uns Schultern und Ohren von der Sonne verbrennen. Wir leben in tiefstem Frieden, ärgern uns über den Leerlauf und allerlei heimatliche *Brühe*, erzählen von Fahrten und Reisen, essen. Auch das hat mit der Unvorstellbarkeit zu tun. Ist unter uns jemand, der weiß, was Hunger ist?

Heute kamen in die Kneipe zwei beinahe biblische Gestalten, die sich aneinander hielten und beide fast oder völlig blind waren. Ein alter Weißbärtiger mit langem Stock und Flickenjacke und einer, der dem Alter nach sein Sohn sein könnte mit einem Metallstöckchen und nach außen gewendetem, starrem Auge. Dieser bettelte für sich und den Alten, sah wohl auch noch ein wenig. Vor jedem von uns blieb er stehen. Seine Stimme bat nicht, sie forderte, hatte sogar etwas Bedrohliches, das die Kneipenherrscherin bewog, sich aus Tebesas schäkernder Nähe zu entfernen und die Beiden vor die Tür zu bugsieren, wo ein Mann sie bei den Schultern nahm und weiter schickte, straßauf...

16. Oktober

Wer unseren nördlichen Himmel gewöhnt ist zur Nacht, kennt sein gleichmäßig fernes, lockendes Licht, liebt es vielleicht. Die Träume, mit denen ich aufwuchs, waren beleuchtet davon. Selten das Funkeln und außergewöhnlich eines Sterns. Hier trete ich vor die Tür, während die anderen schon zur Ruhe gekommen sind, und habe über mir die sprühende, lebendige Kuppel der Milchstraße. Irrlichternd, einladend und verwirrend, unruhig wie der Wind, wie das Knattern der Fahnen, wie das Heulen der Dorfhunde und das fernere der Hyänen. In solchen Nächten ist man allein mit seiner Winzigkeit und all den Fernen, die in uns beginnen, dem Atem der Geliebten, den Momenten großer Umarmungen, mit Abschiedsnächten und durch unsere Tagträume wandelnden vergangenen und gegenwärtigen Lieben. Wer hier seinen Stern hat, kann sein Schweigen belauschen, das Gespräch unzähliger Gestirne, das niemals verebbt. Der Mittagsmond wird ihn daran erinnern und der morgendliche Hammerschlag an die Pflugschar, der zum Frühstück ruft, wird es nicht unterbrechen.

Aber mit ihm begann mein erster Erntetag, windig und postkartenblau. Statt nach links auf die Zufahrtsstraße zur State Farm bogen wir rechts auf einen Feldweg ab, vorbei an den Flechtzäunen der kleinen Höfe, wo auf hölzernen Stangen Rinderschädel in die Sonne starren. An Mädchen und Frauen vorbei, die zum Nachsammeln auf die Felder ziehen und in Staub gehüllt hinter unserem Jeep zurückbleiben. Dieser Staub erstickt die elektrischen Blitze weißer Perlzähne und das Lächeln, auch meines, in der Schadenfreude der Jungs.

Mitten im Gerstenfeld finden wir eine Wiese, auf der zehn Mähdrescher, die Wasserwagen, Traktoren und Anhänger stehen. Es scheint, als sei das halbe Dorf zusammengelaufen. Nicht lange dreschen alle Maschinen. Immer wieder schert eine aus. Keilriemen wechseln, Messer nieten, kleine Reparaturen. Dann sind wir umstanden von einem Dutzend und mehr Fahrern, Schlossern, Greaseboys, die zugucken wollen, näher drängen. Das kann zu einer Nervenprobe werden. Bibi dreht sich langsam um, sein Blick wandert von einem Gesicht zum anderen: *Minteno?* Für den Augenblick reicht das, wenigstens einen Teil der Gaffer zu vertreiben, aber schon bei der nächsten Kleinigkeit schließt der Halbkreis sich wieder. Diesmal dreht Bibi sich um und deutet mit dem Schraubenschlüssel eine Linie an, Bannmeile, Grenze, und der Chefschlosser merkt, daß es ernst gemeint ist trotz mühsamen Lächelns. Er steht auf und jagt die Herumstehenden auseinander.

Kurios, wenn auch nicht für den Mähdrescherfahrer, der seinen Verdienst verliert, war, was mit einem der Drescher im Laufe des Tages passierte. Beiseite gefahren wurde er wegen eines gebrochenen Flügels am Windrad, einer Sache, wegen der, wie die Jungs sagten, bei uns niemand seine Arbeit unterbrechen würde. Aber wir sind, auch wenn es mitunter schwerfällt, hier, um die Wünsche der Äthiopier zu erfüllen. Es ist ein Unterschied, jemandem bei seiner Arbeit zu helfen oder die Arbeit nach eigenem Maß und eigener Vorstellung zu erledigen. Die äthiopischen Schlosser wollten schweißen, also stand der Drescher. Als dann ein anderer einen Flachriemen benötigte, wurde er abgebaut. Mit einem Keilriemen genauso. Mit einem zweiten.

Das Gesicht des Fahrers verfinsterte sich. Er kam zu uns, führte nach und nach jeden von uns an seinen Drescher, uns das Debakel zu zeigen und seinen Unmut zu bekunden. „Was läßt du dich darauf ein?" fragte mich Bibi, als ich den Fahrer mit dem inzwischen immerhin erneuerten Flachriemen beschwichtigte.

Der Drescher stand auch am Abend noch, als wir nach Garadella fuhren. Ungeschweißt. Die alten Keilriemen aber wurden von den Fahrern zerlegt, um an die geflochtenen Dederonfasern heranzukommen. Ihre Kleidung zeugt davon, daß dies gebräuchliches Nähzeug ist.

An jedem reifen Feld und zur Bewachung der Felder gibt es Watchmen, die ihre Runde machen und zwischendurch auf der Wiese ausruhen. Sie unterscheiden sich kaum von den anderen, höchstens daß einer mal einen alten Uniformmantel und, wenn es hoch kommt, für die kühlen Nächte Socken trägt. Bei uns sind zwei, einer mit somalischem Schnellfeuergewehr. Er ist nicht größer als einmeterfünfzig und trägt die Waffe meist auf der Schulter wie ein Maschinengewehr, denn sonst reicht sie, am Riemen getragen, fast bis zur Erde. Dabei ist dem kleinen Mann die Würde anzumerken, mit der er seinen Dienst versieht. Auch der andere mit seinem Karabiner von 1943. Aber es täuscht. Beide sind nicht minder fröhliche Kerle als die anderen.

In Garadella war bereits das angekündigte Fernsehteam, drei Leute und ein äthiopischer Fahrer. Der vierte, Kamera-Assistent, wurde schon in der DDR eingespart. Kameramann und Regisseur sind bereits seit sieben Wochen im Land unterwegs. Sie haben, bevor mit dem eigentlichen Projekt, einem Dreiviertelstundenfilm über DDR-Bürger in Äthiopien, begonnen wurde, die Feierlichkeiten im Umfeld der Proklamation zur VDR für das äthiopische Fernsehen gefilmt. Vor fünf Wochen stieß als Redakteur der dritte Mann dazu. Inzwischen hat das Team unser mobiles Krankenhaus von Medana, nahe der sudanischen Grenze, gefilmt, in unruhigem Gebiet, das Zementwerk und schließlich Addis. Als letztes kamen sie zu uns.

Alle drei erfüllen eigentlich die Erwartungen an einen Auslandskorrespondenten. Sie haben die labyrinthischen Strukturen des Fernsehens durchlaufen und sind auf einem relativ glücklichen Punkt gelandet. So sehen sie aus und so geben sie sich. Etwas abgehoben davon der Redakteur mit den scharf gezeichneten Zügen des Wander-Intellektuellen, des Weltenbummlers, dessen Habitus keinen Rückschluß darauf erlaubt, ob er ein privilegierter DDR-Bürger oder ein wohlsituierter Westler ist. Sie sind den Umgang mit Leuten gewöhnt und fanden sicher rasch ein Verhältnis zu ihnen, auch weil da nichts an Überheblichkeit ist.

Ein bißchen waren sie wohl erstaunt über meinen Status, bis sie hörten, wie alt ich bin: „Du siehst jünger aus, deutlich jünger." Ah, Streicheleinheiten. Und hier arbeite ich also als Schlosser, ob ich denn Talent für diesen Beruf hätte?

„Da müßt ihr schon die anderen Jungs fragen."

„Ja, ja, wir haben schon gehört, daß du das packst."

Ah, das geht runter. Aber ich bin hier keine Hauptperson und möchte auch keine sein. Im Grunde bin ich mit dem Verhältnis in und zur Brigade ganz zufrieden. Alle haben sich an meine Beschäftigung gewöhnt und akzeptieren sie, sicher nicht, weil sie eine besonders Ehrfurcht weckende Vorstellung davon haben, sondern weil ich im übrigen, Eigentlichen mitzuziehen versuche.

Auch in den Diskussionen um Land und Leute hier habe ich den Beobachterstatus aufgegeben. Was ich zu sagen habe, wiederholt sich vielleicht, erscheint mir aber wichtig: *Wir sind mit anderer Geschichte gewachsen, wir müssen versuchen, auch für das Verständnis aufzubringen, was uns hier stört oder gar unsinnig erscheint. Wir sind hier, um zu helfen und zwar so, wie die Äthiopier es sich wünschen.* Daß das nicht eben leicht ist, selbst wenn man frei von Ballast an die Dinge herantritt, habe ich inzwischen selbst begriffen.

Mit dem Filmteam saßen wir dann nach dem Abendbrot zusammen. Nun ist es mit den Gästen sehr verschieden. Wer sich ein bißchen auskennt mit den hiesigen Bedingungen und den Mitteln solch einer Brigade, weiß, daß Durst die größte aller Krankheiten ist. Vom Hörensagen weiß ich, daß deshalb viele, wenn sie kommen, eine Flasche auf den Tisch stellen. Dafür sind die Lebensmittelsätze niedrig, sechs Birr pro Tag, und selbstverständlich werden Gäste mit einem Schluck begrüßt. Die Erwartung geht dahin, daß sie sich spätestens dann revanchieren, damit eine fröhliche Runde entsteht, an der jeder sich dann beteiligen kann. Da es nicht um Sauferei geht bis zum Umfallen, halte ich diese Einstellung für normaler als die, sich gegenseitig jedes Bier, jede Cola vorzurechnen, wie die Filmleute dies auch untereinander taten, da es hier schließlich um *Devisen* gehe. Thomas, Bibi, Gerald und einige andere reagierten darauf ziemlich unverblümt: *Pappnasen sind das.*

Nun neige ich nicht dazu, Menschen nach ihrer Bereitwilligkeit, Runden zu geben, zu beurteilen, aber die Runde ist Ausdruck für ein anderes Verhältnis, Verständnis gegenüber denen, die hier längere Zeit ohne besonderen Abwechslungsreichtum sind. Und das begriffen eben auch diese Fernsehleute nur theoretisch.

Als später sich dann die Auseinanderrechnerei in der Kneipe fortsetzte, wo es um insgesamt 17 Birr ging, hatten die meisten erst einmal genug. Aber das merkten die drei, Horst, Jürgen und Eberhard nicht. Ihnen war es um die Geschichten zu tun, die sie dort erfuhren, Randbemerkungen, aber auch Technisches zur Verlustsenkung und dergleichen. Vermutlich registrierten sie kaum, daß Helmut sich ins Bett zu seinem Buch zurückgezogen hatte.

Über die Fernsehleute kam es auf unserer Bude dann noch zu einem kurzen Gespräch mit Thomas, Gerald und Andreas N. über die Schizophrenie, die diesem Medium anhaftet, und die schwierige Kunst, die Wahrheit zu sagen. Es gibt dann doch schnell verabsolutierende Positionen, *daß Ärzte, die was drauf haben, im Knast sitzen* bei Gerald etwa, und *daß man mit der Wahrheit nicht weit kommt* bei Andreas N., während Thomas nur feststellte: „Habt ihr kein anderes Thema?!"

Jan übrigens war 1985 schon einmal Brigadist. Als ich ihn fragte, weshalb er ausgesetzt habe, meinte er: „Wegen der Einstellung zum Staat. - Weil ich nicht Genosse war. Einmal lassen sie dich so. Zum Begucken. Dann waren sie da und wollten mich zur Partei. Da hab ich gesagt, ich will mir das überlegen. Das ist ja nichts, was man von heute auf morgen entscheidet, und wenn ich soweit bin, wollte ich selber kommen. Jetzt bin ich Kandidat, da durfte ich wieder."

So ungefähr. Die Mechanismen greifen schon. Aber ob sie dieser Art etwas zum Besseren wenden, bleibt wohl eine allenthalben berechtigte Frage.

17. Oktober

Wir hatten unsere Fotoapparate mitgenommen, denn heute würde es leichter sein, Aufnahmen auf dem Feld zu machen, und irgendwo fühlten sich die meisten als Beobachter wohler als als Statisten, oder taten wenigstens, als wäre dem so. Den Kampf zwischen Eitelkeit und Abneigung gegen Rummel aller Art kämpft jeder für sich allein.

Für das, was ich als Fernsehen kennengelernt habe, ging es relativ ruhig zu. Der Botschafts-Toyota und unser Niva kamen aufs Feld, die Leute bauten auf und begannen, ohne uns besonders zu stellen. Natürlich waren sie aus auf gemeinsame Arbeit mit den Äthiopiern, aber das ergab sich fast von selbst. Bibi am Motor, Andreas am Schneidwerk. Aufnahmen vom Feld. Schließlich wollten sie uns noch einmal im Toyota samt Staubwolke auf dem Feldweg haben. Das war Tebesas großer Moment. Selten genug, daß jemand: *dollo, dollo!* Zu ihm sagt, statt: *gas, gas!* Alles fürs Fernsehen - der Kameramann und die anderen blieben, in unsere Wolke gehüllt, zurück.

Glück hatten wir, daß fast alle Äthiopier unterwegs waren, so blieb der Auflauf in Maßen. Tasfari hätte zwar furchtbar gern seine Goldzähne vor der Kamera blinken lassen, und wer zufällig vor die Kamera geriet, ließ es sich wohl sein dabei, aber eigentlich blieb es ruhig. Ein Teil war schon zum Essen gefahren auf einem Traktor ohne Anhänger. Aber Kotflügel, Kupplung und Fahrersitz boten trotzdem neun Leuten Platz. Andere blieben auf dem Feld. Ihr Essen bringen sie in korbumflochtenen Gefäßen mit, ihr Trinken in Pepsi- oder auch Bremsflüssigkeitsflaschen, die an einer kurzen Schnur getragen werden.

Auch die Watchmen ließen sich nieder und legten die Waffen übers Knie. Den kleinen sprachen wir an. Mit dem Gewehr vor der Brust durften wir ihn vor einem Mähdrescher fotografieren.

Auch eine kräftig gebaute Fahrerin hielt sich gern in unserer Nähe. Die anzüglichen Bemerkungen ihrer Kollegen, bis zu Angeboten an uns: *fucky fucky...* nimmt sie gelassen hin. Mitunter glaube ich in ihren Blicken auf Andreas oder Bibi lesen zu können, daß ihr das durchaus nicht unangenehm wäre.

Tasfei setzte sich einige Mal in unseren Wagen, hoffte auf Zigaretten oder wenigstens einen Schwatz. Zu seinem Spitznamen *Schauspieler* ist jetzt die Bezeichnung *Großfresse* gekommen, immerhin gemischt mit dem Respekt, den hier jeder genießt, der etwas kann. Als wir einige Schritte gingen, sahen wir ein kleines Dieselaggregat und etwas, das ein Schweißtrafo sein sollte. Ein unverkleidetes Chassis, offenliegende Spule und blanke Kabel. Fast unglaublich, daß damit gearbeitet wird. Neben dem Diesel sprach einer der Arbeiter mich an. Ich weiß nicht, wie weit es Höflichkeit ist, uns zu loben, nicht nur unsere Arbeit, sondern unser Land: „Äthiopien Sozialismus, Deutschland Sozialismus. Brüder. Gut", sagte der Mann zu mir und das tat gut.

Zum Mittagessen wollten wir nicht wieder bis zur Farm fahren. Wir kamen auf der Suche nach einer Kneipe, in der es Cola gibt, nach Wabe, einer kleinen Ortschaft nach Goffar zu. Der Gastraum bestand aus einem mit geflochtenem Bambus ausgelegten Zimmerchen mit zwei Tischchen und einem Tresen samt Regal, an dem ein junger Bursche stand. Der Raum war verqualmt. Die Wände, wie hier üblich, aus Holzstangen mit einem Verputz aus Spreu, Lehm und Mist, irgendwann einmal weiß angestrichen, jetzt aber rissig und grau. Mit einfachen Strichen ist eine Moschee daran gemalt. Ein Stück weiter hängt die Fotografie eines Reiters und eines Sportwagens. Eine schiefe Brettertür führte in den Hinterraum, wo auf dem Boden ein Junge spielte, durch den Spalt Frauen zu uns sahen und über offenem Feuer mit Eukalyptusholz der Teekessel hing.

Auf unseren Tisch drang durch die Löcher im Wellblechdach in dünnen Strahlen Sonnenlicht. Nach ein paar Minuten hatten wir uns mit tränenden Augen an den Rauch gewöhnt und packten unser Mittagessen aus. Vom Nebentisch sahen die Teetrinker herüber. Tebesa, wenn er mit uns zusammen ist, kümmert sich darum, daß wir Ruhe haben, fragt nach Preisen, hier stand er auf und ging kurzerhand nach hinten, damit die Qualmerei aufhörte. Niemand kümmerte sich weiter darum. Ein Alter kam herein und legte ein Bündel Zweige auf den Tisch, dessen Blätter die Männer zu kauen begannen. Die Jungs stritten sich, ob Bethelblätter, Koka oder Shit, eins wie das andere Pflanzen, die Rauschzustände auslösen und in Afrika gängige Genußmittel sind.

Nach einer halben Stunde zogen wir wieder los. Auf dem Feld sah Andreas dann eine Gruppe Nachleserinnen tanzen, ohne Musik, so unwillkürlich wie zwei von den Greaseboys plötzlich zu singen beginnen, wie Tebesa morgens, wenn er gute Laune hat, ein Irgendwaslied anstimmt.

In Garadella war inzwischen das Volleyballnetz gespannt. Der Kameramann erwartete unsere Ankunft schon und verwirrte Tebesa, der nicht wußte, ob er da vorbeifahren sollte oder nicht. Was ist interessant für Max Müller, wenn er mit seiner Bierflasche vor dem Fernseher sitzt und sich auf das 2. DDR-Programm verirrt hat? Wie wir uns waschen am Wagen. Wie uns die Kinder umgeben. Das forcierten die Fernsehleute, indem sie um sich herum Bonbons verteilten und die Kinder auch durch das Tor im Stacheldrahtzaun lockten, das Tabu bleiben soll.

Das, was sich auf natürliche Weise herausgebildet hat, nämlich Andreas´ schönes Verhältnis zu den Kindern, die er schon malen ließ mit seinen Stiften, an der Hand und auf den Arm nimmt, bekommt einen Beigeschmack. Gleich so, wenn Horst, der Redakteur, ins Mikrofon flüstert: *Dritte Einstellung: Kind auf dem Arm des Dichters.* Ist das unser reales Verhältnis zu der Meute wild fröhlicher, neugieriger, hemmungsloser und zugleich scheuer Kinder? Zuerst einmal sind wir die *Ferenjuk* für sie und nicht die guten Onkels vor der Kamera. Ob das, was ich jetzt schreibe, ungerecht ist, wird der Film schließlich zeigen.

Die Möglichkeit des Volleyballspiels wurde durch die Fernsehleute beschleunigt. Das war gut. Helmut geht darin auf, aus solchen, zunächst wie Kleinigkeiten erscheinenden Sachen etwas zu machen, zum Beispiel ein Ländermatch. Und kein Geringerer als der REYA-Chef von Garadella stand neben dem Feld und pumpte abwechselnd einen der beiden gleichermaßen undichten Bälle auf. Ich spielte ziemlich lange mit. Was für mich immer wieder eine angenehme Erfahrung ist: Wenn frei von Spottlust und ausgespielter Überlegenheit jemand einbezogen wird in etwas, das er nicht beherrscht. Wenn Michael mir erklärte, wie ich was für Bälle annehmen sollte, empfand ich das nicht als Gängelei.

Zum Küchendienst gehört das Auffüllen der Wasserkanister, das Vorbereiten der Essentaschen mit Plastgeschirr, Wurstbüchsen, Butter, Brot, Gewürzen, Zwiebeln, Obst, gehört Töpfeschrubben und Klubraumreinigen, wie das abendliche Essenausteilen. Wenn man Lust hat, gehört auch Blackys Fütterung dazu.

Jan freut sich, daß der Hund langsam ein weiches, glänzendes Fell bekommt. Abends und nachmittags liegt er vor der Tür und schläft. Inzwischen ist das sein Revier. Die anderen Hunde verbellt er, wenn sie einzeln erscheinen, oder greift sie sogar an. Uns zu begrüßen, läßt er sich nicht herab, aber demütig duldet er die eine oder andere streichelnde Hand. Ob ihm das Rudel seinen Ausbruch verzeiht?

Aus dem Schreiben wurde dann doch erst nachts und bei Kerzen- und Taschenlampenlicht etwas, denn Helmut kam herüber, um für die Fernsehleute und sich das Spiel zu holen, das ich in den ersten Tagen machte.

Ich hatte schon Lust, mit allen vieren noch zusammen zu sitzen, Neugier spielte mit, wohl auch Eitelkeit. Die Neugier kam kurz, auch das Gespräch drehte sich ums Spiel. Die Eitelkeit wurde befriedigt durch eine drei Stunden lang dauernde Partie mit vielen *Aaahs* und *Ooohs*, die ich schließlich übrigens verlor. Als ich die einzige Karte zog, die vom Spieler verlangt, eine Runde zu geben oder 24 Felder zurück zu gehen, wunderten die drei sich sehr, daß ich mich für die Runde entschied. *Wo es doch um Devisen geht.* Dieser Satz in unterschiedlichem Gewand fiel dreimal an einem Abend.

Natürlich soll niemand jemanden aushalten. Natürlich will jeder etwas sparen. Aber soll ich aufhören, meinen Sinnen zu folgen, meiner Lust, meinem Spaß, *wo es doch um Devisen geht?* Ich jedenfalls will das nicht.

Etwas ganz anderes ist es, daß die Leute von überallher, wo sie waren, Post mit nach Hause nehmen, aber eigentlich auch eine Selbstverständlichkeit.

Helmut hatte selbst zum ersten Mal *Garadella* gespielt und war ganz angetan. „Man müßte das nur noch etwas modifizieren", meinte er: „und etwas öfter was machen, wo's einen Schluck gibt."

Nach halb eins blies ich die Kerze aus.

18. Oktober

Die Weizenernte hat nun doch begonnen und wir fahren direkt auf das Feld, reiben die ersten Ähren auf der Hand aus und knabbern die reifen Körner. Auch das Wetter hat sich geändert. Die Regenwolken sind verschwunden. Die wenigen weißen Bäusche dekorieren einen Postkartenhimmel und sobald der Wind nachläßt, brennt die Sonne durch den Arbeitsanzug durch, heizen Mähdrescher und Werkzeug sich auf. Selbst die Handrücken beginnen sich zu röten. In den Socken, unter dem Hemd bleiben Spelzen hängen, kratzen und stechen auf der Haut.

Es gibt keinen Baum in der Nähe, keinen Strauch, und wenn die Sonne höher klettert, ist auch der Schatten neben dem Jeep, neben den Dreschern bemessen. Aber uns längere Zeit hinzusetzen, hatten wir ohnehin keine Gelegenheit. Von den zwanzig Maschinen standen manchmal neun am Feldrand. Die Fahrer kamen zu uns, zogen uns an ihr Fahrzeug, zeigten auf Keilriemen, Fahrvariatoren, Schneidwerk. Wir arbeiteten zu zweit, manchmal auch allein. Wenn ich Hilfe brauchte, bat ich Andreas oder Matthias, aber ans Nieten von Klingen und dergleichen traute ich mich auch schon allein. Was bleibt uns denn übrig? Kaum dass es eine Zigarettenpause gab, aber so vergeht auch die Zeit. Und das Wetter wird das gewöhnliche sein in den kommenden Wochen.

Was sich einprägt, sind Bilder am Rand des Arbeitstages. Die eindeutigen Angebote der Traktoristin an Andreas. Kinder, deren Kleidung nur noch aus Flicken zu bestehen scheint. Sie sammeln das liegen gebliebene Stroh hinter den Dreschern in Plastesäcke und Tüten, sieben es aus auf der Suche nach durchgefallenen Körnern. Auch die Zahl bleibt im Gedächtnis: drei bis vier Millionen vom Hungertod bedrohte Menschen.

Manchmal werden die Kinder verjagt, sogar von Fahrern, die knüppelschwingend auf ihrem Traktor angeknattert kommen. Dort wo die Verfolgung aufhört, sammeln die Kinder, der größte Teil sind Mädchen, sich wieder. Wir sitzen im Schatten des Toyota und haben gerade unser Mittagbrot verzehrt, werfen ihnen übrig gebliebenes Brot zu. Sie essen es hastig, immer noch bereit, jeden Augenblick die Flucht zu ergreifen. Ich komme mir blöd vor, irgendwie. Drei Scheiben Brot ändern das Elend nicht, das sich hinter diesen paar Dutzend dünnen Kinderbeinen verbirgt, selbst hier im *reichen* Hochland.

Nachmittags, so scheint es, gewinnt die Sonne noch an Kraft. Gegen zwei, drei Uhr sind wir alle mehr oder weniger geschafft. Ich beobachte Andreas, der immer aus ist auf die Nähe von Menschen, sich wohl fühlt dabei. Er könnte von hunderten Kindern umgeben sein. Es würde ihn nicht stören. Das *Zoo-Gefühl*, das uns abweisend, weil nervös macht, ergreift von ihm nicht Besitz. Am liebsten schwatzte er stundenlang mit den Kindern und jungen Frauen, die aber immer in respektvollem Abstand bleiben und, wenn wir vorbeifahren, schon auf ein Abbremsen des Wagens hin kehrtmachen und davonlaufen.

Warum ist so viel Angst in den Menschen? Es gibt Momente, da sie mir wehtut. Wessen bin ich denn schuldig, daß man vor mir ausreißen müßte? Übergroße Nähe und übergroße Distanz berühren einander wie alle Extreme und rufen ein körperliches Unwohlsein hervor.

Andreas dagegen wirkt fast schon vertraut. Wenn wir in Asassa haltmachen und der Wuschelkopf aus der Kneipe begrüßt uns mit Handschlag, die Mädchen füllen die Gläser, der Tag wird noch einmal laut. Heute habe ich einmal auf den Hof geschaut, den Seitenflügel gesehen, wo es neben Wohnungen noch einige nummerierte Räume mit geschlossenen Türen und Fensterläden gibt. Hier kostet Liebe zehn Birr und das macht alle Vertrautheiten falsch.

Argloser sind die Kinder von Garadella, die uns mit Händeklatschen, Winken, mit Handständen und anderen Kunststückchen, die uns anlocken sollen, begrüßen, mit ihren Haile-Selassie-Münzen und Schweineborsten. Was wunder, wenn sie sich noch vor dem Abendbrot um Andreas versammeln, in Hoffnung auf etwas Waschmittel für die Mutter, Abzeichen, ein Bonbon, daß wir sie auf den Arm nehmen und daß andere, oft sehr kleine, nach unseren Händen greifen, um auch einmal hochgenommen zu werden. Aber es ist auch wahr, daß sie bei erster Gelegenheit die Büchsen vor der Tür klauen, Blackys Freßnapf, ebenso hemmungslos, und eine unüberschaubare Meute bilden, derer niemand Herr werden kann. Es stimmt, daß Helmut über die Arbeitsgruppenleiter noch einmal sagen ließ, wir sollten die Kinder von unseren Unterkünften fernhalten, die Kaupeleien auf dem Weg ausmachen, nicht solche Beziehungen anknüpfen, die die Kinder übermütig werden lassen. Die Erfahrungen geben ihm Recht und er nahm unser Verhalten wie eine Trotzreaktion auf und wurde sauer. „Ich weiß nicht, ob ihr irgendwas bezweckt, aber das hört mir sofort auf. Nichts gegen diese Kinder, aber die werden wie die Scheißhausfliegen, wenn wir nicht aufpassen."

Schweigend schluckten Andreas, ich und die anderen den Vorwurf. Helmut ist sehr geradeaus in solchen Dingen und sagte auch beim Abendbrot noch einmal etwas dazu, wenngleich es mich wenig überzeugte, wenn er als Argumente außer der Diebstahlsgefahr die Übertragung von Würmern und dergleichen herbeizitierte. Dann dürften wir hier auch nicht arbeiten.

Einen Moment lang war ich verleitet, Helmut ins Unrecht zu setzen. Die Vernunft der anderen hinderte mich daran. Er hat Recht. Das ist keine Partnerschaft im gewöhnlichen Sinne zwischen den Kindern und uns. Auch die Kleinsten sind natürlich irgendwo Werkzeug der Größeren, gerade hier. Das andere: Gerade ihre Zutraulichkeit ist am natürlichsten, menschlichsten.

19. Oktober

In Sirofta wurden wir an den Rand des Dorfes geschickt, dorthin, wo die Wellblechhütten der Armen stehen, aus denen Rauch dringt und vor deren Türen Kinder im Straßenstaub sitzen. Eine Frau hockte vor einem hölzernen Bottich, blickte zu uns herüber und wusch. Über den Eukalyptusbäumen kreisten Milane in kaum zehn Meter Höhe, zahlreich wie andernorts Tauben sind.

Aufgereiht standen die Mähdrescher mit kleinen Defekten. Sieben brachten wir im Laufe des Vormittags wieder in Gang. Die Mannschaft von gestern hatte heute frei und die Traktoristin erschien in sommerlichem Aufzug, stand eine Weile mit Tebesa und verschwand dann mit ihm in ihrem Haus. Kaum zwanzig Minuten später kam unser Fahrer mit geröteten Augen zurück: *Fucky fucky.*

Einer der Kombinefahrer, an dessen Drescher wir die Kühlwasserpumpe wechseln mußten, brachte uns einen Teller gerösteten Weizen. Von der Schule kamen die Kinder herüber und standen wartend und gaffend in kleinen Gruppen beiseit. Die kleinsten von ihnen haben unsere Jungs *Pittiplatsch* getauft. Tatsächlich haben sie außer einem kleinen Lockenstreifen keine Haare auf dem Kopf, gucken aus großen dunklen Augen und tragen ihre nackten runden Bäuche durch die Welt ihres Dorfes. Einer der Fahrer griff sich einen Knüppel und jagte die Kinder auseinander, indem er einzelne von ihnen die Dorfstraße herunter verfolgte, ohne sie ernstlich zu schlagen.

In der Nähe der Farm wird das gedroschene Korn auf reihenweise zu Planen vernähten Plastesäcken ausgeschüttet und gereinigt, indem zehn oder mehr barfüßige Jungen es mit geschnitzten Holzschaufeln in die Luft werden, so daß der Wind den Staub fort trägt. Halme und anderen Schmutz kehren zwei, drei Kinder mit Reisigbesen vom Getreideberg, der nach Tonnen zählt. Tagelang sind sie dieser Art beschäftigt, bis das Getreide eingesackt und abtransportiert wird.

Auch auf den Feldern sehen wir Kinder. Ihre Hosen, Pullover,

Kleidchen bestehen oft mehr aus Flicken als aus anderem. Sie suchen das ausgeworfene Stroh nach Körnern ab. Oft werden sie vertrieben von den Watchmen und Fahrern. So schauen sie mehr angstvoll um sich herum als auf ihre Arbeit. Manchmal macht Tebesa sich einen Spaß daraus, sie im Vorbeifahren zu erschrecken. Meistens nehmen wir das hin und lachen sogar mit.

Als wir heute einen Drescher, der sich vollgefressen hatte, leer laufen ließen, kam eine ganze Truppe von Kleinen. Nur ein älteres Mädchen war dabei. Es war ein trauriges Bild, wie sie Stroh und Spreu durchsiebten, denn wir wußten ja, daß in diesem Haufen weniger zu finden war, als in den losen Bündeln in der Spur der Drescher. Als diesmal Tebesa und der Fahrer, eher zum Gaudi als ernsthaft, nach den Sammlern liefen, war, vielleicht hängt das mit gestern zusammen, die Reaktion bei allen Jungs gleich. Sie reagierten mehr oder weniger wütend, rempelten Tebesa an: *Baca!* Andreas N. sagte, was er dachte: „Kann man sich gar nicht vorstellen, so´n Leid, was man hier sieht."

Was uns gestern albern vorkam, fanden wir heute vernünftig und wollten dem Pittiplatsch unter den Kindern das restliche Brot geben. Aber er traute sich nicht zu uns heran, und selbst, als wir es den Kindern zuwarfen, als Tebesa es ihnen bringen wollte, liefen sie davon. Genauso rannten sie vor Andreas´ Fotoapparat davon, andere warfen sich auf die Erde und versteckten ihr Gesicht. Erst als wir abfuhren, trauten einige Mutige sich vor, Mädchen vor allem, und winkten uns nach. Viele von uns blocken dieses Verwirrspiel der Gefühle ab, so gut sie können. Bei Erwachsenen fällt das leicht und die Wörter sind erschreckend am Anfang: *Affengesichter.*

Von den Feldern aus können wir auch die schnurgeraden Häuserreihen kleinerer Dörfer erkennen, kleine Felder davor, aber menschenleer. Es sind Siedlungen, die der Staat den umherziehenden Nomaden errichten ließ. Sie lassen sich nicht zur Seßhaftigkeit zwingen. Verlassen und gespenstisch liegt der Ort.

Auf der Rückfahrt begegnen uns Pilger, die nach Bale Mountains wandern. Man erkennt sie an ihrem gespaltenen Stab, der an eine Wünschelrute erinnert. In Asassa machen wir halt. Diesmal nicht, um einen Feierabend-Ouzo zu trinken. Selbst Bibi war heute zu müde. Er hatte schon den halben Weg gedöst. Wir wollten nur noch zum Bäcker.

Bibi hatte heute morgen dem kleinen Kerl aus der Kneipe Tasche und Geld zurückgelassen. Das klingt leichtsinnig. Doch man kann diese Jungs nach Zigaretten schicken, ihnen einen Hundert-Birr-Schein zum Wechseln geben oder sie Brötchen holen lassen. Das alles werden sie ebenso zuverlässig machen, wie sie unbemerkt eine Brieftasche klauen würden, wenn sich eine Gelegenheit dazu bietet.

Tebesa hat auf diese Weise vor unserer Ankunft im Bus in Addis zweihundert Birr eingebüßt und ist inzwischen vollkommen blank. Wenn wir in die Kneipe gehen, läßt er sich ein Glas Wasser bringen, falls wir ihm keine Coca Cola ausgeben, oder er läßt sich gar nicht erst sehen. Da wahrscheinlich jede zusätzliche Verpflegung damit wegfällt, hat er sich angewöhnt, die Büchsenwurst so dick aufs Brötchen zu legen, daß er es kaum in den Mund bekommt. Aber er ist fröhlich und wir haben uns an ihn gewöhnt, wie an die Stromschwankungen des Dieselaggregats, die die Augen belasten und beim Schreiben stören.

Am Abend nach dem großen Abwasch begann Bernd seinen Englisch-Kursus. Er will fünf Lektionen geben, Begrüßungen, Familie, Arbeit, Freizeit und Einkaufen. Die Jungs haben sich, einschließlich mir, entschlossen, alle mitzumachen. Die Hälfte von ihnen hat kein Englisch in der Schule gehabt, manche sprechen ganz gut. So mischen sich Arbeit und Vergnügen in dieser Stunde, die Zeit vergeht und ein bißchen nützt es wohl auch. Nur daß mir danach endgültig die Augen zufielen und ich, als die anderen zu uns herüberkamen, eingenickt bin.

20. Oktober

Gestern sahen wir auf dem Weg nach Sirofta eine abgebrannte runde Holzhütte. Am Nachmittag hatte ihr Besitzer sich aus den wenigen verkohlten Überresten bereits eine Hütte zur Übernachtung hergerichtet und heute morgen stand schon das Stangenrondell für eine neue Behausung. Viel enthält sie bei den Leuten hier nicht. Ein paar Sitzgelegenheiten, Kisten, Decken, eine Schlafstatt, die Feuerstelle, Küchenzeug. Nur die Wohlhabenderen können sich rund um ihre Hütte in der gleichen Bauweise noch einige Speicher aufstellen.

Inzwischen kennen uns die Fahrer und Schlosser in Sirofta, oft auch mit unseren Namen. Die morgendliche Begrüßung, das *Welcome, Tanastaling* und *How are you*, Händeschütteln und Schulterklopfen wird zu einer Zeremonie, der man sich entziehen kann oder nicht.

Dann kommen die Kombiner, zupfen uns am Ärmel und ziehen uns an ihre Maschinen. Immer wieder entstehen Pausen, weil wir ein Ersatzteil brauchen. Dessen Nummer muss aus dem Katalog herausgesucht werden, dann bedarf es der Formulare und Unterschriften und endlich sucht eine der jungen Frauen im Lager zwischen Wellen, Blechen, Kugelschreibern, Overalls, Klopapier und tausend anderen Dingen das Benötigte heraus.

Manches fehlt völlig: Sprengringe, Simmerringe, Dichtungen. Wenn wir in unserer Schraubenkiste, einem Sammelsurium aufgelesener und mitgebrachter Teile, nichts finden und sich das Passende nicht unbeobachtet anderswo abbauen läßt, muß es ohne gehen oder die Maschine bleibt zurück.

Gefährlich ist es, eine Arbeit fortzusetzen, die von den äthiopischen Arbeitern begonnen wurde. Heute hatten einige von ihnen am Schneidwerk herumgebastelt. Wir machten weiter und ließen den Drescher probelaufen. Dabei stellte sich heraus, daß inzwischen aus unerfindlichen Gründen das Rad vom Fahrvariator abgeschraubt war, ein Bolzen sprang vor, Öl lief aus, jetzt mußte es tatsächlich repariert werden.

Nicht weniger beunruhigend sind die Techniken, mit denen der Schacht, soll er abgenommen werden, aufgebockt wird. Gegen den Versuch, mit einem zerbeulten Dieselfaß, zwei Holzbrettern und einem Wagenheber Stabilität zu erreichen, verwahrten wir uns.

Ansonsten war es heute ziemlich still auf der Farm. Schon jetzt beginnen einige, die Tage zu zählen. Gerald zum Beispiel. Er will später als Serviceingenieur für *Fortschritt* arbeiten, wäre aber lieber erst im nächsten Jahr mitgefahren. Seine Mutter ist vor anderthalb Jahren gestorben. Sein Vater ist 66 und krank. Außerdem hat Gerald eine siebzehnjährige Freundin, setzt ein Einfamilienhaus instand, um nächstes Jahr einzuziehen, und ist dabei von seinem Maurer-Schwager und dessen Zeit abhängig.

Auch Matthias zählt, und wird es uns aus irgendeinem Grund zu viel, taucht ein alter Slogan der Brigadisten auf: *Dreizehn Monate Scheiße*. Etwa, wenn, wie gestern, der Werkstattchef aufs Feld kommt, um zu kontrollieren, ob wir die zweieinhalb Dutzend Nieten, die wir uns geben ließen, auch tatsächlich brauchen.

Die meisten kommen, scheint es, gern her. Auch des Geldes wegen, sicher. Wir sind hier geachtet, mehr als die sowjetischen Spezialisten, denen oft Hochmut vorgeworfen wird, weil sie keine eigenen Anstalten machen, Sprachbarrieren zu überwinden, aber wohl auch, weil hinter ihnen die Großmacht gesehen wird.

Uns geht es ziemlich gut, auch materiell, im Unterschied zu den ersten Brigaden, die zwar Propagandamaterial in Fülle, aber kaum Lebensmittel hatten. Trotzdem haben die meisten am Ende genug von den kleinen, aber beständigen Widernissen.

In der Mittagspause kam Tebesa wieder auf das allgegenwärtige Thema. Diesmal zeigte er uns mit den Fingern seine Schwanzlänge und erklärte uns, daß er vier Kinder, vier, sechs, acht und zehn Jahre, habe, alle von derselben Frau.

Ich sah die hübsche und auffallend schlanke Schönheit wieder, die, wie sich herausstellte, Elektrikerin ist. Sie hatte heute einen frisch gewaschenen blauen Overall an, der in groben Zügen verriet, wie sie in einem Jeansanzug, der Kleidung besser gestellter, emanzipierter Frauen, aussehen könnte.

Bibi erzählte, was er sich unter Verbesserung vorstellt: „Wenn ich hier etwas zu sagen hätte, würde ich erstmal die Hälfte entlassen."

Auf meinen Einwand, daß diese Leute nach äthiopischem Verständnis die Arbeiterklasse repräsentieren (Die Intelligenz zieht es nach Addis, wo auch ihre Familien leben; selbst wenn sie selbst fünf Pflichtjahre irgendwo im Land absolvieren müssen, wollen sie letztendlich dort eine Existenz begründen und können das zumeist, weil sie durch das starke Bildungsgefälle immer noch privilegiert sind) und es keine besseren gibt, meinte er: „Dann müßten sie am Monatsende draufzahlen, statt was zu kriegen."

Ähnlich verhält es sich mit der Haltung zu unseren Betrieben. Wir stehen international nicht schlecht da mit Landmaschinen. Der Druck der westdeutschen und britischen Konkurrenz wäre kleiner, gäbe es nicht Schlamperei und Verantwortungslosigkeit, die auf unsere Qualität zurückschlägt.

Bei unserer Rückfahrt entbrannte, wie schon einige Mal zuvor, zwischen Nissan und Toyota ein Wettrennen. Heftig gestikulierend und dem Wagen Kußhände schenkend, zog Tebesa mit neunzig Stundenkilometern am Nissan vorbei. Dann hielt er hämisch den Arm aus dem Fenster, der andere möge überholen, und schoß davon. Wir ließen uns durchrütteln, verfolgten Tebesas fröhlich wildes Gebaren und wie die Entfernung zwischen den beiden Jeeps sich schon wieder verringerte. Da liefen ein paar Meter vor uns plötzlich, ausscherend aus ihrer Herde, Schafe über die Straße. Tebesas Hupen ließ die ersten schneller werden, aber weitere folgten. Unser Fahrer bremste scharf und versuchte gasgebend eine Lücke zu nutzen. Als wir uns umsahen, lag eines der Tiere im Straßengraben. Wir hatten es in voller Fahrt gestreift. Tebesa fuhr weiter, aber er lachte nicht mehr. Unsere Selbsttröstung, das könne immer passieren, war Selbstbetrug. Als wir uns in der Kneipe in Asassa trafen, war Bernd sichtlich sauer: „Wir sind daran genauso schuld, wir heizen diese Rennen noch an."

„Das machen die unter sich", sagte ein anderer.

„Ach was!"

Ein nächster: „Abrieb, das gibt's überall."

Auch ich folgte dieser Tonart, obwohl ich fühlte, sie stimmt nicht. Aber taugen andere Maßstäbe hier? Vielleicht nicht, aber *kann* man andere anlegen als die eigenen, ohne zu lügen? Ich wollte das aus der Welt haben, wie die anderen. Es störte mich. Wozu Ärger schaffen?

Bernd sagte nur: „No comment."

Aber dann setzte er sich, gab seine Einstandsrunde aus und redete nichts oder über anderes. Er hatte in Goffar mit Michael am ZT gearbeitet und trug ein Pflaster. Aber ich war fern von Spottlust, denn ich trug zwei.

Am Morgen hatte ich in die Messer gegriffen und zugleich Andreas N. gebeten, daran zu ziehen. Was den Finger hätte kosten können, zog mir nur ein bißchen Haut und Untergewebe ab.

Das zweite Mal schlug ich den Daumen am Nagelbett auf, als ich mit der Zange von einer gespannten Feder abrutschte. „Willst dich wohl selber aus dem Rennen nehmen, damit du früher nach Hause kommst", kommentierten die Jungs, nachdem sie gesehen hatten, daß es nichts Ernstes ist. Aber das habe ich nicht vor. Noch wird die Zeit mir nicht lang.

21. Oktober

Waschtag. Ruhepunkt. Ich stehe mit den anderen auf, aber ich bleibe im Dorf. Kein Grund, sich zum Frühstück zu beeilen. Kein Grund, draußen herumzulaufen, bevor die Sonne zu wärmen beginnt. Der Luxus, ganz allmählich erst munter zu werden. Gerald beginnt seine Wäsche zu waschen und ist fertig, als wir den Campingtisch herausstellen, um unser zweites Frühstück zu nehmen. Es gibt Kaffee.

„Ein bißchen was müßt ihr ja auch davon haben, es muß ja auch ein bißchen Urlaub sein", sagt Jan. Er wirkt jetzt ruhiger auf mich. Auch meine Wäsche nimmt nicht allzu viel Zeit in Anspruch und im Wind braucht sie kaum eine Stunde, um zu trocknen. Ich habe Zeit. Der Himmel ist wolkenlos über uns, die Berge schirmen sein Blau. Während ich das Wasser ablasse und Wäsche aufhänge, wird der unterbrochene Strom wieder eingeschaltet.

Das ist im vergangenen Jahr schon einmal passiert. Dabei brannte die Waschmaschine ab. Ich komme gerade noch dazu, den Stecker herauszuziehen. Die Heizspirale glüht schon, aber es ging noch einmal gut.

Nebenan hält der Doktor seine Sprechstunde. Wind kommt auf und vertreibt die Fliegen. Wir sitzen, liegen in der Sonne und nachdem Jan Kartoffeln geschält hat, spielt er mit Gerald Schach. Ich brauche solch einen Tag, um auf mich zurück zu kommen, in Ruhe zu schreiben. Ich brauche etwas Stille.

Heute kam Helmut aus Addis zurück und wie um den Tag abzurunden, brachte er Post von meiner Frau. Inzwischen hat sie Taillenweite einhundert und Bambinchen strampelt fleißig. Noch ist genug zu tun, ist die Arbeit, aber bald wird sie ganz auf sich gestellt sein. Davor fürchtet sie sich und ich kann ihr nur Mut machen von ferne. Acht Seiten lang hat sie von daheim berichtet und außerdem enthält ihr Brief zwei ihrer schönen zarten Gedichte, von denen eines mir fertig erscheint. Vielleicht bin ich voreingenommen, aber gerade in ihren Versen steht sie ganz deutlich und klar vor meinen Augen.

Unser Werkzeug ist noch immer nicht am Flughafen ausgelöst. Helmut hat in der Botschaft verkündet, wenn wir das Zeug nicht Anfang nächster Woche bekämen, stünde er mit der ganzen Mannschaft vor der Tür.

Außerdem fällt unsere Reise in den Awash-Nationalpark aus. Es sind Malariafälle aufgetreten, bei den Freunden sogar mit Todesfolge.

Das letzte Ungeschick war eher kurioser Natur: Daniel hatte sich in Addis für fünfzig Birr ein Schaf gekauft und war sehr stolz darauf. Auf der Roughroad machte er mit dem Pickup, auf dem er es angebunden hatte, plötzlich kehrt: Er hatte es verloren.

Statt der erwarteten Zeitungen kamen nur die Fußballergebnisse und ich, der von Fußball ach soviel hält, malte in meiner Funktion die Tabelle ab für die Wandzeitung.

Zu guter Letzt gab es dann noch Kontingentzigaretten. Nun sitzen wir da und qualmen *Kent*, trinken *Sprite* von der *Coca Cola Company* und bauen den *äthiopischen Sozialismus* auf. C'est la vie!

22. Oktober

Gestern Abend, kurz vor Anbruch der Dunkelheit, gab es vor dem Hospital einen Auflauf. Eine Frau wurde gebracht. Die Wehen hatten begonnen. Ein richtiger Arzt in Garadella, das ist eben solch ein Fortschritt, wie der elektrische Strom in den Staatsfarm-Dörfern. Aber das Hospital hat kein Kühlaggregat, um Blutkonserven lagern zu können, keine Möglichkeit für größere Operationen. So wurde die Frau auf den Toyota Pickup der Farm gebettet, am Planengestänge der Tropf angebunden, und der Wagen machte sich auf den Weg nach Schaschamene, einhundertundzwanzig Kilometer Roughroad entfernt. Das sind unter diesen Bedingungen mindestens drei Stunden Fahrt.

„Wenn die den Arsch hochreißt, haben wir drei Tage lang überhaupt keine Ruhe mehr. Dann ist hier im Dorf der Teufel los, singen sie Tag und Nacht...", sagte Jan, und ein anderer: „Wenn man überlegt, was bei uns los ist, wenn der Krankenwagen zehn Minuten später kommt."

„Das steht die nie durch."

„Aber hier sind sie auch zäher als bei uns."

„Hauptsache, die Mutter kommt durch. Kinder haben sie hier genug."

23. Oktober

Die Frau, die vorgestern fort gefahren wurde, befindet sich noch in einem kritischen Zustand, erfuhr ich heute von Helmut. Ob ihr Kind lebt, weiß ich nicht.

Ich möchte Achtung vor den Arbeitern hier haben, aber das fordert schon eine Menge Autosuggestion und *historisches Verständnis*. Und Ärger herunterzuschlucken fordert genauso viel Selbstbeherrschung, wie die Fähigkeit, über dem Ärger nicht in Gleichgültigkeit zu fallen, sich die positiven Leistungen dieses Volkes zu vergegenwärtigen.

Wesentlich angenehmer ist es, auf dem Farmhof vor dem Electric-Shop die kleine Schönheit zu entdecken, die in ihrem blauen Overall noch zu leuchten versteht. Das ist nicht nur Tebesa aufgefallen, sondern auch Bibi. Wie er heute, sehe wohl auch ich zuweilen aus, wenn ich eine *Favoritin* erspäht habe. Seine große Stunde aber kam, als wir die kleine Frau wirklich an einem Drescher brauchten, der einen Kurzschluß im Armaturenbrett hatte. Während die Elektrikerin sich an den Kabeln zu schaffen machte, umstand unser Quartett sie überall, wo um den Fahrersitz herum sich eben Platz finden läßt, sei´s auf dem Schacht, und auch ein paar der Schwarzen leisteten ihr noch Gesellschaft. Nahe aber hielt Bibi sich bei ihr zu seinem und unserem Spaß.

Auf der Rückfahrt hielten wir diesmal bei *Sagai*. Bei der Gelegenheit konnten wir in einen anderen vom Hof abgehenden Raum schauen, der praktisch ausgefüllt wird von einem eisernen Bettgestell und einer Matratze...

In der Gaststätte saßen außer uns noch einige Schwarze. Während wir unser Bier tranken, angenehm nach einer halben Stunden Staubschlucken auf der Roughroad, kam ein kleiner älterer Mann im Overall herein und begann, in abgehackten Bewegungen und mit starrem Gesicht zu tanzen. Nach ein paar Minuten verschwand er, kam zurück, und so einige Mal. An seinen Bewegungen war nichts Beschwingtes. Eher glich das Ganze einem traurigen, verrückten Ritual, das nur der Tänzer verstand. Seltsam, daß ich mich gerade in diesem Moment der Grausamkeiten in den tausendjährigen Herrscherkämpfen, Glaubens- und Bürgerkriegen Äthiopiens erinnerte.

24. Oktober

Wie immer hielten wir in Garadella zum Brötchenholen. Diesmal stieg ich mit aus. Der große Backofen befindet sich im Hof. Dorthin zu gelangen, muß man einen großen Raum durchqueren, in dem an mehreren Tischreihen Leute ihren Frühstückstee tranken und ihre Semmeln aßen.

Eine Decke gibt es auch hier nicht. Durch die Löcher im Wellblechdach schmulte der Himmel. Die Wände sind vor langer Zeit einmal grün und weiß getüncht worden. In der Mitte befindet sich ein Dreikopf von Marx, Engels und Lenin, mit der Strenge einer Schablone gemalt, grimmig und wissend mit großen Augen, die über die Menschen hinwegsehen. An Stirn- und Rückwand dann noch einmal Marx und Lenin. Dazwischen trägt eine Frau Gläser umher, fängt sich im Zugwind das Gemurmel, mit dem der Arbeitstag beginnt.

Früh schon dachte ich an Zuhause, wie oft, wenn es still wird im Toyota. Auf der Farm verliert sich das. Der Spezialist aus Addis Abeba kam zu uns herüber, fragte nach der Arbeit, und als wir ihm sagten, daß wir schon bei der vierten Taumelwelle gelandet sind, wollte er die Ursache wissen. Die meisten Kombiner fahren zu schnell. Unser Gesprächspartner übersetzte, was wir sagten, und kommentierte auf amharisch: *Wenn du dir immerzu den Mund vollstopfst, platzen dir die Backen, und genauso mit der Druschtrommel an der Kombine...*

Für die Fahrer ist er eine Respektperson. Sie hören ihm zu, sagen höchstens einmal leise: *Ischi*, und wir hoffen, daß sich das Gesagte unter ihnen vielleicht doch herumsprechen wird.

Uns erklärt er: „Es gibt viele Probleme. Die Ausbildung ist nicht gut. Viele Fahrer waren im letzten Jahr noch Hilfskräfte. Wir fangen erst an."

Seine Art ist so sicher wie natürlich. Später allerdings kommt er noch einmal mit einem der Manager und nimmt Matthias beiseite. Es hat eine Beschwerde gegeben. Wir hätten den Kindern das Brot zugeworfen, um ihre Armut fotografieren zu können.

So rasch verkehren sich Dinge gegen uns, die wir nicht zu Ende gedacht hatten. Wahrscheinlich war der Kombinefahrer einfach ärgerlich gewesen, weil wir ihn zurückgerufen hatten. Und wir waren schlichtweg blöd. Am Abend sagte Matthias Helmut Bescheid. Der reagierte vollkommen ruhig und sagte selbst nichts weiter. Was nicht aufgebauscht wird, verfliegt rasch von selbst, wenn wir uns mit den Apparaten künftig ein wenig zurückhalten.

Am Nachmittag waren wir draußen auf dem Feld. Für vieles, wollte man es im Bild festhalten, brauchte man hier eine Filmkamera. Alles zieht die Landschaft in die Breite, der Himmel, die Rücken der Berge, die abgemähten Felder, darüber Nomaden ihr Vieh treiben. Bunt gesprenkelt ist der gelbe Grund von Hunderten Kindern und jungen Frauen.

Als wir Zeit hatten, ging Tebesa zu einigen von ihnen hinüber und setzte sich dazu. Schließlich entschlossen sich Andreas und ich, ihnen Gesellschaft zu leisten. Anfangs machten sie Anstalten, auszureißen. Es geschieht oft, daß uns mit ängstlichem oder verschlossenem Gesicht gefolgt wird, bis wir selbst bewußt oder unbewußt ein breites, zähnezeigendes Lächeln aufsetzen. So auch diesmal.

In der Nähe der Mädchen erst zeigt sich die Verschiedenartigkeit der Gesichter. Viele sind nach den Gebräuchen verschiedener Stämme tätowiert. Unter den Mädchen gibt es ausgesprochene Schönheiten. In ihrem rüden Ton reagieren unsere Jungs eindeutig darauf: „Die zwei Stunden kochen und ordentlich anziehen…"

Die Kleider sind oft nur übereinander gebundene Fetzen, verschlissen und über den großen Brüsten zerrissen. Die Mädchen schämen sich dessen nicht. Da sie nicht fortlaufen, nähern auch andere, vor allem Kinder, sich. Einer der Mähdrescherfahrer stößt mich an und sagt: „This is black Africa. I like it. Beautiful Ethiopia." Andere flachsen herum und Tebesa greift von hinten einem der Mädchen an die Brüste und versucht die sich Wehrende zu uns herüber zu schleifen. Nicht wegen uns tut er das, aber wer sieht es so? Wir tun gut daran, uns zurückzuziehen.

Auch der Technik-Manager ist mit aufs Feld gefahren. Mit seinem weißen Hemd sticht er von den overallbekleideten Männern ab. Ungeachtet dessen macht er die gleiche Arbeit wie seine Schlosser - und uns kommt seine Anwesenheit zugute, weil er benötigte Ersatzteile für uns sofort vom Werkstattwagen, der auch aus der DDR stammt, besorgt.

Unter den Kindern sind viele, die zu den Fahrern oder Schlossern gehören und die sie uns stolz zeigen. An den freien Tagen kommen sie Seite an Seite auf die Farm oder das Feld, gut gekleidet und fröhlich. Zu spüren, welche Würde von diesen Pärchen ausgeht, macht manches wett, was wir an Elend und Härte um uns herum sehen und dennoch oft nur erahnen können, wenn wir uns vergegenwärtigen, daß unser hiesiges Leben die Bewohner der Dörfer als Ausdruck von Luxus anmuten muß. Die Entferntheit ist auf andere Art so gewaltig, daß ich mich im Schutz der Berge während unserer langen Fahrten wiederum im Niemandsland fühle und Gedanken nachhänge, für die es diese Distanz braucht. Was ist meines?

Aus Addis sind Mitglieder der ständigen Brigade *Artur Becker* gekommen, Günter mit seiner Frau Brigitte und dem zwölfjährigen Kai, und Horst. Nach dem Abendbrot begann das, was laut Programm Erfahrungsaustausch hieß und wovon nicht nur Helmut glänzende Wangen bekam. Bevor allerdings die vierte Flasche geköpft wurde, erzählten die Leute aus Addis wirklich von ihrer Arbeit.

Die ständige Brigade existiert seit 1985 und führt achtwöchige Lehrgänge in englischer Sprache für äthiopische Facharbeiter durch. Ausbildung am ZT und anderen Traktoren, bis hin zur Zerlegung von Getriebe und Motor. Detaillierter also als vergleichbare Lehrgänge in der DDR.

Um das fachlich und vor allem sprachlich bewältigen zu können, brauchen die meisten zwei Lehrgänge. Die FDJ-Schule *Werner Lamberz* in Bärenklau, eine Außenstelle der *Wilhelm Pieck-Hochschule*, haben alle besucht, und vorher standen sie mehr oder weniger alle schon fest und zumeist mit leitenden Funktionen im Berufsleben. Das ist verständlich. Einige Jahre Selbständigkeit und etwas Beständigkeit und Geduld sind für diese Arbeit vonnöten.

Vor Jahren gab es auch Leute bei der Erntebrigade, die in einer Ecke saßen und vor Heimweh weinten. In der ständigen Brigade hingegen gibt es Leute, die - übrigens entgegen früheren Zentralratsversprechungen - seit zehn Monaten ohne ihre Frau in Äthiopien sind.

Andere Schwierigkeiten ergeben sich mit dem Leiter ihrer Schule, der in den USA studiert und geheiratet hat, dessen Frau zur Geburt ihrer Kinder nach Hause reiste, ihnen die amerikanische Staatsbürgerschaft zu sichern, und der sich weder als Mister noch als Comrad ansprechen läßt, was vielleicht die präziseste Aussage über ihn ist.

Aber zusammenarbeiten müssen unsere Leute mit ihm, wie mit der REYA und der AETSC. Dies alles, wie gesagt, ist erklärlich und läßt mich verstehen, weshalb die Leute im Durchschnitt auch fünfunddreißig Jahre sind. Nur was diese zweifellos wichtige Sache dann noch mit FDJ zu tun hat, verstehe ich nicht. Günter, als er nach Bärenklau kam, war schon 29, Horst ist jetzt 42. Günter war bereits in Jemen und ist seit fast drei Jahren dabei. In der DDR war er zuvor Abteilungsleiter im Rationalisierungsmittelbau. Nur theoretisch kann er an diesen Platz zurückkehren, denn der Betrieb hat die Lücke natürlich geschlossen und bringt im Übrigen nicht allzu viel Verständnis für die Sache auf, und ob der Zentralrat die kaderpolitische Entwicklung der Ausgedienten noch wesentlich unterstützt, daran zweifelt, wie es scheint, nicht nur Günter.

Ouzo und Kognak begannen zu wirken und Helmut stand schließlich auf, er leuchtet dann geradezu, und hub an: „Es geht ein Rundgesang..."

Das Repertoire reichte von *Hoch auf dem gelben Wagen* über *Es gibt kein Bier auf Hawaii*, *Alle Mädchen haben einen kleinen Schützengraben* (Hier brach Helmut den Gesang in Rücksicht auf den anwesenden Kai nach der zweiten Strophe ab), *Auf der*

Festung Königstein, So warn's die alten Rittersleut bis zu *Alle meine Entchen* wobei Gerald inbrünstig sang: *Köpfchen in die Höhe, Wasser in das Schwänz...* und dann nicht mehr wußte, wo er mit dem *chen* hinsollte. Ein munteres Chaos entwickelte sich, als ich versuchte, den Kanon: *Wie schön leuchtet der Morgenstern* mit den Jungs zu singen.

Gegen elf hatten wir alle unser Maß erreicht. Matthias ging in seinem Zimmer auf eine wagemutige Froschjagd, bei der die Türschwelle zerbrach, und Thomas war auf seiner Liege im Sitzen eingeschlafen und zur Seite gekippt, so daß ich ihm erstmal die Schuhe auszog und ihn zudeckte. Danach tauchte ich selbst in die ewigen Jagdgründe ein und hörte auch nicht mehr den unidentifizierbaren Gesang, der bis um zwei Uhr aus Helmuts Zimmer drang, während zur gleichen Zeit noch der Doktor im Hospital arbeitete.

25. Oktober

Im Allgemeinen erkenne ich den Sonntag daran, daß es früh Bohnenkaffee gibt und sich einige an die Chlorochintabletten erinnern, deren Wirksamkeit umstritten, Einnahme jedoch beruhigend ist. Heute früh kam überraschend ein leckerer Schokoladenkuchen dazu, den Brigitte gestern Abend noch für uns gebacken hatte. Etwas Verlockenderes ließ sich für meinen strapazierten Magen nicht denken.

Dann machten wir uns mit mehr oder weniger geröteten Augen, aber pünktlich auf den Weg zur Arbeit. Unser Versuch, bei *Sagai* unseren Brand zu löschen (mir hatte Gerald im fortgeschrittenen Stadium Ouzo und Kognak in den Becher gekippt und das saß), schlug fehl, aber Bibi und noch jemand wichen in Ermangelung von Sprite oder Cola auf Bier aus.

Ein Abend wie der gestrige hebt die Laune aller in der Brigade und das war trotz Kater auch im Wagen zu spüren. Irgendwie kamen wir auf politische Haltungen zu sprechen, etwas, worauf ich in dieser Direktheit schon längere Zeit gewartet habe. Die Truppe hat einen großen Vorteil: Man kann im großen Ganzen davon ausgehen, daß die Leute ehrlich sind. In gewisser Weise bilden sie wahrscheinlich auch einen repräsentativen Querschnitt für ihre soziale Gruppe. Und sie haben noch etwas, das in dieser Zeit unser gesellschaftliches Leben begleitet: Sie sind ganz gewiß nicht das, was der Zentralrat auf dem Papier sehen möchte.

Am ehesten zum Aushängeschild, und als solches fühlt er sich auch behandelt, eignet sich wahrscheinlich Bibi, der heute früh gründlich verkatert war. Als Einundzwanzigjähriger hat er seine Chance genutzt und darf auf eine glatte kaderpolitische Entwicklung rechnen. Er ist Mitglied der Kreisleitung der Partei geworden, übrigens ohne, daß man ihn zuvor fragte, und Mitglied der FDJ-Bezirksleitung. Er weiß diese Funktionen für seinen Betrieb zu nutzen und weicht vorerst einem Studium an der Bezirksparteischule aus, um nicht zu rasch auf eine Funktionärslaufbahn zu geraten. Wahrscheinlich versteht er es instinktiv, im richtigen Augenblick zu lavieren.

„Das hat immer zwei Seiten, mußt du mal sehen", ist eine gängige Formulierung bei ihm. Für meinen Geschmack stellt er sich selbst, redet er über sich, ein bißchen zu sehr aus, betont er zu oft, daß er sich *auch die Schnauze verbrennt*. Seinen Weg wird er gehen, davon bin ich überzeugt, und mit den eigentlichen Konflikten ist er nicht in Berührung gekommen bisher, so daß er, zumindest jetzt noch, auch die Unbefangenheit besitzt, die Sicherheit verleiht.

Andreas ist nicht minder ein Multifunktionär und unter den Jungs vielleicht der Vielseitigste. Auch er unverbogen und meistens ruhig, ausgeglichen. Neben seiner Arbeit als Sicherheitsinspektor hat er alle möglichen Funktionen, unter anderem als Ratsmitglied Land- und Nahrungsgüterwirtschaft, in der Kreisleitung der FDJ und der SED-Kreisleitung. Eingetreten in die Partei ist er, um seinen Fernstudienplatz zu bekommen, relativ zeitig. Aber wie viele andere auch, hat er wahrscheinlich in der Partei begriffen, daß es um mehr gehen kann, als um eine Mitgliedschaft. Wenn er im Ost-West-Gerede, das von Mathias ausgeht, etwas sagt, klingt es vernünftig, spricht für ihn und sein Land und nicht herbeigeholt und abgestanden. Im übrigen ist er mir einfach sympathisch.

Matthias ist schwieriger. Er lebt angepaßt. In die Partei eingetreten ist er, um weiterhin nach Ungarn fahren zu können. Er fühlt sich nicht als Genosse und ist auch keiner. Das sagt nichts über seine menschlichen Qualitäten aus, abgesehen von eben der Anpassung, die er im Folgeschluß natürlich auch anderen unterschiebt. Wenn jemand mit Prozentzahlen aufwartet, meint, daß mindestens achtzig Prozent in der Parteimitgliedschaft nur ihren persönlichen Vorteil suchen beziehungsweise äußeren Drücken unterliegen, zum Beispiel weil sie sonst keine Chance haben, einmal aus der DDR heraus zu kommen, so ist das statistisch eine wertlose Aussage. Aber ich glaube, es ist zugleich ein recht genauer Spiegel ihres eigenen Vertrauens in und ihrer eigenen Haltung zur Partei. Und dann ist Matthias eben höchstens ein *Zwanzigprozentiger*. Von ihm habe ich bisher am häufigsten Bekundungen seiner Lustlosigkeit gehört, aber das ist nur die Hälfte der Wahrheit. Die andere ist: Er hat seine Arbeit gemacht, wie alle anderen auch.

Ich glaube, wir sind auf unser Gespräch gekommen, weil ich halb aus Spaß und ein bißchen im Ernst Andreas N. gesagt habe, daß wir ihn, als einzigen Nichtgenossen, ja nun gewinnen müßten. Es war ein gut Teil Neugier dabei, wie er sich auf den Zahn fühlen ließe. Was sich herausstellte, war interessanter. Auch er war Auslandskader und ist zugunsten eines Auch-Mitglieds gestrichen worden, das heißt man hat ihm gesagt, dies sei sein absolut letzter Einsatz, wenn er sich nicht entschlösse und so weiter.

Auch dort wird die richtige Herangehensweise: Kommunisten voran, in eine opportunistische, weil statistische verdreht: Wenn wir dich als Kommunist abhaken können, sind wir handelseinig. Andreas N. spürt den Pferdefuß dieses Verfahrens, es stößt ihn ab. Bisher ist diese Tendenz stärker als die Verlockung, denn natürlich kann er rechnen. Vorerst sagt er einfach: *Aus dem Alter bin ich raus.*

Andreas warf noch ein, daß es manchmal ziemlichen Ärger gäbe für Funktionäre mit solchen Erpressungsmethoden, wendete man sich an höhere Instanzen. „Aber wer macht das schon."

Letztlich lief alles wieder auf den Konsens hinaus: *Jeder für sich.* Auf das also, was Jürgen Kuczynski in seinem *Urenkel* als ein Symptom unserer gesellschaftlichen Vereinzelung beschrieben hat.

Nachdem Tebesa tanken war, fuhren wir wieder an den Rand des Dorfes, wo sich die Drescherfahrer an ihren Maschinen zu schaffen machten. Es gab eine ganze Menge Kleinzeug, Keilriemenwechsel, Bremsanlage. Genug Zeit, auch einmal einen Blick in die Hütten zu werfen, vor denen Frauen wuschen, Getreide siebten.

Andreas, der in seiner Familie *Schwager Süßzahn* genannt wird und immer ein paar Bonbons in der Tasche hat – dafür raucht er nicht – findet rasch das Vertrauen der Kinder und mit ihnen der Mütter. Die Einrichtung der Behausungen ist auch hier denkbar einfach. Bettstatt, Kochecke, das Eukalyptusholz, aus den Bergen mit Eseln geholt, liegt vor der Tür, ein Tischchen, vielleicht noch ein Regal außer den Kisten. Und elektrisches Licht! Eine Vierzig-Watt-Birne mit oder ohne Schirm aus Papier. Manche haben den Raum mit einer Wand aus zusammengenähten Plastesäcken geteilt. Wir sind im reicheren Teil des Landes. Wir leben mit unseren 20 Kilogramm Gepäck im Luxus. Immer wieder geht mir das durch den Kopf.

Mittag aßen wir im Office. Tebesa hat sich, ungeachtet unseres freundlichen Spotts, angewöhnt, außer der Mittagsschrippe drei bis vier Stullen zu verdrücken. Die Zigarette nach dem Essen erwartet er von uns mit Selbstverständlichkeit. Das Gespräch drehte sich um Arbeitsbedingungen auf den verschiedenen LPGs. Einige kommen aus Mustergenossenschaften, andere, zum Beispiel Andreas, müssen, um ihre Aufgabe erfüllen zu können, sich Improvisationen einfallen lassen.

Auch auf die Schweinezucht von Andreas N. kamen wir wieder. Zehn Tiere sind ohne eigenes Land nicht satt zu bekommen. Aber auch dann reicht die Zuteilung nicht, muß etwas beiseite geschafft werden. Man dürfe sich nur nicht erwischen lassen und es nicht übertreiben. Auch Bibi widersprach dem nicht.

Der Niva kam nachmittags, als ich gerade eine Bremstrommel demontierte, und wieder einmal fühlte Helmut mir auf den Zahn: „Scheißarbeit, was? Na, bald sitzt du wieder am Schreibtisch und denkst bloß noch daran zurück, wie es hier war."

Meine Antwort war ehrlich. Scheiße ist es nur, wenn die Zeit nicht vergeht, weil wir gar nichts zu tun haben, und das ist sehr selten.

Wenn das Dorf sich leert und alle Drescher draußen sind, fahren auch wir aufs Feld. Dort trafen wir einen völlig heiseren Tasfai, der ungeachtet dessen kräftig qualmte. Andreas wird ihm morgen ein paar Tabletten mitnehmen. Eigenartig klingt es schon, wenn der *Schauspieler* dennoch versucht, den barschen Ton beizubehalten, dessen er sich sonst gegenüber den Arbeitern bedient. Einer der Fahrer, sehr ernsthaft, fragte mich nach der Bedeutung des Wortes *Ali Baba*, das häufig für Dieb gebraucht wird, aber fast nie ernst gemeint ist. Eine Sache, die rasch verletzen kann, einen Außenstehenden vielleicht schneller als jemanden, der weiß, was gemeint ist. Der, den wir so nennen, könnte wirklich dem Märchen entsprungen sein, wenn er bestäubt von seinem Drescher steigt. Aber sieht der junge Traktorfahrer das auch so? Mit mühsamem Englisch erklärte ich ihm die Herkunft der Gestalt und tat, glaube ich, gut daran.

Tebesa kostet uns allmählich Nerven. An der Kreuzung wollte er mit uns darüber diskutieren, ob der Nissan bereits durchgefahren sei. Ein Stück weiter hielt er und lud mit der Bemerkung: *Brother, no problem* einen Mechaniker aus Goffar ins Auto, ohne Bibi, der gerade eingenickt war, auch nur zu fragen. Bibi zwar verzieht das Gesicht, ist aber letztendlich doch wieder inkonsequent. Es scheint in seinem Temperament zu liegen, daß er nicht ständig gnatzen kann, selbst wenn er innerlich sauer ist und obwohl er schnell einmal *struppig* wird.

Bei der Einfahrt in Asassa sahen wir das abgerissene Tor der Highschool, auf dem uns morgens noch der Milan begrüßte. Wo wird er sich morgen niederlassen? Das Holz wird für die Rüstung des Neubaus benötigt. Die Schule wächst, und auch die Schüler, wie es scheint, leisten beim Bauen ihren Anteil.

In Asassa scheinen indessen die alkoholfreien Getränke ausgegangen zu sein. Wir gingen in die *Pepsi-Bar*, die anderen Kneipen gleicht, nur daß in ihrem Vorgarten auch noch Platz für ein Tischchen im Schatten eines Baumes am Zaun ist. Von dort gingen wir zum Hotel, das erst vor zwei Jahren eröffnet wurde und durch seinen gefliesten Fußboden ebenso auffällt, wie durch die massiv gezimmerten Türen und Fensterläden.

Das Gasthaus steht in der Mitte eines Hofes und ist umgeben von langgestreckten, eingeschossigen Bauten, darin sich die Fremden- oder einfach Bumszimmer befinden.

Hinter dem Tresen aber stand ein bildschönes junges Mädchen in Jeans und T-Shirt, und von dem Augenblick an war für Bibi klar, wo er heute Abend hingehen würde. Seit ein paar Tagen benimmt er sich wie ein Hähnchen. Er muß die Kleine, die sich scheu gab, auf den Schoß ziehen, ihr an die Brust greifen. *Sender einstellen* wird das hier genannt, und viel mehr ist nicht zu empfehlen.

Warum, das erklärte uns der Doktor, den wir nach Garadella mitnahmen, noch einmal sehr sachlich. „Bei uns", sagte er, „gehört gut essen, gut trinken und gut bumsen zusammen. Aber Asassa ist nicht gut. Die Leute kommen von überall her, aus Bale, den umliegenden Orten. Die Mädchen haben sehr viele Partner und viele Krankheiten, Gonorrhoe, Syphilis.

Anfassen, küssen, aber nicht bumsen. Fahrt nach Hause, zu eurer Freundin, eurer Frau, dem Baby, die auf euch warten, und dann freut euch. Aber holt euch hier nichts weg..."

26. Oktober

Geschniegelt und gesprayt hatten sechs der Jungs sich am Abend auf den Weg nach Asassa gemacht. Mit seligem Lächeln und getrübtem Blick kamen sie um halb elf zurück ins Camp. Bibi spuckte seine zehn, zwölf Ouzo wieder aus und Andreas N., der einzige aus meinem Zimmer, fiel schnell in den Schlaf des Gerechten.

Heute morgen war der Ausflug Thema Eins im Jeep. Tebesa nämlich, als die Jungs nach ihm hupten, kam mit einer Hose in der Hand aus einer anderen Gaststätte gefegt. Die Jungs hielten das für den entwendeten Slip einer käuflichen Schönheit, aber es war Tebesas eigene Badehose, und nun, während der Fahrt, verdeutlichte er uns gestenreich, wie er schon zweimal fertig war und gerade beim dritten, als die Hupe ertönte und er – *dollo-dollo* – das Mädchen und sich – *dollo-dollo* - anspornen mußte und wie er sich den Schweiß von der Stirn wische, es wieder hupte – *dollo, dollo-dollo* – bis es endlich kam und er, Hose hoch, Badehose in der Hand, ans Lenkrad zurückkehren konnte.

Solche Vorführungen, auch in den Pausen, sind keine Seltenheit. Wir unsererseits schockierten ihn damit, was man außer dem Üblichen tun kann, völlig. Für ihn beschränkt sich's auf das Eine.

Am Nachmittag passierte ein böser Unfall. Einer der Abfahrer nahm mit seinem Traktor zu scharf die Kurve. Der ungesicherte Hängerkasten, auf dem im Korn ein Junge saß, klappte zur Seite, riß die Bolzen weg und rutschte vom Fahrgestell. Mit dem Getreide wurde der Junge heruntergeschleudert und hatte dabei noch das Glück, nicht in die Klappe des Hängers zu geraten. Trotzdem hat er sich wahrscheinlich einiges gebrochen.

Es war die Sache weniger Minuten, bis alle Leute aus den Häusern gelaufen waren und den Unglücksort umstanden, aber es wurde kaum debattiert. Ein paar Männer luden sich den Jungen auf die Schultern und trugen ihn fort, dann kamen die Watchmen und die Menge zerstreute sich.

Wir hatten den Wunsch unterdrückt, die Sanitasche zu schnappen und zu helfen. Hierbei hatten wir nichts zu suchen. Erst später, als der Junge bereits weg war, gingen wir hinüber und ernteten noch dafür abweisende Blicke. Einige Leute blieben zurück, um das Getreide einzusacken. Ansonsten war alles wie vorher.

Als der Arbeitstag vorüber war, atmeten wir auf. Zwar empfing uns im Hotel in Asassa statt des Mädchens eine junge Frau, aber auch sie war gestern dort gewesen und erinnerte sich an Bibi, der aus dem Camp eigene Kassetten mitgenommen hatte.

Der Radiorekorder wird aus einer Autobatterie gespeist, an der vielfach verknotete Drähte hingen. Als Andreas N. einen davon, der abgegangen war, neu befestigte, lachte die Kellnerin schrill und legte zum Dank sogleich eine Breakdance-Kassette auf. Mit Andreas, weil er auf das Brett geguckt hatte, spielte sie eine halbe Partie *Dame*, bis wir unser Bier ausgetrunken hatten. Es gibt so viele Verständigungswege neben der Sprache...

Abends hatten wir Parteiversammlung. Bernd, dem das als Lehrer an einer FDJ-Schule nicht schwer fallen sollte, hatte sich auf das Thema vorbereitet. 70. Jahrestag der Großen Sozialistischen Oktoberrevolution. Vielleicht war alles ein bisschen lehrerhaft, aber trotzdem war ich angenehm überrascht. Im Grunde stieß Bernd mit seinen Fragen fast ins Leere, was mich sicherlich erschrocken hätte. Bei Detlef war viel Gelerntes, nicht nur aus der Schule, bei Michael und anderen Brocken, aber bei der Hälfte wahrscheinlich Funkstille.

Bernd hatte damit gerechnet. Er brachte Urschleim, aber das Geflecht und auch sein Wissen um die Verwobenheit des Geflechts verlangten mir schon Achtung ab. Ich hätte es schlechter gemacht, denn ich hätte zu viel verlangt und mich wahrscheinlich verrannt, auch wenn ich lebendiger gesprochen und mit weniger allgemeinen Thesen ausgekommen wäre.

Nach den westlichen Meldungen steht das sowjetisch-amerikanische Gipfeltreffen auf der Kippe. Etwas dazu sagen zu können, fehlt es an Information.

27. Oktober

Wir beluden den Niva mit Leergut und Kisten und machten uns Punkt halb sieben auf den Weg. Wir durchquerten die steinübersäten Weiden, ließen den Garadellaberg hinter uns und bogen im beginnenden Niesel auf die Roughroad ein. Kurze Zeit später waren wir von Wolken umgeben und fuhren fast blind in den beginnenden Tag. Vor Assela klarte es auf und die Sonne ließ sich sehen. Dafür bog Hussein plötzlich von der Fahrspur ab und hielt an. Der rechte Vorderreifen stand platt, aber zum Glück war die Tankstelle in der Nähe.

Helmut hatte sich vorgenommen, mir so viel wie möglich zu zeigen. Er macht das in einer ruhigen und selbstverständlichen Art, wahrscheinlich bei jedem, der Interesse daran hat, so daß gar nicht erst ein Gefühl der Bevorzugung entstehen kann. Wir saßen auf einer niedrigen Mauer und tranken Kaffee. Ich fragte Helmut, wie er den Stand im Vergleich zum Vorjahr sieht.

„Das Kollektiv war gefestigter zu der Zeit. Aber wir hatten voriges Jahr auch ziemlich abgeklärte Arbeitsgruppenleiter. Das ist eine Leitungsfrage wahrscheinlich. Genau weiß ich auch nicht, warum es dieses Jahr anders ist."

Die Arbeit am Auto dauerte noch und das RAS-Hotel war ein paar hundert Meter entfernt. „Bist du schon mal mit einem Pferdetaxi gefahren? Mußt du mal gemacht haben. Ist allerdings lebensgefährlich."

Mit dieser Bemerkung schien Helmut recht zu haben. Der Gaul des ersten Gefährtes, das wir bestiegen, schien weder vom Kutscher noch von uns viel zu halten, bäumte sich ein paarmal auf, lief rückwärts und stand schließlich neben der Zuggabel. Helmut mußte mich nicht zweimal bitten, abzuspringen.

Beim zweiten Versuch hatten wir mehr Glück. Der Kutscher links, Helmut in der Mitte und ich rechts saßen wir auf dem klapprigen zweirädrigen Karren und ließen uns über die Hauptstraße ziehen. Festhalten mußte man sich schon, aber man kam voran. Am Hotel verlangte der Fahrer zwei Birr, gab sich aber auch mit einem zufrieden. Nachdem wir Tee getrunken hatten, kam auch Hussein mit dem Niva und unsere Fahrt ging weiter.

Ich fotografierte aus dem Auto ziemlich viel Landschaft, ohne darauf zu achten, daß wir allmählich ins Sperrgebiet Debrezeit kamen, wo sich die Luftwaffe befindet und im großen Kreis das Fotografieren verboten ist. Es passiert schnell, daß mit einem faszinierenden Berg auch ein Sendemast oder ein Trupp Soldaten ins Bild gerät, und als Helmut brummte: „Sie werden uns noch einsperren", legte ich die Kamera doch lieber weg, denn das muß nicht unbedingt eine Übertreibung sein.

Wenn man den letzten Checkpoint passiert hat – wir wurden diesmal mit freundlich gelangweiltem Lächeln vorbei gewunken – und nähert sich der Hauptstadt, schießen zwischen langen flachen Straßen Lager, Betriebe und Bürohäuser auf. Unschwer ist zu erkennen, was für ein Kampf um wirtschaftliche Macht, um Einfluß im Land hier ausgetragen wird. Werbeschilder säumen den Weg. *Willkommen in Addis Abeba – Jetzt erfrische dich mit einer Coca Cola. Siemens, Esso, Shell, Agip, Fortschritt...* Neben der Flagge Äthiopiens weht nicht selten die eines internationalen Konzerns. „Sie halten ja auch die Hand nach links und nach rechts auf. Wir können froh sein, daß wir den Fuß drin haben. Obwohl Äthiopien das Land ist, das in Afrika am konsequentesten auf den Sozialismus zusteuert."

„Das sozialistische Lager allein könnte aber auch kaum den Bedarf abdecken, oder? Sie fangen doch fast bei Null an."

„Nein, dafür sind wir nicht stark genug."

So fuhren wir ein in die pralle, atmende Stadt, vorbei an den langen Zügen von Schülern und Studenten, vorbei am Schlachthof, auf dessen Giebel Seite an Seite die Geier sitzen und auf den Knochenberg schielen, der sich am Rand der Straße türmt, immer weiter ins Zentrum hinein, wo die repräsentativen Gebäude aufragen, auch das im Bau befindliche Ministerium für Landwirtschaft, dessen Bedeutung ständig wächst. Es war Nachmittag. Wir hielten bei der Southern Corporation, wo Helmut sich nach Möglichkeit mit unserem Partner, Dr. Daniel, oder wie es hier heißt, Comrad Daniel treffen wollte. Zunächst aber begegneten wir Helmuts Fahrer vom Vorjahr, der eine große Nissan-Limousine und in ihr den Chef der Southern Corporation, die Big One also, durch die Gegend fährt, halbtags und für ein gutes Salair (normale Fahrer verdienen 150, in der Stadt nur 120 Birr).

Als Fahrer eines Ausländers eine gute Beurteilung zu erhalten, scheint ein anerkanntes Ergebnis und eine gute Starthilfe für den Aufstieg zu sein. Die Sprachkenntnisse des Fahrers kommen hinzu. Auch jetzt parlierte er englisch-französisch-amharisch mit Helmut, und offenbar verstanden sich der gewandte, seriösweltmännische Äthiopier und unser Brigadier ausgezeichnet. Eine schlechte Beurteilung, und auch das wissen die Fahrer, oder gar eine Ablösung können die weitere Entwicklung ein für alle Mal blockieren.

Dr. Daniel war nicht da. An seiner Statt empfing uns der Stellvertreter, und Helmut konnte seine Probleme vorbringen. Das erste war schon keines mehr. Unsere Wochenendfahrt an den Lake Langano ist gesichert. Das andere zieht der Amtsschimmel hinter sich her: Wir brauchen eine Permission für das Staudammprojekt Malka Wakane, um nicht, wenn wir nach Goba wollen, einen Riesenumweg fahren zu müssen. Auch hier wurde uns Hilfe versprochen, aber dauern kann das noch.

Helmut zeigt bei solchen Gesprächen, daß ihm der vierwöchige Auffrischungslehrgang für Englisch in Bärenklau bekommen ist. An Verständigungsschwierigkeiten jedenfalls scheitern wir nicht.

Die Büros sind weder besonders eng, noch sonderlich groß oder luxeriös. Was nirgends fehlen darf, in den öffentlichen Gebäuden, an Stadien, auf Straßen und Plätzen oder selbst im gehobenen Puff, ist das Portrait von Mengistu Haile Mariam, meistens in seiner Generaluniform.

Wir hatten noch genügend Zeit, einiges einzukaufen. In den Studentenshops, unweit der *Piazza* gelegen – Helmut weiß die Herkunft des Namens auch nicht – kann man fast alles erwerben, was typisch ist für dieses Land. In einem halben Dutzend Lädchen häuft sich Schmuck aus Neu- und Altsilber neben Lederbildern, Kämmen und allem möglichen Krimskrams. Man muß handeln können. Wer das nicht gewohnt ist, bezahlt vielleicht mehr als nötig und kommt doch immer noch billig weg.

Wir aber wurden in der Botschaftsschule, die wie unsere Brigade den Namen *Werner Lamberz* trägt, erwartet. In den ehemals kaiserlichen Gemäuern befindet sich auch der DDR-Klub und dort waren im Kreis Stühle für uns und die sechzig Kinder, die an der Schule von der ersten bis zur sechsten Klasse lernen, aufgestellt. Helmut und ich sollten von unserer Arbeit berichten. Aufregung ist vielleicht nicht das passende Wort, aber unsicher ist man schon, umgeben von so vielen noch offenen, noch neugierigen Gesichtern. Finden wir die richtigen Worte?

Gleichzeitig denke ich darüber nach, welche Konsequenzen es für ein Kind hat, das in einer Klasse von zwölf Schülern aufwächst, im Schatten der Erwachsenenhierarchie, die sich bis hin zum Schulbus widerspiegelt und ihnen ein höchst simples Werteverständnis zu geben vermag: „Ihr fahrt ja bloß einen Barkas und wir einen Corolla."

Toyota als Sinnbild von Persönlichkeit. Mache niemand sich über den Spießer hüben und drüben lustig. Was wird aus dieser Kinder erster Liebe? Sind sie zwölf, fahren sie nach Hause. Manchen wird es vielleicht gelingen, eine Mittelpunktrolle zu behaupten, andere werden den Neid und vielleicht sogar die Aggressivität der Nichtprivilegierten auf sich ziehen. Ist nicht auch in mir etwas davon? Ist es nur die Kraft des sich Abstoßens vom Sticklufzug dieser Erscheinungen, die ich in mir sammle? Nie darf man beginnen, Kindern die Vergewaltigungen vorzuwerfen, denen sie durch die Erwachsenenwelt ausgesetzt sind, ihnen etwas Schlechtes zu wünschen aus Ohnmacht gegenüber ihren Eltern.

Sie hatten also ihre Pioniertücher umgebunden, ihre Pionier-Nickys angezogen und sich zusammen mit ihren Lehrern in die Reihen gesetzt. Helmut erzählte, weshalb wir hier sind, was wir tun und wie wir leben, und ich glaube, er tat das so, daß ihn die

Kinder verstanden. Mich stellte er als Schriftsteller vor, so daß ihre Fragen sich nachher teilten in solche um unsere Arbeit (gibt es dort Bäume, Heuschrecken, Sonnenschein, Unfälle, einen Koch...) und um mich (sind Sie berühmt?). *Noch nicht, aber ich fühle mich auch so ganz wohl.* Schließlich wurden wir für Dezember wieder eingeladen, um dann zu hören, wie es um die Erfüllung des Pionierauftrages steht.

Bevor wir in der Schule waren, die übrigens geschmückt ist mit vielen Bildern, Wandzeitungen, Kinderzeichnungen und mir deshalb gefiel, waren wir bei der Vertretung des *Fortschritt*-Kombinats. Dort sind *Engel* (Engelbert), ein Mittvierziger, beginnende Glatze, nervöse Lider, und seine kräftig gebaute Sekretärin Anni. An der Wand des Büros Karten von Addis und Äthiopien, Kalender, Maschinen. Auf dem Boden Kisten mit Werbematerial. Papierkram.

Helmut gab unsere Post ab, die einige Heimfahrer mitnehmen werden. *Probleme?* Die Grundausstattung der Werkzeugkisten, die vorige Woche kamen, entspricht nicht dem, was wir brauchen. Vielleicht ist unter den Sachen, die der Zentralrat geschickt hat, noch etwas vom Notwendigen. Ansonsten nur Termine. Der Handelsrat möchte sich über unsere Arbeit informieren. Peter Biele, der mit dem Kombinat einen lukrativen Vertrag geschlossen zu haben scheint, will auf seiner Länderreise für eine Reportage auch bei uns Station machen. ADN hat sich angesagt und von der *Jungen Welt* reist ein Journalist ein. *Erntebrigade, Erntebrigade, Erntebrigade.*

Manchmal stößt es denen von der Ständigen bitter auf, und Detlef erzählt mir bei der Gelegenheit: An die Leute der Freundschaftsbrigade *Werner Lamberz* wurden im vergangenen Jahr ebenso hohe Auszeichnungen vergeben, wie an andere, die jahrelang draußen sind. Sie haben das gleiche Spritkontingent wie wir – aber für ein Jahr, obwohl unser Benzin vom Partner gestellt wird. Auf der anderen Seite teilen sie mit uns, und wenn jemand das erfährt, wird es ihnen vielleicht gestrichen, das kleine Kontingent verbilligter Botschaftszigaretten. Ich kann mich wenden und drehen, immer wieder stoße ich auf sozialistische Ungerechtigkeiten in der Verteilung, auf Privilegien.

Wichtiger als das war für mich die Information, daß von den 94 bestehenden Staatsfarmen ganze zwei gewinnbringend arbeiten. Deshalb haben in den vergangenen Jahren die Kooperativen und mit ihnen das Ministerium für Landwirtschaft an Bedeutung gewonnen. Die Kooperativen sind Zusammenschlüsse, vergleichbar mit unseren ersten LPGs. Das persönliche, aber gemeinsam genutzte Eigentum wirkt als Stimulus, ebenso wie die materielle Vollverantwortlichkeit. Auf vielen Farmen hingegen ist es heute noch so, daß es für den Mechanic oder Operator nahezu gleich ist, ob er gut, schlecht oder gar nicht arbeitet, zumal das Management seinen Auftrag oft nur als Startbedingung, aber nicht als Lebensaufgabe ansieht, was seine Ursache wiederum in den sozialen Bedingungen hat. Das Managergehalt ist hoch, aber der verfügbare Lebensstandard gestattet kaum, es auszunutzen, es sei denn, man lebt in der Hauptstadt.

Andere Probleme stehen für unsere Verkäufer. Unsere Getreidedrescher gehen an Äthiopien mit langfristigen Rückzahlungen. Wir könnten den E 512 auch mit einem Werk zum Maisschneiden ausstatten, das wir von Ungarn erwerben. Dafür aber müßten wir schon bei Vertragsabschluß Valuta bezahlen, und so platzt das Geschäft. Jugoslawien baut beides und ist präsent.

Nach dem Forum blieb uns immer noch Zeit, zum *Victory* zu fahren, einer Art Intershop, in dem nur Ausländer einkaufen können, ein Supermarkt, zwei- bis dreimal so groß wie eine Kaufhalle, in der es alles vom Klopapier bis zum Farbfernseher gibt. Die Preise sind hoch, vor allem bei Spirituosen und Elektronik fällt mir das auf. Helmut besitzt eine Karte, die uns legitimiert. Er bezahlt den Betrag bei unserer Botschaft in Birr und diese erstattet ihn in Devisen an das Geschäft. Unser Bedarf ist angesichts vollgestopfter Einkaufswagen bescheiden: zwei Kästen Bier, je einer mit Ambo und Sprite, fünf Dosen Ölsardinen, 60 Eier, drei Kugelschreiber, ein Telefonbuch. Das Zeug wird später auf dem Dachgarten des Niva verstaut und im Kofferraum, aber vorerst bleibt uns Zeit für ein Bier in der zum Geschäft gehörenden Bar.

Helmut kommt noch einmal auf meine Arbeit zu sprechen, die Mechanismen, nach denen ich meinen Unterhalt verdiene. Später will er wissen, was ich von Bibi als Arbeitsgruppenleiter halte, und ich sage es ihm. Eigentlich sehe ich bei Bibi keinen Mangel, der sich nicht auf sein Alter und die Konfrontation mit einer hochgeschraubten Erwartungshaltung zurückführen ließe. Nur bei seiner Wechselblütigkeit weiß ich nicht, was ich davon zu halten habe.

Vom *Victory* geht es zu einem staatlichen Einkaufszentrum, das dicht neben dem Quartier des UNO world food programms gelegen ist und wo wir uns mit Ouzo und Kognak versorgen. Wie fast überall, kommen auch hier, kaum daß das Auto hält, Straßenhändler und Kinder, die nicht betteln, aber abwartend in der Nähe stehen bleiben. Vielleicht ist doch etwas zu holen. Auch das Projekt Menschen für Menschen hat in der Nähe seinen Sitz.

Hier, glaube ich, haben diese Dinge einen weitaus höheren Stellenwert, als viele politische Kampagnen und Querelen, die darum entbrennen. Nach vier Wochen im Land bin ich geneigt zu sagen: Hier muß kurzfristig geholfen werden, und wenn Äthiopien dabei Unterstützung in Anspruch nimmt, an deren strategischer Uneigennützigkeit wir vielleicht berechtigt zweifeln, so haben wir doch nicht das Recht, zu richten. Und hier findet in persönlichem Engagement auch der Begriff des *bürgerlichen Humanismus* noch einmal zu seinem ursprünglichen Inhalt zurück, da seiner staatsmonopolistischen Entfaltung die Grenze gezogen ist.

Bei der ständigen Brigade empfing uns ein gedeckter Abendbrotstisch: Sardinen, Weißbrot, Mandarinen, Bananen, Zitronentee, Würstchen. Alles unaufwendig, normal, aber mit einem Anstrich von Schlaraffia für uns. Zum ersten Mal sah ich die sechs Männer beieinander, aber ich weiß bereits, daß sie keine homogene Einheit bilden. Neben politischer und menschlicher Stabilität und einem profunden Fachwissen kommt es hier zuallererst auf die Fähigkeit an, sich einem gewachsenen, wenn auch kleinen Kollektiv einzufügen. Bernd und Jürgen sind mit ausgezeichnetem Leumund aus Bärenklau gekommen, seilen sich aber hier ab und profilieren sich, so hören wir's, auf Kosten der anderen.

Mißtrauen wächst schnell, es kann sich schon an überlangen Briefen entzünden und erst recht an den kleinen Feten, wo nur zwei und immer die gleichen ihre Flasche trinken, ohne einen der anderen mal dazu zu nehmen.

Der Brigadier ist neu. Ihm schlägt Skepsis entgegen, die Befürchtung, daß er sich anstehenden Aufgaben nicht stellt. Die Botschaft will, daß die Brigade aus den knappen, teuren Wohnungen auszieht und ihr eigenes Camp baut. Das ist hier nicht nur sehr teuer. Es braucht auch Leute, die weiterhin ihr Pensum zu erfüllen haben. Und das ist nur eines der anstehenden Probleme.

Carl ist ein stämmig gebauter Junggeselle, der an diesem Abend zur Klubratssitzung mußte und verärgert zurückkam. Es war Streit entbrannt. Um seine Kosten zu senken, erhebt der DDR-Klub von allen unseren Leuten, unabhängig von der Zahl ihrer Besuche, im Monat einen Birr. Das nun war einigen der *Corolla*-Fahrer zuviel...

Dann sind da noch Detlef und Horst, letzterer war schon einige Jahre in Jemen. Er war es, der eigentlich kurzfristig seine Familie nach Äthiopien holen sollte. Aber nicht der Zentralrat war es, der das verhinderte, sondern der ehemalige, inzwischen abberufene Brigadeleiter. Er hatte in Erwartung seiner Familie eine ganze Wohnung in Beschlag genommen. Nun ist Horst, wie jeder Newcomer, seit zehn Monaten allein hier. Wie Detlef, der seit sechs Monaten im Land ist, gehört er zu den unternehmungslustigen Typen. Als die beiden hörten, daß Helmut und ich vorhatten, in den *Tukul* essen zu gehen, erboten sie sich, uns zu fahren.

Aber erst einmal sahen wir die Post durch.

In dem großen Stapel war nichts für mich. Dann aber tauchten doch noch drei verirrte Briefe auf, zwei davon kamen von meiner Frau. Sie hat inzwischen Taillenweite 105 und berichtete vom letzten Arzttermin. Zwischen Diagnose und Ultraschall gab es einige Widersprüche, die sie zwar überspielte, die sie aber, ich spüre es zwischen den bemühten Zeilen hindurch, beunruhigen. Der Kopf, heißt es, sei zu klein. Aber, schreibt sie, auch in einem kleinen Kopf ist was drin, und versucht mich zu beruhigen. Außerdem schickt sie Fotos von unserer Hochzeit und der Reise und endlich ein paar bunte Blätter, die mir den heimatlichen Herbst bringen sollen.

Die drei Tukuls sind miteinander verbunden, jurtenähnliche Gebäude, eine Nationalitätengaststätte, geschmückt mit Bildern, Waffen, Fellen, Musikinstrumenten und all dem landestypischen Interieur. Die Plätze sind auf drei Ebenen. Es gibt Nischen und Galerien, eine Bar, ein Restaurant, wo die Kaffeezeremonie stattfindet. Ein Fiedler spielt und singt und alles liegt in einem weichen Licht.

Wir saßen etwas erhöht, so daß wir den Eingang im Blick hatten, und bestellten Inshera mit Tipse. Dazu gehört Fleisch, das mitsamt einem gußeisernen Öfchen serviert wird, in dem Holzkohle glimmt, und natürlich Bier. Diese Atmosphäre muß man erlebt haben, wenn man in Addis ist.

Es dauerte nicht lange, bis ein kräftiges Mädchen heraufkam und sich zu uns setzte. Damit nicht genug, rief sie noch zwei ihrer Freundinnen heran. Wie selbstverständlich bestellten sie sich ihr Bier auf unsere Rechnung und zumindest die erste versuchte, mit Detlef zu turteln.

Nicht alle Frauen in dieser Gaststätte sind käuflich. Das Restaurant ist bekannt für seinen Ausländerverkehr, und viele Frauen versuchen, hier jemanden zu finden, von dem sie sich eine Chance erhoffen, heraus zu kommen. Schließlich verlosch zur Freude von Männlein und Weiblein das Licht, aber die sonst eher trägen Kellner beeilten sich, Kerzen zu bringen, und ehe unsere Rechnung noch weiter stieg, zahlten wir und verabschiedeten uns.

Als nächstes fuhren wir den Strich von Addis ab. Vor einem Jahr wurde hier eine große Razzia durchgeführt, aber inzwischen haben sich die Verhältnisse rekonstruiert. Bei einer Frau in rotem Lederrock, die schon seit einem Jahr unweit des großen Kinos auf und ab geht, hielt Detlef den Niva an. Horst winkte und fragte die sich sorgsam umschauende Nutte, was sie für eine Nacht koste. Fast keusch klang es, als sie sagte: Fünfzig Birr. Ob sie Lust hätte einzusteigen? Sie betrachtete uns vier und schüttelte den Kopf. Daraufhin verabredete sich Horst für morgen acht Uhr mit ihr und wir fuhren lachend zu *Mimi*, vorbei an den *Fünf Türen*, die für DDR-Bürger geschlossen sind. *Da stehen die Pritschen gleich im Gastraum.*

Mimi, die eigentlich Straußenbar heißt, ist ein Puff gehobener Klasse. Neben den halbnackten, bezeichnenden Vögeln hängt das Bild des Präsidenten. An den Tischen saßen die Mädchen, jung, manche schön, und verlebt. Ihr Portemonnaie halten sie in der Hand. Sie lächeln dir zu, so verbindlich, wie das Geschäft es verlangt. Wenn man auf das stinkende Pissoir über den Hof geht, wo linkerhand eine Frau ihre Wäsche aufhängt, sieht man die Buden und davor einen Tisch mit zwei Männern, den Kassierern.

Während wir noch unser Bier trinken, kommt ein vielleicht Zwanzigjähriger an unseren Tisch. Woher wir kommen, wo wir wohnen, in welchem Hotel, was für eine Telefonnummer wir haben. Er sei mit Mohammed, dem Propheten, und wolle nach Saudi Arabien oder in die USA.

Horst antwortet ihm, er hätte kein Land, lebte seit sechs, sieben Jahren hier, und schüttelt ihn langsam, aber nicht für lange, ab.

Dann kommt ein vielleicht zehnjähriges Mädchen in den Puff und geht bettelnd zwischen den Tischen umher. Vielleicht ist es die Stummheit, mit der sie die Hand ausstreckt, vielleicht unsere Ahnung, daß sie sich in wenigen Jahren auf die gleiche Art, wie die anderen Mädchen hier, ihren Lebensunterhalt verdienen wird, daß wir ihr ein paar Cent in die Hand drücken. Auch Helmut, sehe ich, geht das trotz seiner Erfahrungen nahe.

Als wir durch den Revolution Square fuhren, erzählte Detlef, was er heute in den Nachrichten gehört hatte. In Eritrea wurde ein UNO-Transport von zehn LKW mit 350 Tonnen Ladung völlig aufgerieben. Es soll Opfer gegeben haben. Das war der erste

Schlag der Konterrevolution seit der Proklamation der Volksdemokratie. Er hat immerhin bewirkt, daß die UNO verlangt hat, die äthiopische Regierung soll für Schutz sorgen, da sonst die Transporte eingestellt würden.

Unser Durst war noch nicht gelöscht und so landeten wir in einem kleinen Puff mit orangem Licht, der kaum halb so groß war, wie unsere Unterkunft. Die Chefin, unsichtbar, saß hinter dem Tresen. Im Gastraum drei Mädchen, von denen Detlef sich eins auf den Schoß zog und mit ihr lachte, gegenseitig Unverständliches redete und ihr an die steile Mädchenbrust griff. Als sie uns aber als Preis für das Bier 1,75 offerierte – RAS-Hotel-Preise – entbrannte Streit. Schließlich zahlte Helmut sechs Birr und Detlef einen *fürs Anfassen*, und wir verließen den Raum mit seinem orangen Licht und den alten Girlanden.

Detlef hatte seine Kamera vergessen. Das Mädchen brachte sie ihm bis ans Auto.

Bei unserer Rückfahrt sahen wir mehrere LKWs mit jungen Leuten. Die Wehrpflicht in Äthiopien beträgt drei Jahre. Auch Waffentransporte rollten an uns vorbei.

Im Klubraum der ständigen Brigade lagen noch zwei Poesiealben von den Kindern der Ärztin, in die ich etwas einschreiben sollte. Ich wählte Erich Kästner: *Es gibt nichts Gutes, außer man tut es.*

28. Oktober

Heute Nacht machten mir die Mücken zu schaffen und Helmut, als er mich früh weckte, stellte fest: „Du hast so gestöhnt heute Nacht, da hast du wohl die kleine Schwarze bei dir gehabt?"

Müde war ich, aber ich hatte ja gewußt, daß dies nicht einfach ein Ausflug ist, und wenn ich an den vergangenen Abend dachte, ging es mir auch schon wieder recht gut.

Nach dem Frühstück fuhr Detlef mit seinem B 1000 zuerst einige Kinder zur Schule und dann mich zum Trainingscenter der *Artur Becker*. Was sollte ich fragen? Mir fiel nichts rechtes ein und so begann Detlef einfach zu erzählen. Vor drei Jahren wurde das Drei-Millionen-Valuta-Objekt übergeben und die Brigade nahm ihre Arbeit auf. Die Klassen hatten zeitweise achtundachtzig Schüler, das Optimum sind etwa fünfzig. Jetzt hat der Lehrgang neun. Zum Chef der Einrichtung war einiges schon gesagt worden, was nicht dafür sprach, daß unsere Leute in ihm einen Partner haben, der gemeinsam mit ihnen nach vorn will. Das große Kraftreservoir, das die Ausbilder nötig haben, sind die Schüler selbst. Sonst könnte mancher Ärger sich tiefer fressen. Daß zum Beispiel W 50 auf dem Hof verrosten und nicht genutzt werden, ebenso der Werkstattwagen, voll ausgestattet. Beides waren Geschenke der DDR und sind unseren Spezialisten nicht mehr verfügbar. Oder daß sie jedes verschlissene und kaputt gegangene Werkzeug aus ihrer Tasche ersetzen müssen, um neues aus dem Lager zu bekommen – das die DDR gefüllt hat.

Wir gehen durch die Halle mit Mähdrescher- und Traktorenmodellen von IMT und ZT, mit Getrieben und Motoren, Kraftübertragungen. In dem Hallenkomplex sind auch die Unterrichtsräume und Lehrerzimmer integriert. Alles in allem macht die Einrichtung auf mich, den Laien, einen gediegenen Eindruck. Dahinter verschwimmen die Probleme, bleiben verbal. Die Anforderungen an die Jungs, die es immerhin mit ausgebildeten Fachleuten zu tun haben, die mit dem Ehrgeiz antreten, einmal Mechanic Two zu werden oder sogar ins Management zu kommen.

Der Leistungsdruck in äthiopischen Bildungsstätten ist hoch. Es gibt Studieneinrichtungen, in denen, unabhängig vom Leistungsdurchschnitt des Semesters, 60 Prozent exmatrikuliert werden müssen.

Als wir ins Quartier zurück kommen, ist der Niva schon fertig beladen, aber wir haben noch einige Wege vor uns. Nicht zum *Makado*, der als größter Obstmarkt Afrikas gilt, sondern zu einem kleinen, wo Helmut regelmäßig bei dem gleichen Händler einkauft, der unter einem Dach zwischen Avocados, Auberginen, Orangen, Bananen und Porree herrscht. Er empfängt uns freundlich, gibt jedem von uns erst einmal eine Mandarine (und diese sind nicht sauer) und beeilt sich, unsere Wünsche zu erfüllen.

Jede Woche macht er sein Geschäft zwischen dreißig und hundert Birr, und das ist es ihm wert, uns zum Abschied noch zwei große Tüten Mandarinen in die Hand zu drücken.

Zwischendurch muß ich mich von einem Bettler abwenden, der auf seinen nackten Klumpfuß zeigt und den Satz von kein Vater, keine Mutter herunterhaspelt. Der Tragödie menschlichen Lebens kann man in diesem Land nirgends entgehen.

In der Palme vor dem *Fortschritt*-Haus dann sehen wir das Nest des Webervogels und junge Tauben, pflücken heimlich Samen und ich sehe dem Äthiopier zu, der die roten Corolla unserer Spezialisten wäscht, bis ich ins Haus gerufen werde. Engel ist da und auch Peter Biele, der Schriftsteller *von Fortschritt*.

Unsere Begrüßung, die so normal aussieht, ist unsicher. Sie hat etwas vom *Ich-bin-schon-da* ebenso, wie vom Treffen im vermeintlich eigenen Revier, ist aber zugleich auch Begegnung in einer Gegend, die uns beide neugierig macht. Ich kenne Biele nicht, Biele kennt Klemt nicht und setzt sich also wieder an die große Äthiopienkarte, auf der Briefumschläge und Ansichtskarten liegen. Bis um halb zwölf muß die Post geschrieben sein.

Während wir Kaffee trinken, erfahre ich, daß vor einigen Tagen ein mit zwei Dreschern beladener LKW von der Straße gestürzt ist und mit den neuen Maschinen auch einige Leute unter sich begraben hat.

Noch einmal Verabschiedung von allen und nächster Halt bei der *Agricultural Equipment & Technical Services Corporation*. Dort trafen wir unseren *verschollenen* Cooperator, Daniel, der schon am Sonnabend in Garadella sein wollte. Sein Vater ist schwer krank, hörten wir, so daß er für einen oder zwei Tage nach Hause geflogen war.

Daniel führte uns zu seinem Chef, der in einem Büro mit Vorzimmer residiert, uns mit Kaffee bewirtete und nach unserer Arbeit fragte. Wieder einmal stellte sich heraus, daß Helmut sich sehr gut verständigen kann. Das liegt wohl nicht nur an dem vierwöchigen Auffrischungslehrgang, den er vor der Fahrt in Bärenklau absolvierte. Das einzige, wovor sich Helmut scheut, sind Reden in fremden Sprachen. Da ist ihm Bernd eine Erleichterung.

Zwischenaufenthalte bringen immer den Zeitplan durcheinander und so verließen wir Addis bereits mit Verzug. An das Regime müssen wir uns ebenso wie die anderen halten. Überschreiten wir die Frist, macht eine Gruppe sich auf den Weg nach Assela und ruft von dort aus unsere Botschaft an. Unter diesen Umständen mußten wir uns entscheiden zwischen Mittagessen in Debrezeit oder Stadtbummel in Nazareth. Von den Kraterseen in Debrezeit hatte Helmut schon gestern geschwärmt. Dorthin fuhren wir und es lohnte sich.

Das RAS-Hotel ist an einem solchen See gelegen. In der Nähe schlendert betont lässig ein Trupp von Soldaten der Luftwaffe vorbei. Im Ort, abseits der Straße, und dann im Garten des Hotels sehe ich, daß Äthiopien auch ein Land der Blumen ist. In der Hochebene von Garadella ist davon wenig zu spüren. Die unterschiedlichsten Rankenpflanzen säumen die Gänge, von denen die Hotelzimmer abgehen. Auch das stark abfallende Ufer des dunklen, weitläufigen Sees ist von Bäumen bestanden, in deren Schatten man sitzen und essen kann.

Einmal hier, entschließen wir uns auch zu einem kräftigen Menü. Suppe, Steak, Caramelcreme und süße Limonade. Hussein laden wir ein. Er ist ruhiger, abwartender als Tebesa. Launen könnte er sich auch kaum leisten. Daß er relativ langsam fährt, sechzig Stundenkilometer im Schnitt, ließ mich anfangs einen vorsichtigen Fahrstil vermuten. Aber ich werde eines besseren belehrt. Bergauf ebenso wie in Kurven überholt er LKWs, die weit über die Ladeklappen und selbst das Fahrerhaus hinaus mit Säcken oder Kisten beladen sind, und manchmal muß er heftig auf die Bremse treten. Nur seine Freundlichkeit ist unerschütterlich. In Addis kutschierte er zwischen den Hauptstraßen durch Gassen mit Wellblech- und Bretterzäunen, hupte unermüdlich Passanten aus dem Weg und lächelte. Als er seiner Frau (oder Mutter) eine Tüte Mandarinen brachte und sich dabei vertrödelte, hupten wir. Hussein kam herausgerannt - und lächelte. So auch jetzt. Er läßt das Lenkrad los, um eine Apfelsine zu schälen, greift korrigierend hinein, schält weiter und lächelt Helmut an, der von seiner Autolektüre, Fjodorows *Letzter Winter* aufgeblickt hat.

Vor Assela beginnt es heftig zu regnen. Der Staub verschwindet, tiefes Grün und Rotbraun verleiht der Landschaft etwas Herb-Trotziges, geheimnisvoll Dunkles. Hirten stülpen sich eine Plastiktüte über den Kopf, durchnäßte Frauen und Männer bleiben hinter uns zurück. Naß und struppig glänzt das Fell der Esel, die verlassen vor ihren Karren stehen.

Am Hotel halten wir, um Post für die hier wohnenden Spezialisten abzugeben und Kaffee zu trinken. Im Nebenraum wird Billard gespielt. In Ermangelung von Queues werden die Kugeln geworfen. Hier hat im vergangenen Jahr einer aus der Erntebrigade seine Kamera vergessen. Ein rasch abgesetztes Telex brachte kein Ergebnis und der Junge mußte den Apparat abschreiben. Als aber das nächste Mal Helmut nach Asella kam, holte der Kellner die Kamera unversehrt unter dem Ladentisch hervor. Der Brigadist bekam sie zu seinem Geburtstag zurück.

Da Hussein noch einmal im Ort verschwunden ist, lade ich Helmut zu einem Kognak ein, der hier allerdings über drei Birr kostet, und höre die Geschichte von *Freddies Eck* in Rechlin. Da die Gastronomie in dem Stadtdorf mit seinen zweieinhalb Tausend Einwohnern ziemlich am Boden liegt, hat sich eine Interessengemeinschaft gebildet, die seit einigen Jahren funktioniert. Auch das Gaststättenwesen konnte ihr keine unlegalen Geschäfte nachweisen.

Einer war auf die Idee gekommen, seine Reihengarage umzubauen, sie mit einem kleinen Tresen zu versehen, einigen Stühlen und Tischen, Postern und Bildern, und aus der Stadt ein Faß Bier zu holen. Er tat sich mit anderen zusammen, die nun reihum die Fuhre übernahmen. Später kamen Grill- und Skatabende dazu, auch einmal ein Geburtstag. Für Helmut, obwohl er selbst der Gemeinschaft nicht angehört, wurde *Freddies Eck* ein Platz, wo er, der durch seine Fahrenszeit kaum jemanden kannte, seinen Bekanntenkreis erweiterte, wo er abends um halb neun noch auf ein Bier hingehen kann. Ruhetage gibt´s nicht und auch saubergemacht wird reihum.

Wieder fahren wir an der alten Walze vorbei, tauchen in den felsigen Talkessel ein. Links der Roughroad liegt ein die Böschung herabgestürzter Bagger. Ein paar Leute sitzen davor und schauen uns aufmerksam nach. Als die Dämmerung einbricht, kommt auch Malka Wakane und bald darauf der Garadellaberg in Sicht. Der *Mont Kaka* hüllt sich schon in Abendwolken. Kein Erntewetter.

Wir wissen, daß die Jungs jetzt vor der Küche stehen, an Post denken und nach uns Ausschau halten. Helmut greift zu Hussein herüber und gibt Lichtsignale. Wie immer ist der Niva rasch entladen und mich, der ich eben noch in eine Umzingelung von Bergen, Wolken und Wind hineinfuhr, beschleicht überraschenderweise ein Gefühl des Angekommenseins.

29. Oktober

Auf der Roughroad nach Sirofta kamen uns Reiter mit weiten Umhängen und geschmückten Pferden entgegen, im Trab, manche im Galopp. Tebesa erklärte uns den Zug. Es ging zu einer Hochzeit. Nicht weit entfernt, auf dem Friedhof saßen vom Morgen bis zu unserer Rückkehr Trauernde. So berühren sich auch hier Leben und Sterben in eindringlichen Bildern.

Über die Felder treiben Nomaden ihre Herden. Seitdem machen uns im Wagen und bei der Arbeit die Fliegen zu schaffen. Das Feld, wohin die Drescher heute fuhren, liegt direkt am Wabe Shebele, der durch die Regenfälle der letzten Tage angestiegen ist und sich in ein Wildwasser verwandelt hat.

Von unserem Standort konnten wir den Wasserfall sehen, und als Zeit dazu war, machten wir uns auf den Weg. Am anderen Ufer knieten Wäscherinnen. Ihre Kleider hatten sie ausgezogen und so erschraken sie, als sie uns sahen. Es wurde ein leuchtender Tag, mit kleinen Feldblumen, Klee, Eukalyptusbäumen, Heuschrecken, Schmetterlingen. Es gibt Zeiten des Sehens und Zeiten der Blindheit, so wie es Zeiten gibt, die sich strecken ohne Horizont, und solche, in denen die Luft abgestanden schmeckt, wie in einem engen, fensterlosen Raum. Durch Tage wie heute gehen viele vertraute Menschen.

Vergangenheit weht über die Ebene hin, Vergangenheit ist im Rascheln der Gräser, im Knistern des Heus. Es gibt Zeiten, die enger sind als die eigene Haut. Jeder wird anders damit fertig. Thomas geht beim Schweißer Kaffee trinken. Bibi, Jan, Detlef, Hartmut und Matthias setzen sich um eine Flasche Ouzo und ich, irgendwann, hole mit Gerald und Andreas N. eine Flasche Kognak. Es gibt Zeiten, in denen sich Vergangenes und Gegenwärtiges vor unseren Augen zu klaren, undeutbaren Bildern vereinigt. In solchen Zeiten ist es gut, zu trinken.

30. Oktober

Wenn die Zeiten sich zusammenschieben, muß man seine Räume öffnen. Das aber ist hier nicht möglich. Die Berge sagen es mit Nachdruck und der Regen murmelt es in der Nacht. Andreas N. blieb heute in Garadella: „Gib mir dein Zeug, ich wasche es mit."

Angenehm ist es an solch einem Tag, gleich aufs Feld zu fahren. Für Tebesa hatte ich mir etwas einfallen lassen. Nachdem die freundliche Krankenschwester in Asassa ausgestiegen war, gab ich ihm eine *Magazin*-Seite mit einem Dutzend Aktfotografien. Daß Tebesa ein Gesicht machen würde, hatten wir erwartet. Vielleicht auch, daß er erstmal auf die vielen - *oh, Vagina* - tippen würde und sich die Hände reiben. Aber daß er jedem das Blatt zeigen würde, einschließlich der Traktoristin und der Elektrikerin, ahnten wir nicht. Sie nahmen es übrigens gelassen. Nur einige der Mechaniker und Fahrer hätten die Seite gern behalten. Wir haben unseren Jux.

Immer wieder kommt auch jemand und möchte Fotos von unserer Familie, unseren Kindern sehen. Mein Hochzeitsbild löste Hallo aus. Die Familie gilt, und erst recht die Nachkommenschaft, als höchstes Gut. Unvorstellbar für Tebesa und andere war, daß Vati 65 Jahre alt ist.

Öfter freilich als um Fotos werden wir um Zigaretten angesprochen. Leute wie Tasfai sind dabei fordernd-forsch, wobei sie sich den Rückzug ins Spaßige offen halten, falls sie eine Absage bekommen. Tebesa, der noch immer kein Geld hat, ist hartnäckig und, wenn das keinen Erfolg bringt, etwas gnatzig. Demütig dagegen nähern sich die älteren Watchmen, und erst, nachdem sie uns eine Weile umkreist und auf sich aufmerksam gemacht haben. Sie sind nicht besonders gut bezahlt mit ihren 120 Birr im Monat und verbringen Tage und Nächte draußen bei den Maschinen und dem mit Planen abgedeckten Getreide. Als Zelt dient ihnen das Spiegelgestell samt Plane eines kleinen LKWs. Es ist mit Stroh ausgelegt. Plastekanister dienen als Kopfkissen.

Unser Mittag aßen wir am Fluß und danach gingen Andreas, Matthias und Bibi zum Fotografieren an den Wasserfall. Bibi drängelte ein bißchen, weil unsere Mittagspause vereinbarungsgemäß nur eine halbe Stunde dauert. Daß ich den Toyota fuhr, querfeldein, als wir den dreien folgten, nahm er ein bißchen übel, aber ich ging nicht darauf ein. Was mitzunehmen ist, will ich hier mitnehmen, und Dinge, die niemandem wehtun, werde ich tun, wenn ich es will. *Kollektiv* ist so lange Kollektiv, wie es den Einzelnen nicht klein, nicht unfrei macht. Darin liegt die Kunst, von deren Beherrschung - und den Voraussetzungen dieser Herrschaft - wir noch weit entfernt sind.

31. Oktober

Von siebentausend Hektar sind bis jetzt tausenddreihundert abgeerntet. Die Erträge liegen zwischen zwanzig und dreißig Dezitonnen. Mittags blieben wir wieder am Fluß, der immer noch steigt. Manchmal komme ich mir vor als jemand, der um sich herum eine Dreieinigkeit von Natur, Tier und Mensch erlebt, aber auf eigenartige Weise von ihr ausgeschlossen ist. Preis meiner *Zivilisation*.

Dann sehe ich an der Straße die Kinder scheißen, sehe die gequälten Pferde und das tote, über das Hunde sich hergemacht haben, denen bald die Geier folgen werden, und der romantische Schleier sieht ebenso verschlissen aus, wie die farbigen Kleider der Mädchen.

Von diesem Land habe ich bis jetzt nicht viel verstanden.

1. November

Nun liege ich an den roten Wassern des Langano, höre amharische Musik aus dem Radio und ruhe meine Augen beim Insferneblicken aus. Grauer bimssteinübersäter Strand, im Schatten der Wolken dämmernde Gipfel. Störche, Weißkopfadler und bunte, gefiederte Sänger. Das Geschrei der schwimmenden Jungs. Schirmakazien und an ihren Stämmen die kunstvollen Burgen der Termiten.

Bis Goffar war es eine Fahrt durch vertrautes Gelände. Das war auch ganz gut, denn ich hatte den gestrigen Abend noch nicht verkraftet. Später wechselten die müden Felder in das tiefe Grün der Koniferenwälder, aus denen hell die Palmen herausragen. Verstreut standen Drachenbäume und Agaven, Wolfsmilch baumhoch. Maisfelder, in die sich Hütten duckten, und größere Dörfer säumten die Roughroad.

In Goffale machten wir Rast vor einer der üblichen Kneipen, neben der wir eine *Orwo*-Werbung entdeckten. Das ist hier so normal, wie ein Schild für *Bayer Aspirin* an der entlegensten Straße. Das Gasthaus war mit bunten Wandbildern geschmückt, deren Rahmen ebenso gemalt war, wie die Schnüre und Nägel, an denen sie hingen. Da hatte eine Riesenschlange die Gazelle zu Boden gerissen und der Löwe trat ihr gegenüber. Da saß eine Taube auf blauem Grund. Da sah ein anderer Löwe mich an aus menschlichen Augen. In der Ecke saßen Rindfleischesser mit ihren großen gebogenen Messern und im Nebenraum die Kaffeekocherin neben dem glimmenden Öfchen, an dem ein Weihrauchstäbchen steckte. Der Vorgarten blühte und ein Staketenzaun versperrte den Kindern mit verkrüppelten Beinen, die um Geld bettelten, den Eintritt. Wir wandten uns ab. Immer wieder wenden wir uns ab. Liegen am Langano, und das tut mir altem Wassertier gut.

Bei Shashamene stießen wir auf die Asphaltstraße. Wir fuhren in die Stadt, über eine Brücke, wo Männer einen LKW und Frauen Wäsche wuschen, schlenderten an den kleinen Geschäften entlang, von denen einige erst öffneten, als ihre Besitzer uns sahen. Sandige, schmutzige Straßen, Orangenverkäufer und Schneider, die unter den Vordächern der Häuser an einer alten *Singer* sitzen. Schwarzer Blues ist die Musik dieser Städte.

Weiter dem Langano zu wird die Landschaft herber. Affenbrotbäume, Drachenbäume und immer häufiger grauer Boden, auf dem wenig gedieh. Termitenhügel überall, Viehherden und ärmliche Hütten. Dann streckt sich vor uns der riesige See, der jetzt im Abendwind lauter wird.

Das Hotel, vor dem Fahrzeuge eines halben Dutzends Länder parken, ist nicht jedem zugänglich. Weiße und wohlgenährte Äthiopier mit ihren vergoldeten Frauen sitzen an den Tischen des runden Restaurants, aus dem man den See sieht. Bungalows stehen zwischen Bäumen. WC. Dusche. Ein- und Zweibett-Zimmer.

Unsere Mahlzeit dauert zwei Stunden. Dann liegen wir an den roten Wassern des Langano. Hier kannst du die kleine Hure aus Asassa vergessen. Den Krüppel aus Goffale und den Bettler aus Shashamene. Könntest es, wenn nicht das rote Wasser so laut wär und die Sonne und die Berge so still. Über hundert Meter kann man in den See hineinlaufen, der fünfzehn Kilometer breit ist und über zwanzig lang. Das Wasser ist warm, mild der Wind bis in die Nacht hinein, in der der Mond fast über uns steht und ein Stern mit funkensprühendem Schweif zur Erde herabfährt. Am Strand liegt ein Schlauchboot ohne Ventil. Traurig sieht es aus, wie ein Omen des Untergangs. Hunde streifen schweigend vorbei. Die Grillen übertönen den Wind und das Geräusch der elektrischen Wasserpumpe. *Wabi Shebele* heißt unser Hotel. Zwei Tage werden wir hier bleiben.

Als der Abend kam mit seinem dräuenden Kleid aus Wolken und Dunst, saßen wir auf der Terrasse, trank ich Cola und sah einem halbwüchsigen dunklen Mädchen zu, das stundenlang zu baden schien. Nebenher schwatzte ich mit Gerald und Andreas N. Gerald will später über *Fortschritt* ins Ausland. *Da kann ich nicht die Schnauze aufreißen. Dann wär ich weg. Zu Hause bin ich ganz anders...*

Andreas, der andere, erinnert sich an jugoslawische Nächte mit zärtlichen Mädchen am Strand, Nächte, die so waren, daß man später von ihnen träumt...

Und ich las. Über den Kaiser Memellik II., der die südlichen Gebiete Äthiopiens Ende des 19. Jahrhunderts eroberte und Anfang des 20. die Eisenbahn nach Djibouti bauen ließ, Post, Bank, Schule, Hospital einführte, die Sklaverei abschaffte und die erste Druckerei bauen ließ, die erste Wasserleitung, die erste Munitionsfabrik, der junge Leute in Russland und der Schweiz studieren ließ.

Während wir es uns wohl sein ließen, flogen hinter dem Restaurant Hühnerfedern zu Boden, begannen vier Köche auf ihren Holzkohlefeuern das Fleisch fürs abendliche Inshera zu garen, drei verschiedene Arten, und überm letzten der Feuer drehte sich ein junger Hammel am Spieß.

Wir zogen in die ebenfalls runde Bar um, wo der Kellner eine mitgebrachte Kassette einschob, tranken Bier oder, wie ich, Kognak und Kaffee. Die Preise sind dem Hotel angemessen, aber vermutlich wird es der einzige Kognak in meinem Leben bleiben, den ich am Lake Langano trinken kann. Und wie immer, wenn ich dergleichen denke, war meine Frau bei mir, wurde eine Zärtlichkeit in mir wach, die nackte Sprache der Vereinigungen, die in den Duft des Abends lockt, an das Wasser unterm afrikanischen Himmel. Diese Sprache kennt auch das Wort Schmerz, und Verzicht holt mich ebenso ein, wie starke, tapfere Liebe.

Das Mahl war für uns bereitet. Drei Arten von Tipse, von denen jede anders brannte und den Schweiß aus den Poren trieb. Das ließ sich weder mit Bier noch mit Fanta löschen und schon gar nicht mit dem hochprozentigen, warmen Gin.

Trinksprüche wurden ausgebracht und Dankreden gehalten. Daniel, der schon zum vierten Mal als Koordinator für die Brigade arbeitet, wünschte uns, daß wir kein Heimweh haben mögen, und trank auf unsere Mütter, Väter, Familien, Frauen, Mädchen, Kinder. Jans Frau, die im März entbinden soll, verschneidet zu Hause Bäume im kalten Herbst. Meine Frau wird am Küchentisch sitzen und bosseln oder etwas schreiben. Ich aber liege, übersättigt und geschafft in meinem kleinen, blau gestrichenen Zimmer und genieße die Ruhe der Nacht.

2. November

Jenseits eines Wildhüterhauses, wo sich - wie ringsum - Savanne erstreckt, liegt der See mit seinen Flamingokolonien. Ein hagerer Führer mit kurzem Bambusspeer (Eisenspitze) stellte sich noch ein, dazu ein zweiter, dritter. Wir nahmen das Bild in uns auf, Berge und Vögel, fotografierten und verschwanden wieder, um an einer anderen Stelle Pelikane zu sehen.

Dort allerdings kamen wir nicht an. Nach ein paar Kilometern Asphaltstraße bogen wir am Rand eines Dorfes ab auf eine grauweiße Sandstraße, wie sie auch zu unserem Hotel führt, fuhren vorbei an einer Fabrik, die zur Kaligewinnung am See gelegen ist, und irrten schließlich eine ganze Weile auf kargem Wiesenland zwischen bizarren Bäumen, Pferden, Schafen und Bambushütten umher. Immerhin können wir uns trösten, daß diese Fahrt einmalig in unserem Leben bleiben wird. Für die Straußenfarm aber blieb uns kein Sprit mehr und so fuhren wir zum Langano zurück.

Ein halbwüchsiges Mädchen zeigte im Wasser seine Schönheit, ein Fettwanst stolzierte mit seiner Gattin um die Bar und ich setzte mich an einen Brief für meine Frau. Sah ich auf, verfing der Blick sich im sonnenüberfluteten Gebirge oder bei dem Kormoranpärchen, das um die Wette tauchte, bei unseren Seefahrern, denen wir Lästerungen zuriefen, oder bei Tebesa.

Der hatte sich, Nichtschwimmer wie viele Äthiopier, überreden lassen, ins Wasser zu kommen und machte nun wie ein kleiner Junge auf Andreas´ Armen seine ersten Ruderübungen. In allem, was ich ihn mache sehe, entwickelt sich ein Bild von Andreas, das ihn mir rundum sympathisch macht. Die Jahre haben ihn schon ein bißchen geglättet, aber er hat zu viele Ambitionen, um abgeschliffen zu sein. Wir können uns über die allgegenwärtige Werbung lustig machen, wenn fernab, wo zwei weiße Straßen einander kreuzen, plötzlich ein Schild auftaucht: *Bayer Aspirin*. Wir können auch, wie am Nachmittag, am Tisch nahe dem Ufer sitzen, wenn Andreas zeichnet und ich vom Langano schreibe.

Vor dem Abendbrot machten wir uns noch einmal auf den Weg, Andreas und ich, wanderten entlang des Strandes, zwischen Kakteen und Palmen hindurch, die einen Kinderspielplatz säumen, über Hügelchen, auf denen sich flinke Eidechsen sonnten.

Das Licht hatten wir nun im Rücken und es beschien auch die Vogelinseln zwischen den Buchten, die Schlafbäume der Webervögel, den Nistplatz des Weißkopfseeadlers. Durch einen Maschenzaun verließen wir das Hotelgelände und gingen weiter. Die Tiere hier, Hunde, Katzen, Vögel sind weniger scheu als die Kinder, wenn sie ungerührt zu uns herübersehen und sich aus wenigen Metern Abstand fotografieren lassen.

Im lichten Wald hinter der nächsten Bucht verbargen sich ein paar Hütten. Junge Wäscherinnen saßen am Strand, geduldig warteten mit Wasserkrügen beladene Esel, und ein nackter, grauhaariger Alter schrubbte seine Füße mit Sand, ohne sich durch uns stören zu lassen.

Eine Stunde später saß ich wieder auf der Terrasse. Schnell kam der Abend, der Mond steht nachmittags schon über dem See. Schnell verschwindet die Sonne hinter den knorrigen Bäumen. Hinter den Bergen gingen Gewitter nieder Die Fahrer kamen, Jan, Gerald, Matthias, der auch zum Baden seine Mütze aufbehält. Einige setzten sich in die Bar, andere ans Wasser, wo der Mond sich zu spiegeln begann.

Während des Abendessens gesellte sich der schnurrbärtige Leiter des Hotels zu seinen Kellnern und wies sie mit bestimmten Gesten an, auf daß alles uns zum Besten sei. Der Manager war zu Zeiten Haile Selassies Minister am Kaiserlichen Hof, verbrummte einige Jahre im Gefängnis und fiel doch, wie es scheint, wieder halbwegs auf die Beine. Helmut unterhielt sich mit ihm und ich hatte nicht den Eindruck, jemanden vor uns zu sehen, der unter den Umständen leidet. Aber was weiß ich davon schon? Höchstens, daß er bei uns kein internationales Hotel anvertraut bekäme.

Um dreiviertel neun, wieder kamen Helmut und Bibi zu spät,

trafen wir uns auf einem von Stühlen umgebenen freien Platz, wo das Lagerfeuer aufgebaut war, in den Bäumen Leuchtstoffröhren hingen, ein großer Rekorder herangeschleppt wurde, aus dem bald laut und hoffnungslos übersteuert Tanzmusik drang. Der weißbemützte Koch schleppte mit seinen Helfern einen Hammel am Spieß zu uns. Kellner wieselten mit Wein-, Ouzo- und Ginflaschen von einem zum anderen. Wir wurden augenscheinlich verwöhnt, auch wenn es gut war, daß die Hunde vom Braten angelockt wurden, denn allein war damit nicht fertig zu werden, das gestand ich mir mit schmerzendem Kiefer.

Ich saß nah am Feuer, von dem Funken aufflogen, als wollten sie sich unter die Sterne mischen. Leise war ich, wie das Feuer, und ich trank auch nicht viel. Mir war nicht nach Bleiben und mir war nicht nach Gehen. Das große Geschenk im Rahmen äthiopischer Möglichkeiten war etwas sehr Schönes. Auch die Kellner waren eher spitzbübisch-fröhlich als unterwürfig. All das ließ sich genießen. Auch die allmähliche Trunkenheit um mich herum. Nur reden mochte ich nicht. „Du denkst jetzt an deine Frau, stimmt´s?" wollte Gerald wissen. Dazu gehört nicht sehr viel Menschenkenntnis.

Woran sollte ich sonst denken, wenn nicht an meine Frau, an helle Nächte, Lieder, Zeiten, die mir lieb sind, an unser Kind, an die große ungeschriebene Musik, an Menschen.

Helmut wurde zunehmend sangesfreudiger, kam jedoch nicht zum Zuge, bis Hartmut sich aufschwang, *hier mal den Manager zu machen*. Er war inzwischen in einer Verfassung, in der er sich an den widerspenstigen englischen Vokabeln versuchte und das Bedürfnis hatte, mit Daniel, dem Koch und allen anderen richtigen Männern Gläser auf Ex zu leeren. *Horcht mal her, Männer, horcht doch mal her. Wir machen ein Spiel...* So kam es zum Sängerwettstreit am Langano.

Während bei Bernd auch jetzt noch der Ehrgeiz dominierte und er richtig schön: *Wenn alle Brünnlein fließen* für die eine Gruppe vorschlug, plädierte Helmut für *In Hollwood, da ist er Puff kaputt, da müssen alle Nutten stempeln gehen*, was wiederum

Bernd überforderte. Das andere Grüppchen entschloss sich von vornherein zu *Es gibt kein Bier auf Hawaii*.

Vom Klang nahm sich das Beides nichts, und so fiel auch das Urteil Daniels, den Helmut zur Jury berufen hatte, freundlich salomonisch aus. Die letzte Flasche Wein für die einen, den anderen die letzte Flasche Ouzo.

Doch da kannte er die germanische Hartnäckigkeit nicht. Wenn die Kultur nicht imstande ist, klare Fronten zu schaffen, dann weg damit und her mit dem Sport (wie im Großen, nicht wahr?!). Liegestütz. Hartmut, Bruder und Leiter, umgeben von seinen Kämpfern. Ich ging. Sah sie noch kommen und immer noch trinken, die einen mehr, die anderen weniger. Manche schliefen auch schon. Die Feuer waren verloschen.

3. November

Wie der Erfahrungsaustausch mit der Regions-REYA ablaufen sollte, wußte ich nicht. In seinem Büro, wo Helmut und ich schon einmal waren, empfing uns der Zweite Sekretär (der Erste studiert am Bogensee) mit drei Mitgliedern des Exekutivkomitees. Anfangs ließ es sich an wie eine Pflichtübung. Wir hörten eine abgelesene Rede zur Struktur der REYA in der Region Arsi und ich ärgerte mich, nicht mit nach Montegena gefahren zu sein.

In den drei Provinzen mit ihren insgesamt 23 Kreisen gibt es 1091 Grundorganisationen mit 283.000 Mitgliedern, davon 24.218 in Leitungsfunktionen. 121.000 sind männlichen, 62.000 weiblichen Geschlechts. Die Grundorganisationen befinden sich in 14 Betrieben, 1024 Dörfern und 53 Städten.

Zu den Schwerpunktaufgaben der REYA gehört selbstverständlich die marxistisch-leninistische Propaganda. Es wurden Büchereien eingerichtet, Zirkel gebildet, Foren und Seminare durchgeführt. Ein weiteres Betätigungsfeld ist die Unterstützung der Armee bei der Verteidigung des Landes und die Mitwirkung bei der sozialökonomischen Formierung der äthiopischen Gesellschaft, die sich im Übergang zum Sozialismus befindet. Voraussetzung ist auch die Alphabetisierung des Landes. Von über neunzig Prozent Analphabeten vor der Revolution gibt es jetzt noch 37 Prozent...

So eifrig wie ich jetzt, schrieben auch die Mitglieder des Komitees mit, was mich an zu Hause erinnerte, wo bei solchen Zusammenkünften ebenfalls nicht selten das längst Gewußte noch und noch einmal zu Papier gebracht wird.

Dann sprach Helmut. Wir lügen aus Höflichkeit. Wir haben uns daran gewöhnt *im Namen aller Anwesenden, des Betriebes,* ja sogar *des Volkes* zu sprechen. Wir stellen uns auf fremde Rücken, um unseren Worten Gewicht zu verleihen, wenn wir von *reger Anteilnahme* erzählen. Nie und nirgendwo nimmt das *ganze Volk* an *einer* Sache, sei sie noch so groß, Anteil. Wozu brauchen wir diese Sprüche?

Auch ich habe dergleichen aber benutzt. Und lerne wieder sprechen. Für mich.

Hier und da fallen Plakate ins Auge. Aber heute erst bemerkte ich, daß kaum Landschaften darauf sind und schon gar nicht schreiende Fassaden. Äthiopien wirbt mit den Gesichtern seines Volkes.

Als der Zweite Sekretär meinte: *the time is over*, glaubte ich noch immer, am Ende eines Höflichkeitsbesuches angekommen zu sein. Aber vor der Tür wartete schon ein großer Toyota, um uns herumzufahren in Asella, einer Stadt mit 42.000 Einwohnern.

Wir sahen das Stadion, in dessen Rund sich ein Dutzend Geier niedergelassen hatte. Die Bänke waren nicht aus Holz, sondern aus sauber verschnittenene Hecken. Hier spielt die Regions-Liga. Der Eintritt liegt bei 50 Cents bis 2 Birr. Etwas weiter befindet sich das städtische Naherholungszentrum, eine weitläufige Parkanlage mit Kinderspielplatz, Bad, Caféteria. Liebevoll angelegte Beete, sanft geschwungene Palmenhänge, wo im Schatten junge Leute sitzen. Nicht sehr viele, aber die wir sehen, fühlen sich offenbar wohl hier. Die REYA hat an diesem Park mitgebaut, aber sie besitzt auch noch ein eigenes Zentrum mit einem geräumigen Klub.

Dort werden wir zu Kaffee und Bier eingeladen und die uns begleitenden Genossen achten sehr darauf, daß unsere Gläser gefüllt bleiben. Nicht anders im Büro des Zweiten, wo ein großes Buffet aufgebaut war. Freilich sind es emaillierte Metall- und keine Kristallschalen, eiserne und irdene Töpfe statt Porzellan, aber was nicht alles wurde da mit Liebe zubereitet: Inshera, Dabos, Reis in verschiedener Form, Kartoffelchips, Bouletten, Rindfleisch, eingelegte Eier, Hammel, Tomaten, Käse, Zwiebeln, Salat... scharf geschliffene Messer mit Holzgriff sind viel handlicher als schweres Tafelsilber, und selbst das laute Kauen paßt zu diesem Prasnick, zu dem man beide Hände braucht.

Bier und Brandy, der Alkohol geht bald ins Blut, aber sobald man das Glas absetzt, die Gabel beiseite legt, wird man zu Essen und Trinken aufgefordert. Wo dieser Art gefeiert wird, ist der weitere Gang des Gespräches vorausbestimmt. Nach den Erkundigungen zu Familie und Kindern dreht es sich um Sex. Auch in Anwesenheit einer Frau, und unsere Frage, was sie davon halte, wird pariert: „Die äthiopischen Frauen möchten nicht darüber reden, jedenfalls nicht vor Männern. Aber sie lieben Sex. Sie brauchen ihn." Sagt ein Mann. Die Frau lächelt nur. Auch sie ist Sekretärin des Exekutivkomitees.

Bald laufen mir die Dinge durcheinander, Fotos machen die Runde. Bernd versucht, eines meiner Gedichte zu übersetzen. Die Leute klatschen. Comrad Lemmer, der neben mir sitzt, faßt meine Hand und läßt sie ungern los.

Unsere Jungs sind schnell mit dem Wort *Schwuler* und *Wichser*, sehen sie Männer hier Hand in Hand gehen. Auch ich bin scheu vor der ungewohnten Berührung. Aber ist es etwa nicht denkbar, daß diese Männer, gleichviel ob sie zur Bisexualität neigen oder nicht, *glücklicher* sind, wenn sie einander berühren können?

Im übrigen klingt aus dem Gespräch über die junge Frau am Tisch durch den Brandynebel ein halbes Angebot heraus und ich beginne, halb prophylaktisch, halb in echter Sehnsucht, von meiner Frau zu schwärmen. Dagegen wird nie jemand opponieren. Von außerhalb ist die Familie unantastbar. Nur die Bemerkung, daß sich doch aber *mein Saft stauen* müsse, muß ich mir in der offenherzigen Runde gefallen lassen.

Schließlich bin ich doch ganz froh, als die äthiopischen Genossen uns zum Hotel bringen. Wir haben uns zur Übernachtung entschlossen. Einzelzimmer inklusive Flöhe, WC, Dusche. Und ins Kino wollen wir gehen. Vor dem Hotel wirbt ein Plakat für den unbesiegbaren Kungfukämpfer, marktschreierisch wie alle Filmposter hier sind.

Der Streifen kam von den Philippinen, eine verschlissene englischsprachige Kopie. Vom Vorspann an wußte jeder, wer gegen wen und mit welchem Ergebnis. Da flogen die Pfeile, Wurfnägel und -sterne, stachen die Schwerter, gingen Feinde im Dutzend zu Boden, anfangs lebendig, später tot, wurde der liebste Freund getötet und gerächt und dessen Frau beschlafen, und siegreich aus allem stieg, dem Feind letztlich den Kopf abschlagend, der weiß gekleidete Held empor. Es war, als hätte jemand uns vorsätzlich einen Begriff davon schaffen wollen, was Subkultur ist.

Im Hotel erwartete uns der Chef der Enterprise Arsi. Er hatte ausgeharrt, bis wir von unserem Kulturerlebnis zurück kamen, nur um sich zu entschuldigen, daß er wegen dienstlicher Pflichten nicht hatte zum Langano kommen können.

Die Hotelbar war leer bis auf einen Tisch, an dem fünf Kubaner, drei Männer und zwei Frauen, saßen. Da schlug Helmuts Herz höher. „Mittendrin im Leben, das sind die Stunden, die im Leben zählen", sagte er nach den ersten Bieren. Kubas Häfen hat er vor Jahren angelaufen und er entsann sich noch des Abends im *Tropicana* und der großen Straßen von Havanna.

Die fünf kamen aus der Veterinärmedizin und sind die einzigen Kubaner in Asella. Die schmale Elisabeth, die am lebhaftesten sprach, war schon ziemlich betrunken, und den anderen erging es nicht allzu viel besser. Da ich mich an meiner Coke festhielt, wollte sie wissen, ob ich *Muselmann* wäre. Helmut erklärte, dass ich der *Brigade-Hemingway* sei und ich selbst verwies auf meine *fortgeschrittene Schwangerschaft*. So schwatzten und blödelten wir uns über die Runden. Helmut schäkerte mit Clara, die wie er eine sechzehnjährige Tochter und die Familie zu Hause hat. Wir wurden eingeladen ins *Kubanische Haus* und Helmut war es fröhlich und ernst mit dem Kontakt. Er fühlt sich wohl unter den Kindern vieler Länder und das heißt ja nichts anderes, als: er ist im Reden wie im Sinn, nüchtern und betrunken Internationalist.

5. November

Heute, auf halber Strecke zwischen Asassa und Sirofta, unweit eines kleinen Friedhofs, ging dem Toyota die Luft aus. Er war bereits mit Reifen gefahren, die durch alle Leinwandschichten bis auf den Schlauch durchgescheuert waren. Heute erwischte ein Stein den bloßliegenden Schlauch. Auf einem gelenkten Rad hätte es uns wahrscheinlich von der Straße gewedelt. Nun stellte sich heraus, daß auch das Ersatzrad platt war.

Die Roughroad blieb leer. Der Nissan war schon in Goffar. Unerfindlich, wann Helmut vorbeikommen würde. So saßen wir im Auto oder am Straßenrand und dösten vor uns hin. Aufregung gab es nicht. Die Lage war gegeben. Bibi murmelte zwar etwas von seiner Drohung, nicht mehr lange mitzufahren, aber das besagt so wenig, wie das Eifern von Matthias, wir hätten eine *riesige Sicherheitskonzeption*, aber mit solchen Karren müßten wir fahren. „Die gehörten von Addis aus gesperrt."

Bernd hatte heute den Versuch unternommen, uns zu erklären, es ginge BRD-Facharbeitern nicht besser, als denen bei uns. Auf dergleichen reagiert Matthias, indem er geht und sich später mokiert. Gerald, der heute auch in Garadella blieb und seinen Geburtstag feierte, schlägt etwa in die gleiche Kerbe.

Ihm zu Ehren öffnete sich übrigens heute Nacht um null Uhr die Tür. Ich hatte nicht fest geschlafen in Erwartung des Ereignisses, und allerlei Unsinn geträumt, war im Licht der Taschenlampen dann auch sofort da. Nur Thomas stellte sich hartnäckig schlafend. Bibi und Jan, die als Vorkommando Bergfest gefeiert hatten, hielten noch ihre Whiskygläser in der Hand, jemand holte Plastebecher und schenkte Ouzo ein: *Happy birthday to you...* Von der Brigade bekam Gerald ein Poster und Schnaps, wie es Tradition ist. Nach zwanzig Minuten war es wieder still.

Nun aber saß unsere Arbeitsgruppe und wartete. Ein paar Fotos waren schnell gemacht, auch ein kleiner Erkundungsgang läßt sich nicht ewig ausdehnen. Gegen halb zehn kam ein Toyota von *Fortschritt*, doch dessen Ersatzrad war ebenfalls ohne Luft.

Also weiter warten. Eine Stunde später kamen *Engel* von *Fortschritt*, Peter Biele und ihre Fahrer mit zwei Wagen. Sie schickten einen davon mit unseren Rädern zum neuen Mähdrescherstellplatz. Biele beeilte sich, die trächtige Situation abzulichten. Sicher ist ein bisschen Konkurrenzgeiz von mir aus dabei (den ich als Integrierter nicht nötig habe, ich sehe weniger, aber alles), jedenfalls kommt mir mein älterer Kollege ein bißchen vor, wie ein freundlicher Tourist, und ich genieße es ein wenig, diesmal nicht selber in dieser Rolle zu stecken.

Es ging auf Mittag, als Bibi mit geflicktem und trotzdem undichtem Reifen per Pickup zurück kam. Immerhin kamen wir damit bis ans Feld, das sich entlang eines kleineren Canyons zieht. Über leichtes Gestein springt bräunliches Wasser. Vieh weidet an den Hängen. Die dahinter gelegenen Höhlen sind bewohnt.

Nach dem kurzen Essen in praller Sonne fuhr Bibi zum Workshop, um neue Decken aufzutreiben und die Schläuche flicken zu lassen. Die Kombiner saßen noch neben den Dreschern und unter den Traktoranhängern bei ihrem Inshera, und als sie ihre Missa beendet hatten, setzten sie um auf ein anderes Feld. Wäre nicht gerade *Rotkäppchen* auf einem mitgenommenen ZT - sie fahren gewöhnlich die für den Traktor kaum zumutbare Höchstgeschwindigkeit - vorbeigekommen, hätten wir die Werkzeugkiste schleppen müssen. So aber kamen wir in den Genuß einer Mitfahrt auf den wackligen Kotflügeln. Diese so beliebte Transportart braucht wahrscheinlich eine Gewöhnungszeit, die uns nicht zur Verfügung stand. Es blieb uns nichts anderes übrig, als höflich zu bitten: *gas gas! Rotkäppchen* grinste, fuhr aber friedlich.

Einige Male schon habe ich inmitten des reifen Weizens Grabstätten, oft von alten Kakteen umstanden, gesehen. Sie sind auch hier unantastbar. Arbeit gab es nur in Maßen. Mehr zu schaffen machten uns die Sonne und ein paar der immer wiederkehrenden Fahrer unmöglich. Bibi ließ auf sich warten und kam, allerdings mit Decken, von denen wir uns eine Woche Sicherheit versprachen, zurück, als Feierabend war.

Peter Biele führte sich übrigens mit einer hübschen Bemerkung ein: „Ich hab noch nie eine so zerfledderte DDR-Fahne gesehen. Die hat wenigstens was mitgemacht und ist nicht bloß so ein Repräsentationsfähnchen."

Ein bißchen neugierig bin ich schon, was wir heute noch von ihm hören werden. Im Augenblick sitzt er noch mit *Engel* und *Bibi* (es gibt etwas zu trinken) bei Helmut. Der hätte eigentlich mit Bernd zusammen Küchendienst. Eine schöne, nicht unbedingt nötige Geste des Sich-gleich-machens. Weniger glücklich, als es gar nicht zu machen, ist es, sich dann aus, wie auch immer berechtigten Gründen, zu entziehen. *C'est la vie.* Ich will nicht nach Fehlern suchen.

Der Abend wurde dann noch lang uns feucht. Biele stellte sich mit Gedichten vor, erzählte was, wünschte seinem jüngeren Kollegen Glück und brach so eine Lanze für mich. Die Art zu sprechen, nicht überdreht, gesetzt und freundlich, stieß auf Sympathie. Auch meine.

Nachher hechelten wir heimatliche Kulturpolitik durch, wobei ich immer das Gefühl habe, das gehört dazu, wie das Bier zur Kneipe.

6. November

Bibi erzählt zum wiederholten Mal, dass er die Bezirksparteischule abgelehnt hat: „Ich seh's doch an meinem Kumpel. Nach der Schule haben sie ihn in die Kreisleitung gesteckt und jetzt steht er jeden Morgen um halb fünf auf und kommt abends um sieben nach Hause. Wann soll der sich noch um sein Haus kümmern?"

Matthias: „Wenn sie mich zu so was zwingen, dann trete ich aus. Dann hau ich ab aus der Bude und fange anderswo an. Irgendwann trete ich sowieso aus, aber jetzt noch nicht."

Bibi: „Eins ist Fakt, daß es Leute viel schwerer haben, die aus irgendwelchen Gründen aus der Partei raus sind, als solche, die nie drin waren."

Partei, so scheint es, ist eine Konstante in den Lebensrechnungen mancher, nicht Aufgabe (geschweige denn Herausforderung), sondern Kalkül. Und Partei in ihrer Erfahrung gibt sich zufrieden damit. Die Frage nach der Funktion der Partei für den Sinn ihres Lebens würde ihnen vielleicht sogar einfältig erscheinen. Sie richten nicht den Sozialismus auf, sie richten sich im Sozialismus ein. Dazu gehört für sie natürlich auch Arbeit, gute Arbeit. Die allein jedoch macht noch keinen Revolutionär aus.

Das ist Alltagsleben in unserer Gesellschaft, das heißt von diesen Erscheinungen wird sie wesentlich mitgeprägt. Worüber soll man sich also ärgern? Darüber, daß dies unser realer Stand ist, oder darüber, daß es viele gibt, denen ihre Verantwortung verbieten sollte, die Augen vor der Wirklichkeit zu verschließen? Ein Versuch, dieses Nachdenken zu publizieren, stößt auf Widerstand - eine Bestätigung dafür, daß es so ist (ich wünschte nichts sehnlicher, als an diesem Punkt unrecht zu haben!).

Und ich sehe dieses Land ganz am Anfang, wo halbe Reifenschläuche als Wassereimer dienen und all das, was mich bewegt, noch Fragen späterer Tage sind.

Helmut war heute mit Bernd und Daniel auf der Staatsfarm in Goffar, um dort die zehn besten Fahrer und Schlosser auszuzeichnen. Dazu hatte er sich mit Broschüren über die DDR in amharischer Sprache, News, Abzeichen, die einen Mähdrescher zeigen, und Havelobstplaketten ausgerüstet. Vor versammelter Mannschaft hielt er seine Rede über die Tradition dieser Auszeichnungsveranstaltungen, die russische Revolution und die äthiopische, gratulierte zur Bildung der Volksdemokratie und erklärte, daß gerade sie fleißige Arbeiter braucht. Und so weiter. Es war gut, glaube ich.

Fast hätte ich vergessen, daß Andreas mir heute von der praktischen Erfindung berichtete, mit Hilfe von Waschmaschine und Laugenpumpe warm zu duschen. Das habe ich für morgen auf mein Programm gesetzt.

7. November

Wie die Vergangenheit uns nachläuft... Heute morgen fuhren Helmut, Bernd, Hartmut und Andreas N, nach Malka Wakane, um mit den Freunden zusammen den 70. Jahrestag der großen Revolution zu feiern. Ich, in Sirofta, reparierte einen Karabiner der deutschen Wehrmacht von 1943, den ich an den eingestanzten Naziadlern erkannte. Ein Watchman, der das Weizenfeld bewacht, auf dem unsere Mähdrescher fuhren, war damit zu mir gekommen.

Ich bastelte ein bißchen, sägte eine Schraube zurecht und ersetzte mit ihr die Schnur, die bisher Abzugsschutz und Schloß zusammengehalten hatte. Bei der Gelegenheit kam ich ein bißchen mit dem Mechaniker, der in Kuba studiert hat, ins Gespräch. Er ist er erste, dem ich hier begegnete, der sich vage mit der Ost-West-Problematik Deutschlands auskennt. Im übrigen hält auch er es für unmöglich, daß wir hier drei Monate leben können, ohne einer Frau beizuschlafen. *Eine Maschine braucht Öl und Benzin und ein Mann braucht eine Frau.*

Aber immer, wenn ich sage, *meine Frau schläft allein und also ich auch, ich hab sie lieb und will nur die eine,* dann gibt es auch zwei, drei Männer, die mir zusprechen: *Gut. Nur eine.* Und dann kommt, nun bin ich es schon gewöhnt, die Frage nach Kindern. Sage ich, im Dezember wird es kommen, und wenn ich zurück fliege, bin ich Vater, gibt es jedes Mal großes Hallo.

Fast windstill war es heute. So war die Sonne kaum mehr auszuhalten, aber da die Arbeit sich in Maßen hielt, blieb genügend Zeit, sich ab und zu in den Schatten eines Mähdreschers zu setzen. Auch der Technikmanager machte wieder seine Runde. Diesmal hatte er sich mit einem Stecken bewehrt, den er gleich einer Reitpeitsche hielt, junkerhaft. Er tat auch nichts mehr selbst. Mit seiner Fachausbildung hat er sich, wie mancher hier, das Privileg erkauft, nicht mehr Hand anlegen zu müssen.

8. November

Heute waren wir zu Gast in der Schule von Garadella. Lange war die Übergabe von Schulmaterial vorbereitet worden. Die Idee dazu stammte von Helmut und seiner Patenklasse, der 9 A an der POS Rechlin. Später hatten sich, ohne freilich zusätzlich erwähnt zu werden, die ständige Brigade und der *Fortschritt*-Service der Aktion angeschlossen. Die Schüler zu Hause hatten einen kurzen Brief geschrieben:

Liebe Freunde! Liebe Schulkinder! Wir senden Euch die herzlichsten Grüße aus der Deutschen Demokratischen Republik und wünschen Euch recht viel Erfolg und Freude bei der Lernarbeit. Als Schüler der 9. Klasse werden wir auch in diesem Schuljahr 1987 / 88 unser Bestes geben, um unserer Republik damit unseren Dank zu zeigen. Für Frieden und Freundschaft!

Rechlin, September 1987

FDJ-ler der Klasse 9 a der POS Rechlin

Das ist zugegeben etwas mager. Sicherlich hätte es sich gelohnt, statt der Mode gewordenen abstrakten Demutsgeste (verbiegt sie uns nicht?) vom Leben zu berichten, aber auch die spärlichen Zeilen verfehlten ihre Wirkung nicht, wie überhaupt das Ganze als große Feierlichkeit begangen wurde.

Ist es etwa kein erhabenes Gefühl, zu erfahren, daß fremde Menschen an den eigenen Geschicken Anteil nehmen? Bin ich verführt, eingedenk von Erfahrungen, die Überdruß erzeugten, die Dinge kleiner zu machen?

Der Platz vor der Schule war mit äthiopischen Fahnen geschmückt. Ein Präsidium war errichtet, Bänke für die Gäste. Seitlich hockten die Schüler auf der Erde, festlich gekleidet, über dreihundertachtzig sind es. Als wir kamen, standen sie auf, klatschten. Es war ein kleiner Staatsempfang.

Mit uns waren praktisch alle Vertreter der gesellschaftlichen Macht in Garadella, Farmmanager, Parteisekretär und Vorsitzender der Revisionskommission, Trade Union und Frauenorganisation, deren Vorsitzende auch Abgeordnete des Parlaments in

Addis Abeba ist und die ansonsten im Workshop der Farm arbeitet. Außer ihr lockte uns noch eine bildschöne Lehrerin zu Fotoattacken. Die mitgebrachten Hefte, Lineale, Kugelschreiber und Bleistifte lagen auf einem Campingtisch. Reden wurden gehalten, vom Parteisekretär, Helmut, dem Schuldirektor. Auch von den Eltern und übrigen Dorfbewohnern gesellten sich immer mehr, oft mit Kind und Kegel, zu unserer großen Runde. Und die Sonne leuchtete über Garadella, die Fahnen, die Berge atmeten sanft.

Nach dem Meeting wurden wir, es war erst zehn Uhr, in die Kneipe geführt und dort mit Dabos, Schaffleisch, Tipse und einem Gemengsel aus Herz, Leber, Nieren und Lungen bewirtet. Dazu kam Bier auf den Tisch, Ouzo und Gin, der mir rasch zu schaffen machte, hatte ich doch zum Frühstück nicht mehr als etwas Zwieback und ein Ei gegessen.

Zwischen der jungen Lehrerin und uns wechselten die Blicke. Dann kam das hiesige Elternaktiv, Frauen in weißen Gewändern und Arbeiter mit kräftig gezeichneten Gesichtern.

Während wir aßen, hatten die Leute draußen zwei Stachelschweine gefangen. Leinen wurden ihnen angelegt und mit Seilen und Peitschen schlugen Männer und Kinder auf die wehrlosen Tiere ein, bis sie bluteten. Auch das schien wie ein Fest, aber es machte uns bitter, trotz Bernds Beschwichtigungen.

„Diese Schweine, Tierschinder", sagte Jan. „Heulen könnte ich."

„Wir können das nicht mit unseren Maßstäben messen. Das sind Schädlinge für sie, und wie viele Sachen gibt es bei uns, die Tierquälerei sind, das Viehtreiben mit Elektroschocks…"

„Aber", sagte ich: „das hat doch irgendwo einen funktionalen Sinn. Ich muß doch nichts gutheißen oder rechtfertigen wollen, was ich Scheiße finde."

So ging es zwischen Jan, mir, Andreas zum einen und Helmut, Bernd zur anderen ein paar Minuten hin und her, bis Jan sagte: „Jetzt nehm ich Geld und befrei die Viecher." Er drückte den Fängern zwei Birr in die Hand und schnitt die Leinen durch. Das war mehr als ich selbst getan oder von anderen erwartet hätte.

Neulich schrieb ich von der Dreieinigkeit Natur, Kreatur und Mensch. Sie hat eine lange Geschichte, die vielleicht auch zur Personifikation führt. Der Schädling wird nicht als jemand angesehen, der ohne Alternative seiner Natur lebt, sondern als Schuldiger, der bestraft werden muß, so wie Verräter und Rebellen die Gliedmaßen abgeschnitten wurden, ehe man sie in eine Schlucht stürzte, so steinigt man den Hund, der jemanden beißt, schlägt man den Wühler tot. Das ist eine grausam anmutende Philosophie, aber sie ist weiter entfernt von uns, als unser Richtspruch reicht. Darin haben Bernd und Helmut recht.

Nachdem ich die Lektüre der äthiopischen Geschichte beendet hatte, las ich heute die Hälfte von Bastians viertem Teil *Gewalt und Zärtlichkeit*. Eine Zeitlang hatte ich keine Lust mehr, diese Literatur zu lesen. Sie erschien mir zu simpel, trotz ihrer Dramatik nicht tief genug. Heute ergriff mich das Buch und Erinnerungen an seinen Autor griffen nach mir. An einen Bruderkuß auf die Stirn bei der Kulturkonferenz, an Gespräche, an Alkohol, Krankheit und viel zu schnellen Tod. Auf manchen Seiten wußte ich, daß seine Art zu sehen mich für immer verlassen hat, auf anderen, daß ich etwas - auch durch Hans Weber - zurück in meinen Besitz gebracht habe und daß ich den beiden Toten nahe bin.

Am Abend spielten wir Fußball gegen eine Mannschaft der REYA und verloren tapfer japsend 0:1 nach zweimal fünfzehn Minuten. Das Publikum bestand vor allem aus Kindern und vermutlich einigen Erdferkeln, die uns aus der Tiefe des Platzes lauschten. Trotzdem bekam mir das Spiel. Ich habe mich lange nicht mehr ausgetobt. Daß ich danach allerdings auf dem Trittbrett des Toyotas ins Camp fuhr, brachte mir harte Worte von Helmut ein: *Was sollte denn diese Scheiße nun wieder? Was wolltest du´n damit demonstrieren?* Nichts.

Angenehm, daß er nicht darauf zurückkam, auch nicht, als wir unter uns waren und übers Bergfest am Donnerstag sprachen, nachdem Helmut ein ausgiebiges Sitzbad in der Waschwanne genossen hatte. Übrigens ist solche Fahrt kaum gefährlicher als unsere tägliche Tour, zu der wir morgen wieder aufbrechen werden.

9. November

„Die Samenstränge legen sich aufs Gemüt", konstatierte Andreas N. heute früh unsere Situation. Talfahrt der Mitte, denke ich mir, sie betrifft auch mich.

„Sollen sie die Zehnte nächstes Mal noch machen, und dann gut", sagt Matthias. „Uns will doch hier gar keiner mehr. Ardeita nicht, Harar, Garadella hat nichts. Die könnten das alles auch selbst, so lange, wie sie die Karäten schon haben. Siehst doch, sie haben keine Arbeit für uns. Machen wir was, sitzen sie selber rum. Das war das letzte Mal für mich."

„Das erste und letzte", ergänzte Andreas N. „In ein anderes Land, meinetwegen, oder eine andere Gegend, aber nochmal in dieses Garadella - nicht für Geld."

„Es ist ja nicht bloß wegen des Geldes, daß wir hier sind. Im übrigen noch in der besten Ecke von Äthiopien", warf ich ein.

„Zumindest verhungert hier keiner." - Andreas.

„Sicher nicht bloß wegen Geld. Aber ich hab das einmal gesehen und gut. Nee, nochmal nicht."

Das haben in vergangenen Jahren auch jene Brigadisten gesagt, die jetzt wieder dabei sind. Es ist vielleicht weniger Zeichen einer definitiven Haltung, als einer Atmosphäre. Außerdem war uns auf den Magen geschlagen, was der Technikmanager, unser Kontrolletti, zu Helmut sagte: „Eine Werkzeugkiste genügt nicht. Die Leute stehen zuviel herum. Man müßte sie teilen."

Bei früheren Einsätzen war das geschehen, aber es hieße auch, daß nur eine Gruppe über das Fahrzeug verfügt. Nicht nur, um unsere persönlichen Sachen abzulegen, sondern auch für den Fall, daß wirklich mal etwas passiert. Vorerst war Helmut anders an die Sache herangegangen: „Wenn ihr keine Arbeit habt, heißt das doch, die Drescher laufen. Und das ist schließlich unser Ziel."

Mancher Einwand, den Matthias, wie auch immer motiviert, äußert, läßt sich nicht einfach vom Tisch wischen. Er war mehrere Jahre in Ungarn völlig auf sich gestellt. Die hiesige Brigadeatmosphäre, das auch aus Sicherheitsgründen herausgestellte Moment der Kollektivität, erscheint ihm entmündigend. „Voriges Jahr hab ich ein paar Mal die Schnauze aufgemacht. Kindergartenbrigade und sowas. Die Rechnung hab ich gekriegt. Aussprachen. Seitdem sag ich nichts mehr dazu."

Darüber läßt sich streiten. Ich bin Schlimmeres gewohnt und komme mir daher einigermaßen beweglich vor. Anderes regt nicht nur Matthias auf. Den Soli-Basar empfindet er als Betrug. „Denen, die sowieso nichts haben, wird das Geld aus der Tasche gezogen, und am Abend steigt eine Fete, die mehr kostet, als das Ganze einbringt. Wer hat denn was von dem Geld? Höchstens, daß sie wieder ein Büro einrichten."

Büros können wichtig sein. Aber Ursache für den Ärger ist eigentlich der Verkauf unserer leeren Blechbüchsen. „Ein Birr dafür. Ich habe Helmut schon letztes Jahr gesagt, was ich davon halte. Verschenken sollten sie die. Zeitungen oder was, das verstehe ich ja noch, aber mit den Konserven, das ist doch eine Schweinerei. Und kommen dann tausend Leute, wie voriges Jahr, hauen sie noch mit dem Knüppel dazwischen. Wenn du nicht aufpaßt, kriegst du selber eins ab."

Zweieinhalb Tausend Hektar sind inzwischen in Sirofta vom Feld. In Goffar aber, wo es in letzter Zeit am meisten regnete, blieben Anfang der Woche sechs Drescher im Schlamm stecken. Und heute Vormittag kam auf der Roughroad der Niva uns entgegen. Stoßdämpfer kaputt. Das war der zweite Wagen, der ausfiel. Auf der Rückfahrt begann dann die Lenkung des Toyotas zu schlagen. Später roch es nach heißen Bremsbelägen. Tebesa hielt, vielleicht einen Kilometer vor Garadella. Das linke Vorderrad hatte sich selbständig gemacht und war dabei, von der Achse zu wandern. Langsam kamen wir bis zum Camp und dort sahen wir uns das zerschlagene Radlager an. Damit fällt unsere Arbeitsgruppe morgen aus. Der Nissan mit elliptisch geschweißter Felge und einem neuen Hinterrad, geborgter Toyota-Batterie und kaputter Lichtmaschine wird fahren. Der Niva auch, nach Addis. Mit ihm wird Post von meiner Frau kommen. Wenn ich zu Hause bin, Arbeit oder nicht, werde ich mir selbst und unserer Familie eine Woche Urlaub abtrotzen.

Am Himmel ziehen Herbstwolken. Abends stürze ich mich in einen neuen Roman. Kräftige Lektüre brauche ich. Herbert Otto *Der Traum vom Elch*. Noch später knipse ich die Taschenlampe an und notiere:

Nicht nur das Dorf mit seinem Nichts an Möglichkeiten - niemand weiß mit Gewißheit zu sagen, ob es nicht doch von Malka Wakane (mit seinem Staudamm) überflutet wird - der fremde Kontinent erscheint dir zu eng, gerade weil er noch so viel Leid, so viel Hunger beherbergen muß. Und in den Halbschlafträumen tritt jede gewesene Liebe aus ihrem Versteck hervor. Erhoffte und erfüllte Nächte beginnen zu singen.

Du aber, Zuschauer, willfährig fast, sieh nur zu, ob deine heutige Liebe ihr Solo hält. Was davon abhängt, weißt du, hast es oft genug erfahren. Sie hält es. Das ist hier Glück.

10. November

Langsam werde ich wach. Als die Sonne zu wärmen beginnt und schlagartig der Wind aufkommt, trinken wir Kaffee. Jan ist mit nach Addis gefahren. Der Koch, Brigadeleiter ist Bernd. Fast den ganzen Tag verbringen wir in der Sonne, auch wenn wir arbeiten, und manchmal sehen wir den Krankenschwestern zu, die vor dem Hospital sitzen und sich nicht fotografieren lassen wollen.

Daniel kommt mit dem Pickup. Fünf neue Reifendecken hat er mitgebracht und Schläuche. Auch der Toyota, Tebesa freut sich darüber, so, wie er in kindlichem Erstaunen die Aktfotos - *santa madonna!* - im *Magazin* bestaunt, ist wieder fahrbereit.

Verse fallen mir ein und ich schreibe sie ab auf der Reiseschreibmaschine, hänge sie in den Klubraum mit anderem, schreibe dazu: *Herzlichen Glückwunsch zum Bergfest - Euer schreibendes Vorkommnis.*

Irgendwer, ich glaube Andreas N., hat mich so getauft. Und wieder erliege ich Liedern, die an nicht gesehene westliche Landschaften erinnern und nicht geschriebene Lieder. Einen Tag lang die hier gelebte Landschaft teilen können mit dem, den man liebt. Um etwas anderes scheinen auch diese Melodien nicht zu bitten. Ich bin nur halb. Der Spiegel verrät es, die Verspannung in den Bewegungen, der erstickte Tanz.

Aber die Trauer kommt nicht auf gegen diese mit Tönen verbündete Sonne. Ich lese, schreibe. Am Nachmittag dusche ich. Leser wieder, bis die Jungs aus Goffar wiederkommen. Da gleitet der Feier- in den Alltag zurück. Die Maschine preßt mich zurück in meinen vorgesehenen Sitz. Ausgeruht fällt mir die Anpassung leicht.

Morgen werde ich wieder mit draußen sein, und wenn ich Glück habe, gibt es Arbeit genug. Dann vergeht die Zeit, und dadurch, daß sie es eilig hat, erhält sie ihren Wert, ihren Sinn. Wir können sie antreiben oder aufhalten. Aber das liegt nicht nur bei uns.

11. November

Die mich umgebenden Charaktere, was wunder bei solchem Auftrag, sind keine drastischen Naturen, die sich dem Betrachter aufdrängen. Sie aber zu durchschauen, durchdringen, fehlt mir selber die Ruhe, das Annäherungsvermögen (*Werde ich jemals Menschenkenntnis besitzen?* - *Aurelie* zum *Meister*. Das stimmt noch immer), vielleicht auch Lust.

Detlef fragt, wenn er den Rekorder anschaltet, ob es mich stört, und kann Modeworte wie *geil* nicht ausstehen. Thomas, überraschend manchmal, erzählt ein paar Sätze von sich. Seine Arbeitsgruppe hat ein paar Stangen von einer Mähdrescherhaspel mitgebracht. Der Verwendungszweck wird sich morgen herausstellen beim Bergfest. Ein bißchen ärgere ich mich, weil wir nichts weiter zustande bringen werden als *Es gibt kein Bier auf der Farm*. Thomas in seinem Dorf ist Mitglied des Elferrates, erfuhr ich. Von dort hat er einige Einfälle mitgebracht. Die anderthalb Dutzend Leute bei ihm zu Hause finden sich jedes Jahr im Oktober zusammen. In der Kneipe zuerst, um zu spinnen, später *auf dem Saal*, der ungefähr hundert Leute faßt, um ein kleines Programm zu proben, mit dem sie dann im Februar zum Fasching auftreten. Der Saal finanziert sich weitgehend selbst, beim Fasching mit *Heiraten* und *Polizei*, denn eine Kapelle ist kaum noch unter tausend Mark zu bekommen.

Sechs Briefe hatte meine Frau mir geschrieben, drei kamen, und eine Karte dazu, aus Berlin. Einer von Steffen Peltsch. Ich öffnete sie alle, sortierte und begann zu lesen. Zwei Stunden vorher hatte ich noch allerlei finstere Gedanken und wie die meisten dieser Art, gingen sie ein bißchen am Leben vorbei. Das war jetzt anders. Nicht, daß ich in den Briefen keine Probleme gefunden hätte, aber statt mir wie vorher zu sagen: Eigentlich könntest du auch jetzt schon fahren..., war ich jetzt wieder ganz hier.

Zuerst die Zeilen von Steffen, das versprach Spaß und Einstimmung, dachte ich und hatte Recht. Hinter den Späßen aber, auch das lange erwartet, großer Ernst. Er will über Hans schreiben, die Erinnerungen überholen das eben noch Gewußte, erklären es zum Halbrichtigen, lenken ab. Mir ging es nicht anders. Daß er die entstandene Pause aber nutzte, mir zu schreiben, machte mich froh.

Daß ich mich auf meine Frau verlassen kann, weiß ich. Ihre Briefe strahlen Wärme aus. Der Ton ist ein paar Nuancen ernster geworden, so wie es eben auch schwerer wird allein für sie und unser Kind. Aber ich meine auch herauszuspüren, daß sie sich eingelassen hat auf diese Zeit. Die innerlich so bedeutsam und wichtig ist, darf auch äußerlich nicht inhaltslos werden. Das ist im Augenblick wohl der Kampf, den meine Frau ausfechten muß. Er wird uns näher zueinander führen. Ich weiß das.

Wenn ich lese, wie nah sich zuweilen unsere Gedanken sind, auch jetzt, bin ich ein bißchen ruhiger und ein bißchen mehr in die Pflicht genommen auch. Unser Kind will wohl ein unruhevolles Menschenkind werden. So wünschen wir es uns. So soll es sein.

Kopfschmerzen machen mir andere Dinge, größere und sehr große. Die Wohnungsgeschichte bewegt sich nicht voran. Wir müssen wieder einmal Hilfe in Anspruch nehmen und gerade darauf waren wir nicht aus. Woran auch meine Frau immer wieder denkt: *Es gibt eine Chance für den Frieden, eine Chance...* Was das Gipfeltreffen wirklich bringen wird, weiß niemand genau.

Du mußt bald schreiben, dachte ich noch, ganz warm und lieb, daß sie dich spürt wie in einem guten Moment. Und sah die Hochzeitsbilder vor mir.

12. November

Schrieb ich schon, daß Helmut zwei Kücken aus Addis mitgebracht hat? Sie wohnen in einem strohgepolsterten Pappkarton, im Augenblick noch in der Küche, wo sie tapfer den vielen Beinen der Menschen ausweichen und sich so ihr eigenes Terrain erobern.

Blacky scheint die neue Gesellschaft zu respektieren. Erhaben über so viel jugendlichen Leichtsinn, öffnet er kaum die Augen und beharrt auf seinem Stammplatz.

Friedlich geht es zu. Auch unsere Bewegungen waren ein bißchen träger als sonst. Wir blinzelten in den Morgen, spürten das Wasser auf der Haut und versuchten, die Kater zu vertreiben, die schmiegsam und anhänglich unsere Beine umstrichen.

Als unsere Gruppe schon ein ganzes Stück gefahren war, fiel uns auf, daß wir Tee und Kühltasche vergessen hatten. Also zurück. Daß auch der Wasserkanister fehlte, merkten wir erst später auf der Farm, und auch, daß der Teekanister nur viertel voll war.

Bibi war ziemlich froh, zur Farm fahren zu müssen. Er war merkwürdig still, während wir uns an ein paar Dreschern zu schaffen machten. Der Stellplatz befindet sich jetzt unmittelbar neben dem Dorf am Abzweig nach Sirofta. Wie immer erlebten wir einen Tasfai, der sich über seine Leute mit nicht versiegender Stimmkraft aufregte.

Mittags fuhren wir dann zurück an den alten Platz neben der Wellblechhalle, linkerhand der Roughroad. Dort sind Getreideberge gewachsen. Männer schleppen leere Säcke heran und füllen sie auf einer Waage. Einundneunzig Kilogramm. Einhundert also, wenn man vom Meeresspiegel ausgeht. Kommt ein LKW oder Traktor zum Abfahren, oder werden die Säcke umgelagert, findet sich eine Gruppe von vielleicht zwanzig meist jungen Männern zusammen. Vier wuchten einem fünften den Sack auf den Rücken, der schleppt ihn im Trab zwanzig Meter. Begleitet wird diese Arbeit von einer Art rhythmischem Sprachgesang, der in unseren Ohren klingt wie: *Ananas, Ananas...* Er scheint die

Muskeln zu lockern, zugleich Spannung und Ansporn zu vermitteln, trotz seiner Monotonie.

Magere Körper, aber die Männer sind stolz auf ihre Arbeit, lächeln uns zu. Tebesa läßt sich animieren, zwei Mal einen Sack zu schleppen. Er selbst wiegt nur sechzig Kilo. Ich denke daran, wie sich aus alten Keilriemenscheiben und anderen Schrottteilen Sackkarren schweißen ließen. Wie diese Arbeit die Bandscheiben belastet, letztlich die Lebenserwartung senkt. Haben wir nicht genug Leute gesehen, die an Stöcken gingen, zehn und mehr Jahre älter wirkten, als sie in Wirklichkeit waren? Und Andreas N. sagt: „Die werden doch nur vierzig oder fünfzig. Wenn sie älter würden, das gäbe einen Bevölkerungsschub, den sie sich gar nicht leisten könnten."

Ich fürchte sogar, er hat, für jetzt und morgen, Recht, aber ist dieses Denken deshalb weniger unmenschlich?

Feiern kann nur, wer sich darauf gefreut hat. Heute war Bergfest. Helmuts Idee, jede Arbeitsgruppe einen Beitrag leisten zu lassen, sorgte nicht nur für ein buntes Programmchen, sondern auch dafür, daß alle irgendwie beteiligt und also bei der Sache waren. Daß es so etwas wie Aufregung gab, berührte mich angenehm, und über mich selbst begann ich zu lächeln, als auch ich mir meines Lampenfiebers bewußt wurde.

Die Gofferaner zogen sich zur Probe zurück. Unsere Gäste stellten sich ein, Klaus und Jürgen mit ihren indischen Kollegen, der Ingenieur aus Addis, Daniel natürlich auch. Die Getränke waren bereitgestellt, das kalte Buffet fertig. Sogar Pommes Frites gab es, Kotelett, Kaßler, Schnittkäse, Fruchtsalat mit Melone und Ananas, Würstchen und Avocadosalat, den Andreas *grüne Radiergummis* titulierte, womit er deutlich Helmuts Stolz beschädigte.

Bernd, eine perfekte Kaltmamsell, hatte unter Zuhilfenahme von Rotwein einen Fruchtcocktail gezaubert, Jan gebrutzelt und garniert. Aber was wäre das alles gewesen ohne die Lust der Männer, ihr Vergnügen und den Willen, etwas aus diesem Abend zu machen, was ein bißchen über Essen und Trinken hinausgeht.

Der offiziellen Reden hatte sich Helmut schon beim Abendessen entledigt. Jetzt nahm er, Detlef hatte am Nachmittag ein entsprechendes Certificat gemalt, Daniel als vierzehntes Brigademitglied auf. Danach war die Reihe an mir, Jan als Meister der afrikanischen Kochkunst auszuzeichnen. Auch für ihn war eine Urkunde vorhanden, auf die Andreas einen riesigen Kochtopf zeichnete, in dem ein paar Magazin-Damen schwammen und der mit einem (armer Heine) Text nach den *Webern* versehen war. *Im düstren Auge keine Träne, steht Jan am Kochtopf und fletscht die Zähne...*

Die ersten Schnäpse machten die Runde. Aufgelegt für diesen Abend waren alle. Mit Helmut machte ich dann das Quiz - und siehe und staune, einer der beiden stillen Inder gewann mit neun von zehn Punkten. Als wir ihm die Flasche Kognak gaben, freute er sich jungenhaft und umarmte strahlend seinen Nachbarn. Bei den anderen hatte das Lachen freie Bahn.

Nur unsere Fahrer waren trotz wortreicher Erklärungen mit den Zettelchen nicht zurecht gekommen. Daniel zerknüllte ihre Zettel. *Ist nichts.* Solche Momente sind schmerzhaft für mich. Sie manifestieren ja auch die Hilflosigkeit, die aus der Unfähigkeit des Umgangs mit den einfachsten Dingen herrührt. Außerdem hätten wir es ihnen ja noch einmal extra erklären können, doch daran hatte niemand von uns und auch Daniel nicht gedacht. Er achtete mehr darauf, daß keiner der Fahrer zuviel trank.

Jan, Bernd und Helmut hatten sich eine Black Box einfallen lassen, die außen mit Aktfotos beklebt war (die zweite Phase nach der verbalerotischen; animiert dadurch, daß solche Bilder hier kaum bekannt sind) und Einblick in interessante Themen wie Sex und Gruppensex, das Leben afrikanischer Raubtiere, die nackte Frau auf dem Sofa versprach. Für zwanzig Cent durfte man einen Blick riskieren und blickte - in den Spiegel.

Dann kündigte Detlef das berühmte Garadella-Tropicana-Ensemble an, tanzten Thomas und Michael, die Lenden palmblätterbedeckt, zwischen den Haspelstangen. Andreas und ich stellten unsere Ouzo-Zeitung vor und hatten damit Erfolg. Sogar *Es gibt kein Bier auf der Farm* klappte inzwischen. So war der erste

Teil des Abends bald herum. Die Gäste hatten vergessen, daß sie beizeiten heimfahren wollten. Betten für sie standen bereit.

Neben mir saß der Ingenieur aus Addis. Er hatte die Möglichkeit gehabt, mit seiner Freundin in die DDR zu kommen. Während er Landwirtschaft studierte, war sie an der Hochschule für Ökonomie in Berlin. Geheiratet haben sie in Lichtenberg. *Mein Gastland DDR*, sagte er, und es klang nach Hochachtung. Er kennt die LPG Schönfeld bei Bernau, *Narva* und *Schilkin* aus dem Praktikum und ist begeistert. Für ihn Zukunftsmusik, aber: *Jedes Jahr ein paar Millimeter kommen wir voran.* Als Person blieb er unverbindlich und ungreifbar, aber auch er wurde allmählich betrunken. Als er mich dann anstieß und sagte: *Ich möchte gern trinken auf SED und Äthiopische Partei der Arbeit* und, in die fröhlichelaute Runde deutend, fragte: *Darf ich das?* fiel mir ein lange zurückliegendes Ereignis ein.

In der Druckerei hatten wir einen Genossen aus der Partei zu werfen trotz Tränen und Beteuerungen der Reue, weil er besoffen das *Deutschlandlied* gegrölt hatte, um damit polnische Gäste in einer Kneipe zu provozieren.

Dieser hier wurde zunehmend pathetisch, aber nicht salbungsvoll. Er konnte noch ebenso gut über den akuten Kadermangel, wie über die *internationale Mission* unserer Brigade sprechen.

Manchmal erscheint uns das vielleicht sogar lächerlich. Das Leben ist simpler und verzwickter. Aber wenn die Formel einen Halt bietet, den das Leben nur erst in Ansätzen und kaum sichtbar hat? Woher denn Mut und Kraft nehmen, diesem Volk vorauszugehen, und wie sich dagegen schützen, daß wieder nur ein neuer *Adel* entsteht? Das geschieht und wird geschehen, doch wie sich schützen vor seiner Übermacht?

Auch damit. Auch.

Wir saßen auch noch im Kerzenlicht. Geralds Freundin, Bauzeichnerin, hat ein kleines Aquarell geschickt. Nichts Umwerfendes, aber hübsch. Ihn hat sie aufgefordert, nun seinerseits zu zeichnen, was ihn umgibt. So hat er sich bei mir einen Bleistift geliehen und müht sich nun. Auf dem Foto an der Wand ist ein kleines spillriges Mädchen zu sehen. Beide scheinen gleichsam noch ein bißchen verspielt. Aber schlecht ist das nicht.

13. November

Eine der Maschinen zog Luft. Andreas und ich fuhren eine Runde mit, um den Schaden ausfindig zu machen. Das Schneidwerk fraß sich durch den Weizen. Es stiebte und die ungeschützten Augen begannen zu brennen. Bald waren die Sachen bestäubt, Staub und Spelzen juckten auf der Haut.

Der Mähdrescher ist tatsächlich wie ein Schiff. Wer von zu Hause seinen geraden Kurs gewohnt ist, gerät hier über die schlingernden Bewegungen in Erstaunen. Mußte der Vordermann einen Bogen schlagen, wird der nächste, übernächste und immer so fort, ihm folgen, statt geradeaus weiterzufahren, was schon beim zweiten effektiver wäre. Ebenso wurden alle Drescher auf der Parzelle weitergefahren, mag sie auch schon bis auf einen winzigen Rest zusammengeschmolzen sein, den einer dem anderen dann die Kreuze, die Quere streitig machte.

Herdenverhalten, statt Arbeitsorganisation. Der Weizen steht dicht und hat für hiesige Verhältnisse ansehnliche Ähren. Eine Bahn und der Bunker ist gefüllt. Aber die meisten Drescher fahren wieder mal zu schnell, der Dreschkorb, die Schüttler verstopfen. Zwangspausen. Unterbrechungen auch, um abzubunkern. Das geschieht zu Hause seit langem schon während der Fahrt. Sogar zum Fahrerwechsel gibt es kaum einen Halt. Wir sind aber nicht zu Hause und unserem Drescher ging blubbernd die Puste aus. Andreas beugte sich über den Motor, hielt den Kraftstofffilter in der Hand. Er war lose. Nachdem er angeschraubt war, lief die Maschine einwandfrei.

Wieder am Feldrand, kam einer der Ewigkaputten zu uns. Vormittags hatte Andreas N. ihn erstmal weggejagt, als er auf die Körnerspur hinter dem Drescher zeigte. *Soll ich's mit meinem Hut abdichten?* Jetzt versuchte Andreas dem Übel auf den Grund zu gehen. Verzogener Schneckenkasten, zu scharf eingestellter Wind, Risse am Schacht. Zudem sah ich durch eine Hülse von Dreck Hydrauliköl tropfen.

„Laß doch, Mensch", sagte Andreas N. Aber ich hatte die Hydraulikschnellkupplung schon beim Wickel. Nur war die Haspel nicht ganz unten. Nach ein paar Umdrehungen schoß mir das Öl ins Gesicht. Ich duckte mich und Andreas zuckte unter dem klatschenden Strahl auf seinem Rücken zusammen. Da standen wir, begossene Pudel, glänzendes Haar, glänzender Bart. Die Haspel war heruntergeknallt. Hätte jemand darunter gearbeitet, wären ihm ihre Zinken in den Nacken, den Rücken gefahren.

„Den hätten wir in einer Kiste heimfahren können", sagte Matthias.

Aber wäre es so gewesen, hätte ich eher *Feurio* gerufen, anstatt an der Leitung herum zu schrauben. Gleichviel, die Umherstehenden hatten ihren Spaß. Die Kupplung wurde durch einen Doppelnippel ersetzt. Mein Image als *schreibendes Vorkommnis* ist ölig poliert. Natürlich machen solche Geschichten nach Feierabend blitzartig die Runde und ihren Verursacher trifft freundlicher Spott.

Ich habe hier bis jetzt noch keine Gehässigkeiten erlebt, weder in Bezug auf mich, noch auf andere. Über *Otto* regen die Gofferaner sich zuweilen auf, aber auch dabei ist die Erregung gezügelt. Tagsüber auf der Farm flucht man sich frei und bremst einander, wenn die Lautstärke auch für die Äthiopier spürbar zunimmt. Selbst Matthias´ stereotype Unlustbekundungen sind so ernst nicht zu nehmen. Er braucht nur eine Atemlänge mehr, sich aufzuraffen, und hat er das getan, seine Runde gedreht und für sich zwischen wichtig und nebensächlich entschieden, geht er an die Arbeit, gelassener als Bibi, vielleicht auch eine Spur gleichgültiger, aber das wiederum läßt sich relativieren. Sei es durch mein neugierig-hartnäckiges Gefummel oder durch jemand anderes, Andreas etwa, der die Dinge leicht und besonnen angeht. Geärgert habe ich mich heute lediglich über eine Bemerkung von Andreas N.: „Hektar sollen sie bringen. Wie hoch der Ertrag ist, kann mir egal sein." Das eben ist es ja nicht. Auch wenn noch viel zu viel Unkenntnis und Schlamperei zum Opfer fällt. Ein bißchen beteiligt sind wir schon, äußerlich auf jeden Fall. Warum dann nicht auch innerlich?

Aus Addis sind Mitglieder der ständigen Brigade gekommen, Detlef, Bernd, das Urvieh Mäcki mit dem Hunger nach Spaß, und der Chef der Bildabteilung der *Jungen Welt*, Peter Kroh, ein Journalist gewordener Maschinenbauer. Mit einigen Kollegen führt er in Addis einen Lehrgang für Zeitungs- und Rundfunkleute durch.

Er kam rasch auf mich zu, fragte allerlei, hörte aber kaum zu. Am meisten sprach er von seiner Arbeit und sich, diesem und jenem Artikel, dieser und jener Serie. Er scheint im Einklang mit seiner Zeitung zu leben, was gewiß ein beneidenswerter Zustand ist. Seinen Chef hält er für den Größten. Das bewahrt vor häßlichen Reibungen. Das Angebot, Fortsetzungen für die Junge Welt zu machen, reizt mich unter diesem Sternchen nicht so sehr, wie der freundliche Tipp meiner Gefährten, auf Schlosser umzusatteln. Soll dieser Bildinformator getrost meine Gedichte mitnehmen und sie mit seinen Fotos im Blatt unterbringen. Damit wäre uns beiden gedient und wir kämen beide ohne unschöne Zusammenstöße davon.

Den Jungs scheint der Reporter auch nicht sonderlich angenehm aufgefallen zu sein. Sie hatten jedenfalls diebische Freude daran zu erzählen, wie der Watchman nach der Permission verlangte und ihn erst laufen ließ, nachdem er den Film belichtet hatte. Einen von fünfzehn, das schmälert nicht den heimlichen Triumph.

Ansonsten brachten auch die Gofferaner ihre Geschichte mit. Sie hatten einer jungen Mutti mit ihrem Säugling erlaubt, im Nissan mitzufahren. Nach einem guten Teil des Weges knöpfte sie ihre Bluse auf und gab, anstrengend für fünf unter Druck stehende Männer, ihrem Söhnchen die Brust, von der sie ebenso fasziniert waren, wie von der gar nicht schamhaften Selbstverständlichkeit, mit der das geschah.

Was uns im Gedächtnis blieb, war weniger schön. Heute sah ich die dritte Beerdigung hier, einen Trauerzug diesmal. Ihm voran trugen vier Männer eine geflochtene Bahre, auf der, mit weißem Leinen bedeckt, der Leichnam eines Kindes lag. Hinterdrein gingen Männer und Frauen, wenige, einige zu Pferd. Geboren wird und gestorben und auch hier ist es immer das einzige Leben, in dem wir nichts als Besucher sind. Was wissen wir schon?

Geschlagen wird und gestoßen, um ein bißchen Leichtmut gekämpft. Wir stehen dabei mit unsren oft so klugen Sprüchen. Aber schwer fällt es schon, sich nicht einzumischen. Wo man sich selbst verletzt fühlt, immer dann, wenn das leidet, was wir unter menschlicher Würde verstehen. Schwer fällt es zu begreifen, daß hier eine Umwälzung im Gange ist, sich zum Teil bereits vollzogen hat, daß wir schon ein neues, besseres Äthiopien erleben. Auch ich habe mich manchmal in die Zeit der sogenannten *großen* Kämpfe zurückgesehnt (heute träume ich öfter voraus, was machen die Späteren aus der Hinterlassenschaft; heute versuche ich öfter, mir ein Stückchen ihres Lachens zu stibitzen, um meiner Zeit Herr zu sein, meiner ganz persönlichen Zeit, die so vielen gehört). Hätte unser Mut, unser Selbstverständnis gereicht, sie nicht nur zu bestehen, sondern auch zu bewegen? Was ist das hier anderes, als solch ein Stück Vergangenheit, wo alles erst beginnt?

Kommen wir klar damit, Helfer statt Richter.

Gäbe es unter uns solche, die nicht nur ihren Unmut, ihre Skepsis herausstießen, sondern Unverständnis auch noch mit intellektuellen Phrasen würzten, wäre es wahrscheinlich unerträglich. Es passiert nicht. Wir tun, was wir uns zur Pflicht gemacht haben und was im Grunde längst Gewohnheit ist: unsere Arbeit.

14. November

Wir wollten nach Bokoji, beluden den Pickup mit Blechbüchsen, Zeitschriften und allen möglichen Kleinigkeiten, die wir gesammelt hatten, Hausrat auch und Abzeichen natürlich. Dafür sprang der Wagen erst einmal nicht an. Während wir die Kisten und Kasten mit Broschüren trugen, mokierte sich Jan (und sein Argument ist nicht von der Hand zu weisen): „Das hat mindestens fünftausend Dollar Transport gekostet. Hätten wir dieses Geld der REYA gegeben, wäre der Effekt größer."

Wie viel wiegt der politische Nutzen? Unbeantwortbare Frage. Wie viel ist er uns wert? Viertausend Dollar und mehr? Ganz schön selbstbewußt... Und doch. Die Sonne stand schon über den Bergen, als wir fuhren. Im Frühlicht, noch still aus der Ferne, lagen die Dörfer.

Bokoji ist eine kleine Stadt in der Region Arsi. Fließendes Wasser gibt es dort, Strom und sogar eine Straßenbeleuchtung. Der Sportplatz hat eine kleine Tribüne, und dort saßen wir zusammen mit den Vertretern der REYA, der Stadt, auch einem Offizier, der niemals während der folgenden Darbietungen klatschte. Typisch, dachte ich. Aber als ich selbst nach unten ging, wo die Leute standen, um zu fotografieren, sah ich, daß er fast die ganze Zeit lächelte, auch mit den Augen. Typisch, dachte ich wieder, und diesmal traf der Vorwurf mich selbst.

Das *Solidarity Meeting* hatte die Regions-REYA organisiert. Allerlei Volk war anwesend, sehr viele Kinder und auch ein Soldat mit alter sowjetischer MPi, Ordnungskräfte, die mit Gerten und langen Streifen Baumrinde als Peitsche Platz schafften, wenn sie es für nötig hielten. Das sieht manchmal gespenstisch aus, gerade wenn es während einer der Reden geschieht. Auch, weil es kaum von Worten begleitet wird, auch nicht solchen des Protestes. Die Leute weichen, wenn sie es, vor allem die Kinder, überhaupt können, zurück, manchmal, selten, wenn ein Streich sie wirklich traf, mit verzerrtem Gesicht. Aber es gibt keine Eskalation von Aggressivität.

Einer, aus irgendeinem Grunde, wurde während Helmuts Rede aus der hintersten Reihe abgeführt. Da trottete man hin und guckte zu. Helmut verlor dieser Art für kurze Zeit ein Viertel seiner Zuhörer, die treu an ihren Platz zurückkehrten, als die unspektakuläre Aktion vorbei war.

Mir saß ein Lachen im Hals und dann kam wieder der Gedanke, wie weit Führer und Geführte hier noch auseinander sind. Wie viel Demokratie ist beim heutigen Stand der Entwicklung überhaupt möglich und wie groß ist die Verführung für die Führenden, es auch späterhin bei diesem Verhältnis zu belassen?

Schon mein eigenes Bild von der Mündigkeit des Einzelnen in der Gesellschaft, seinem Bedürfnis danach und seiner erlernten Fähigkeit dazu, erweist sich oft genug als unsicher (das muß nicht an dem Einzelnen liegen). Wo beginnen auf diesem Teil der Erde die Illusionen über das Machbare? *Ethiopia Tikdem!* Äthiopien voran!

Das Kulturprogramm nahm seinen Lauf. An einem ziemlich alten, einfachen Schlagzeug saß ein Junge, eine gemischte Gruppe sang und tanzte dazu. Als sich ihre Stimmkraft als zu kurz erwies, wurde ein Megaphon heran geschafft. Manche der Tänze hatten scheinbar agitatorische Funktion, waren einfach und didaktisch gehalten, erzählten Geschichten. Warum das Gewehr nötig ist. Wie eine Gruppe Männer, darunter ein kleiner Schönling, um ein Mädchen wirbt, bis schließlich der letzte Anwärter von einem anderen mit dem Messer vertrieben wird, und dergleichen. Alles war sicher gründlich geprobt worden und doch improvisiert genug, um nicht angestrengt zu wirken.

Später kam eine Gruppe von vielleicht vierzig Kindern von sechs bis zehn Jahren auf den Platz, einheitlich gekleidet in den Farben des Landes und geleitet von einem Trainer oder Sportlehrer. Stumm liefen die Übungen ab, nur unterbrochen durch die Kommandos mit der Trillerpfeife. Drill, der hübschen Verpackung benommen. Es wirkte deprimierend, und tröstlich war einzig, daß es nichts Vollendetes, bis zum Schluß Einexerziertes gab. Die Kinder blieben Kinder. Sie taten etwas Fremdes und das können Kinder nicht. Nicht so, daß sie darin verschwinden, nicht diese.

Der zweite Teil ihrer Gymnastik war von Klatschen und einer Art Sprechgesang begleitet. Rückkehr ins Spiel, wo man laut sein darf, springen und endlich auch allein seine Kunst zeigen mit Luftrollen, Radschlagen, Yoga-Übungen. Sehr ernst und bei der Sache und gar nicht verkrampft.

Dann die Vorbereitung aufs Tischtennisspiel. Noch immer saßen ein paar hundert Leute auf dem Platz. „Das Leben hier", sagte einer, Helmut vielleicht oder Bernd: „ist nicht so schnellebig wie bei uns. Da ist dieser Tag ein Höhepunkt für längere Zeit."

Jeder Profi wäre erblaßt, hätte er Mäckis Auftritt erlebt. Über das Krümelchen Hoffnung hinweg, wir könnten gewinnen, macht er von Anfang an einen Spaß aus der Sache, und natürlich gewannen weder er, noch Helmut und Peter Kroh gegen die munter schnippelnden Äthiopier. Auch das folgende Volleyballmatch war nach zwei Sätzen gegen uns entschieden.

Parallel dazu lief bereits der Solidaritätsbasar. Für die Funktionäre der REYA gab es einen Vorverkauf. Aufgebaut hatten wir unsere Stände in einem leeren, halbdunklen Raum auf Bänken und Tischtennisplatten. Staub flirrte im Licht, das durch die zwei Fenster einfiel.

Die Preise waren mit Daniel zusammen festgelegt worden, gehandelt sollte nicht werden. Nur einer feilschte, der zweite Regionssekretär, amtierender Chef. Daniel zuckte die Schultern: *He is the Chief.* Helmut zuckte die Schultern. *Das einzige Privileg des Kommunisten ist es, vorauszugehen im Kampf.* Hieß es einst. Wo stimmt das noch? Bei uns so wenig wie hier. Bitter macht das. Unsere Jungs sind nicht blind. Wer fragt noch, woher die Müdigkeit kommt, schleichend, die Resignation: *He is the Chief.* Ihm wird niemand das sagen. Auch unsere Jungs öffnen den Mund nur untereinander, aber ich gehöre dazu.

Als sich herumgesprochen hatte, daß und was verkauft wurde, mußten ein paar Leute sich in die Tür stellen, um den Ansturm zurückzudrängen. So blieb es bis zur letzten Konservendose.

Manche verkauften die gerade erworbenen Zeitungen draußen weiter. Einer legte neunzig Birr für Besteck und Geschirr auf den Tisch. Die nach Dosen verlangten, waren zumeist ärmere Leute, Frauen und Mädchen, die ihre Münzen an der Brust oder ins Kopftuch geknotet tragen, kleine Münzen, und die das Blech genau prüften, bevor sie sich entschieden, ob diese oder eine andere. Das Geld floß zusammen und Verkaufen macht Spaß. Aber manchmal sind es zu viele ausgestreckte Hände, bittende Augen. Und daß sie auch dann noch lächeln können, ist schwer zu verstehen.

Mittagessen gab es im Ausbildungszentrum der Southern Cooperation, einem großen, hallenartigen Bau von etwa fünfundzwanzig mal zwanzig Metern, der gewöhnlich als Unterrichtsraum dient. Als wir dorthin fahren wollten, war *Otto*, wie die Gofferaner ihren Fahrer getauft haben, verschwunden. Damit war der erste Krach mit Daniel programmiert, auch wenn Mäcki, der Schlüssel steckte ja, sich erst einmal ans Steuer setzte.

Später sollte noch einmal Streit ausbrechen, weil Daniel den Leuten einen Auftrag gab und diese unverrichteter Dinge, dafür mit einer Fahne, zurück kamen. Schließlich hatte Tebesa am Morgen gemault, als der Pickup sein Ersatzrad beanspruchte. Aber vorerst, wie gesagt, schwelte es nur.

Es gab Inshera, Tipse, Gemüse. Bernd saß neben mir und rührte nichts an. Detlef aus der Ständigen aß mit Appetit und sagte zwischendurch: „Du wolltest doch ins Land raus. Das Essen hier ist noch gut, nichts dran zu tippen."

Bibi, der *unpäßlich* war, solidarisierte sich mit Bernd und ich schaufelte. Unsichtbare Polarisation.

Nach dem Essen dann eine Überraschung: Unsere Fußballmannschaft war nicht komplett. Was blieb mir also übrig, als mich umzuziehen und mir das große, große Feld anzugucken. Mäcki machte mir ein bißchen Mut und ich versuchte, das Publikum zu übersehen. Los ging´s. Nach zehn Minuten hatte ich zwanzig Schachteln *Semper* auf den Rasen gepustet oder mehr. Aber es gab lichte Augenblicke, da mir der Ball auf den Fuß geriet, und zur Halbzeit stand es noch null zu null. Unter dem Blick der Leute, ein Mädchen entblößt wie unabsichtlich die Brust, zum Wasserhahn gehen, den Nacken darunter halten, eine Zigarette rauchen. Dann die zweite Halbzeit und bald darauf das erste Tor. Gegen uns. Dabei bleibt´s und wir sind nicht traurig über das Ergebnis.

In einigen Minuten des Spiels erfaßte mich eine Ahnung, warum dieses Spiel Fanatiker, aktive und passive, hervorbringt, und heute war es mir recht.

Nebenan ging der Basar weiter und ich machte mich daran, die Einnahmen zu zählen. Helmut fordert mich auf, dreißig Birr für die Küchenkasse abzuziehen (zufällig die gleiche Summe, die der REYA-Chef heruntergehandelt hat; wird man solcherart quitt?) Trotzdem blieben unter dem Strich 1.338 Birr, fast doppelt so viel, wie im vergangenen Jahr.

Inzwischen wurden im Hof des Hauses drei Hammel geschlachtet. Häute, Köpfe und Hoden liegen im Gras. Ein halbes Dutzend Männer und Frauen zerlegen das Fleisch. Kleine Feuer mit Eukalyptusholz werden entfacht. Ihr Rauch verströmt würzigen Duft. Flache Eisenschalen werden auf Steine gelegt. So bereitet man hier das Mahl seit Jahrhunderten, ich weiß nicht, wie lange schon.

Mit Gerald folgte ich Bernd und Thomas, die sich auf den Weg zur Kneipe gemacht haben. Ein diesiger Abend senkt sich herab. Ein Betrunkener wirft mit Steinen nach Kindern und fällt auf die Knie. Die Leute aus Addis und der Fotoreporter haben sich schon verabschiedet. Hinter den Zäunen, die kaum ein Hindernis wären, hantieren in kleinen Vorgärten Mädchen und junge Frauen. Neugierige schöne Gesichter. Vor einer Tür glimmt Holzkohle im Kaffeeöfchen. Kinder treiben das Vieh zum heimatlichen Hof. Lange Staubfahnen hinterlassend, prescht ein Toyota vorbei. Die Straßenbeleuchtung, eine Glühbirne alle dreißig bis fünfzig Meter, leuchtet auf. Auch Frauen sind noch allein unterwegs. Ihre weißen Umhänge tauchen aus der Dunkelheit auf und verschwinden wie Schatten.

In der Kneipe saßen Männer bei Tee, Bier oder Milch. Die Wände waren geschmückt mit einfachen großflächigen Bildern, an denen eigentlich nichts stimmt, keine Perspektive, keine Proportion. Aber die menschlichen Augen der Tiere...

Auf den Feuern garte das Fleisch, Bier gab es, Gin und Brandy. Auch die Mädchen ließen sich auf herangerückten Bänken nieder und ein alter, graustoppliger Mann wendete den Braten, würzte mit Zwiebel, Salz und Öl. Über uns die Sterne. Michael flirtete mit einer Schülerin. Abschiedsreden. Um neun fuhren wir. Comerad Lemmer vergewisserte sich noch, daß ich ein Poem dichten werde über diese Aktivität. Heldenlieder machen einen Großteil der äthiopischen Literatur aus. Natürlich versprach ich es. Daß er im Tischtennis gewonnen hat, werde ich besingen, und den zweiten Sekretär. Über uns die Sterne. Als wir am Straßenrand hielten, um das Wasser abzuschlagen, kam Daniel, beschimpfte Tebesa und seine Hand verfehlte knapp dessen Gesicht.

Was später passierte, haben mir die anderen erzählt. Tebesa und Hussein rauchten, als Daniel im Camp aus seinem Toyota sprang und Tebesa mit einem Knüppel zusammenschlug. Als Tebesa schon lag, ging Hussein dazwischen. Wir wissen nicht, was dem im Einzelnen vorausging.

Nach Daniels Version hat er Tebesa mehrfach beim Trinken erwischt und der sei handgreiflich geworden, lebe auch sonst nicht in Eintracht mit den anderen Fahrern.

Das alles kann sein, selbst wenn wir nie größeren Ärger mit Tebesa hatten. Aber ich hasse Schläge, und Schläge auf einen Wehrlosen kann niemand entschuldigen. Ich jedenfalls nicht. Helmut verlangt Neutralität. *Nicht unsere Sache.* Halts Maul und schreib ein Gedicht. Sagt keiner. Denke ich. Scheiße.

15. November

Bibi, als ich ihm gestern klagte, mit dem Tagebuch nicht mehr nachzukommen, bewilligte mir anstandslos meinen Waschtag und ebenso bereitwillig tauschte Andreas dafür. Komisch, daß ich mich darüber wundere, angenommen zu werden. Habe ich Komplexe oder im Innersten das Gefühl, nicht ganz ehrlich zu sein, einen Teil von mir, einen wichtigen, zu verschließen?

Jedenfalls konnte ich heute morgen bleiben, meine Wäsche einweichen und mich an die Aufzeichnungen setzen. Zuerst aber guckte ich die Zeitungen durch. Ich genieße diese Ruhe, auch die Abwesenheit von Musik. Draußen ging ein scharfer Wind und in der Küche tschilpten und pickten unermüdlich Helmuts Kücken. Während wir unseren Kaffee tranken, nahm er sie beide auf den Schoß, wärmte sie mit den Händen. Davon wurden sie still. Seine Liebe erstreckt sich nicht nur auf Kinder: „Ist doch jedes kleine Lebewesen was Schönes."

Später saß ich in der Sonne vorm Haus und zog mich schließlich mit Tisch und Stuhl in den Waschraum zurück vor dem Wind. Am späten Vormittag kommt die REYA-Delegation: *Inspection of the living condition of the FDJ friendship brigade in Garadella*, heißt es im Programm. Sie haben einen Kasten Bier mitgebracht und Schnaps. Jan hat weiße Bohnen gekocht: „Wir müssen auch Inshera essen."

Nur langsam kommt das Gespräch in Gang. Beschreibung der Arbeit, Erklärung der Fahnen, Bilder, Wimpel. Welche Erfahrungen der FDJ sind für uns beim Aufbau der REYA wichtig? Wo soll man da anfangen? Thomas und ich sind ohnehin nur *Beisitzer* und schließlich hau ich ab in mein neues Domizil.

Eigentlich wollte Helmut mit der Delegation noch auf die Farm nach Goffar, aber bevor es so weit ist, kommt der Nissan. Goffar hat keinen Diesel mehr. Seit vorgestern wird nicht mehr gedroschen. Keine Arbeit.

Dann sollen sie waschen, meint Helmut, aber keiner tut es, die meisten haben kaum etwas. *Dann bekommen sie diese Woche kei-*

nen Waschtag mehr. Die Atmosphäre heizt sich unmerklich auf. Ursache ist, was gestern passierte. Von Ablösungen wird gesprochen: Tebesa, vielleicht auch Daniels Fahrer, vielleicht auch Hussein. *Und warum nicht Daniel?* fragt beim Abendbrot einer. Unmut kommt hoch. Dampf ablassen, wenigstens in unserer Runde. Auch ich. *Wir mischen uns nicht ein. Wir unterschreiben auch nichts* (Tebesa hat wohl eine Beschwerde vorbereitet). *Wir mischen uns nicht ein. Ihre Gründe. Ihre Sache. Habt ihr verstanden?*

Für die Jungs Badewasser machen. Ein bißchen freundlich sein.

16. November

Seit der Gründung der Staatsfarm Goffar gibt es zwischen ihr und den Bauern Streitigkeiten um bebautes Land. Gestern trieben die Bauern ihr Vieh in die reife Gerste. Die Watchmen schossen. Ein Arbeiter der Farm wurde verletzt, ein Bauer erschossen, fünf weitere verwundet.

Helmut erfuhr davon, als er heute in Goffar war. Er wies an, daß unsere Leute ab sofort nur noch in der Werkstatt arbeiten und die Feldrandbetreuung in Goffar einstellen. Einer aus der Arbeitsgruppe wird nach Sirofta abgestellt.

Unser Komplex drischt jetzt schon am Fuß der Bale Mountains, in einer geschwungenen Hügellandschaft, wo das Tiefgrün der Bäume und das hellere der Sträucher versucht, das Gelb und die Staubtöne, die Wege und abgeernteten Felder beherrschen, aufzumuntern. Eine bewegte und doch scheinbar kaum berührte Landschaft.

Einzelne Reiter ziehen durchs Tal wie in einem Film. Aber man sitzt nicht geschützt im Kino. Der Wind fährt unter die Jacke, die Sonne beginnt erst am späten Vormittag zu wärmen. Zu tun gibt es genug. Alle Mähdrescher sind hier, siebzig Kilometer von Garadella entfernt, konzentriert. So stehen immer zwei, drei, vier bei der Werkstatt. Manche lange, weil ein Teil erst beschafft werden muß mit dem Pickup der Farm, mit dem einer vom Management täglich seine Kontrollrunden unternimmt.

Die Leute hier haben ein scharfes Gedächtnis. Da zeigt uns einer, wie er den sechsfederigen Expander spannen kann. Es ist ein DDR-Produkt. *Jaja.* Und schon holt er ein Paßbild heraus: *Zur Erinnerung an deinen Freund Axel Wilgrim.* Ob wir den kennen? Er war vor fünf Jahren mit einer Brigade der Freundschaft hier. Ob er sich noch an Äthiopien erinnert?

Tebesa ist heute abgelöst worden. Von einem Tag auf den anderen hat Daniel einen neuen Fahrer geholt. Vor einigen Jahren hat solch ein Wechsel Wochen gedauert.

Ich habe finstere Vorstellungen dergestalt, daß Daniel seinen neuen Mann längst in Reserve hatte. Wer weiß genau, was zwischen ihm und Tebesa ist. Rücksichtslosigkeit scheint hierzulande noch allemal zu gelten. Wen stört's, daß der Newcomer noch nie Toyota gefahren ist, weder weiß, wo das Zündschloß, noch wo die Türarretierung sich befindet. Fader Geschmack und wenig Lust auf Comerad Daniel (der eigentlich Dagese heißt). Abwarten. Natürlich war Tebesa geknickt. Er konnte sich nicht einmal mehr von allen verabschieden und seine Fahrerkarriere ist unterbrochen, wenn nicht beendet.

Viertausend Hektar sind abgeerntet. Sechstausend Kilometer sind wir mit dem Wagen gefahren. Die Tage gehen wieder mit größeren Schritten.

17. November

Auch in Garadella waren gestern, sehr früh am Morgen, Schüsse zu hören. Woher sie kamen, war nicht auszumachen zwischen den Bergen. Helmut, der ohnehin seinen Bericht für die Botschafts-Sicherheit schreiben mußte, bat Dagese, in Erfahrung zu bringen, was los war. Die Ähiopier ziehen es ansonsten vor, uns im Ungewissen zu lassen. Sie wollen keine Beunruhigung und scheinen nicht zu wissen, daß sie damit das Gegenteil bewirken. Mit manchem Verantwortlichen in der DDR geht es uns ja genauso.

In Goffar ist die Staatsfarm inzwischen von einem doppelten Stacheldrahtzaun umgeben. Aus Asella sind Funktionäre der Partei und der REYA gekommen, Polizisten und zusätzliche Watchmen. Es war wohl so, daß der Zusammenstoß mit den Drescherfahrern begonnen hatte.

Ein bißchen Unruhe ist nun auch in den Jungs, wohlverborgen freilich. Jedenfalls lassen auch wir das Auto nicht mehr weg, wenn wir auf dem Feld draußen sind.

Was für eine friedliche Stimmung, Arbeit ohne Hektik, Arbeit für Brot. Pferde ziehen vorbei, in den Stoppeln weiden Rinder, geduldig und langmütig brummt das alte Schweißaggregat. Hammerschläge, Vögel, Wind. Sonst nichts.

Unser neuer Fahrer war sehr still. Wir könnten uns mit ihm verständigen, er spricht englisch. Aber es fällt schwer, nicht ungerecht zu sein, ihn nicht zu schneiden. Dem alten psychologischen Mechanismus, den Newcomer mitschuldig zu machen, muß man sich sehr bewußt entziehen. Auch draußen sagte einer der Schlosser: *Where is your operator? He is a very good man. But in Ethiopia have you some Scheiß-peoples.*

Tebesa hatte in Asassa auf uns gewartet. Er lachte (vor zwei Tagen hat er im Wagen geheult), umarmte uns nochmal. Bibi verkaufte ihm zum Abschied eine Montur. Angeblich soll Tebesa jetzt zu einem Lehrgang fahren, aber die wenigsten glauben das.

Der neue Fahrer, etwas jünger und mit weichen Händen,

schaute der Szene zu und konnte sich schließlich auch das Lächeln nicht verkneifen. Mühe gab er sich beim Fahren und als ich die Landschaft fotografieren wollte, fuhr er langsamer.

Nachts dann fror ich trotz Trainingsjacke. Die Temperaturen liegen nur knapp über dem Gefrierpunkt und jeder Morgen schüttelt erst einmal die Zähne durch. Das erste Mal erwache ich schon in der Dämmerung und brauche dann lange, wirklich wach zu werden. Aber das alles wußten wir ja im vorhinein.

Wie schnell Entschlüsse ins Wanken geraten, merkten wir am Nachmittag. Dem Pickup der Farm war ein Vorderrad davongelaufen. Unter diesen Umständen konnte Bibi es gar nicht ablehnen, nach Ersatzteilen zum Workshop zu fahren.

Immer wieder Probleme mit Teilen. Wir sitzen stundenlang herum, die Maschinen müssen warten. Ist endlich da, was wir brauchen, haben wir Feierabend. Fast alle begrüßen uns nun schon namentlich. Manchmal kommt ein Gespräch zustande in englischer Sprache. Keiner, der bisher nicht sein Land gelobt hätte, diesen Weg. Bei der Rückfahrt sahen wir auch in Sirofta einen LKW, der mit äthiopischer Fahne und Palmwedel geschmückt und zum Überquellen mit Jungs beladen war. Einberufung. Ein paar Kilometer weiter, an der Kreuzung ein Pickup mit aufgebautem Megaphon, roter und rotgelbgrüner Flagge. Agitation. Frauen und Mädchen umstanden ihn, nur wenige Männer. Die polemisch eifrige Stimme des Sprechers wechselte mit Musik. Der Abend war still, beinahe leer, ausgetrunken, erschöpft.

18. November

Es hatte bereits den Anschein, als wollte dies wieder ein Tag ohne alle Besonderheit werden, ein Alltag in der trügerischen Vergessenheit der Berge, abseits der Verkehrsader, über die Staub aufwirbelnd schwere LKWs ziehen. Die Lautlosigkeit der Rinderherden und die Lautlosigkeit der Ährensammlerinnen umgaben unsere Insel von Maschinen, laufenden Motoren, Schweißgenerator und Traktoren. Wir hatten Zeit, Menschen und Landschaft zu fotografieren, mit Leuten über Belanglosigkeiten zu plaudern, zu genießen, daß wir aufgenommen sind, uns wieder einmal zu ärgern über fehlende Teile oder ungeschickte oder unlustige Helfer.

Abends zeigte unser neuer Fahrer, daß er auch langsam fahren kann. Dem Nissan begegneten wir nicht, auch nicht in Asassa. Als er eine halbe Stunde überfällig war, wurde Bibi nervös. Sollte auch Helmut sich verspäten, müßten wir Richtung Asella entgegenfahren. Womit, wenn der Toyota unterwegs nach Goffar ist? Trotzdem entschieden wir so, und die Zurückgebliebenen hatten sich gerade über das Abendessen hergemacht, als Nissan und Toyota eintrafen.

Diesmal hatte es Schwierigkeiten mit dem Vergaser gegeben, das hatten wir noch nicht. Gegen zwanzig Uhr, wieder saßen die Leute samt Fahrer schon im Wagen, kamen auch die beiden Nivas aus Addis Abeba. Außer Helmut und Bernd der neue Leiter der ständigen Brigade, Heinz, und Lothar, ein Fett ansetzender Zentralratsfunktionär, der vor vier oder fünf Jahren selbst einmal Brigadeleiter war.

Er hatte, das muß man ihm lassen, an uns gedacht. In seinem Gepäck steckten nicht nur vier Flaschen Kastell und ein Black&White, sondern auch eine Rotwurst vom Privatfleischer in Berlin, doppelt geräuchert, *extra fürs Ausland*. Das patriotische Ethos des Handwerkers.

Ein bißchen trauriger war die anschließende Versammlung. Hier drängte sich allzu sehr der Vergleich mit einem Fleischwolf auf, in den man oben das Parteichinesisch hineindrückt, damit er, wenn er sich dreht, unten die zerkleinerten aktuellen Versatzstücke ausspuckt. Vielleicht ist das ungerecht, aber auch Grüße von Eberhard Aurich machen mich nicht froh, wenn sie eingebettet sind in die ständige Erfolgssuggestion des noch mehr, noch intensiver, noch Reserven, *aber das schreiben wir nicht so konkret in die Junge Welt*, einherkommen, um schließlich in dem Wunsch zu münden: *Schreibt doch mal ein Telegramm zur Zentralratstagung!*

Spricht Lothar über die Arbeit, dann klingen seine Sätze durchdacht und fundiert. Woher diese Diskrepanz zu allem, was mit den blaubefahnten Tischen zu tun hat, dieser Widerspruch zwischen Apparatfunktionalismus und praktischer Einfühlung im Einzelnen, und woher, was schlimmer ist, die allgemeine Widerstandslosigkeit dem gegenüber?

Mich macht das traurig. Bin ich ein Kapitulant? Müßte ich nicht dagegen kämpfen mit Ernst und mit Spott, oder heißt das gegen Windmühlen anzureiten? Unsere Tragik wird nicht darin bestehen, Windmühlen für Riesen zu halten. Aber es kann passieren, daß wir Riesen als Windmühlen gelten lassen, bis sie uns selber zermahlen.

Bildung in Äthiopien beschäftigt mich in ihren alltäglichen Szenen. Da war das Hygienebuch von Tebesa aus der Kaiserzeit, große Schrift und Illustrationen zur Körperpflege, Waschen, Taschentuchbenutzung, Haarwäsche. Gymnastik, zu Krankheiten der inneren Organe und dergleichen mehr. Da war das Schulbuch des kleinen Mädchens am Kratersee mit einfachen Empfehlungen zum Fangen von Insekten und Schädlingen. Der neue Fahrer liest einen Liebesroman und die Broschüre über den DDR-Sport in englischer Sprache. *Sehr interessant*, sagt er. Seine Herkunft aus besseren Kreisen ist nicht nur an der wohlgefüllten Brieftasche und den für hiesige Verhältnisse gepflegten Manieren erkennbar. Und da sind Morgen für Morgen die Schüler der High School in Asassa, die uns entgegen kommen. Sie leben im Ort, weil der Schulweg für die meisten viel zu weit wäre. Ihre

Eltern müssen für Unterkunft und Unterhalt sorgen. Stolz sieht man ihnen an, manchen, vor allem älteren, auch Eigenbrötelei. Sie haben lesbare Gesichter, fast alle, und wissen das. Manche Physiognomie wird zur Bühne, deren Wandelbarkeit uns ebenso in Erstaunen versetzt, wie das schnelle Altern, vor allem der Frauen. Die Lebenserwartung liegt zwischen vierzig und fünfzig Jahren.

19. November

Geträumt hatte ich Geschichten von Liebe und Verfolgung, Mädchenschicksale, in die ich auf seltsame Art verknüpft war. Gesichter klangen nach, Sehnsucht, als hätte ich sie verloren. Der Tag hatte keinen Platz mehr für sie. Wir fuhren auf die Farm, tankten zuerst. Auch Klaus (von *Fortschritt*) war dort und er war wütend. Es hatte Ärger mit den Arbeitern gegeben. Klaus arbeitet, seit *Likebeer* krank ist, allein draußen. Statt Hilfe empfing ihn Schadenfreude. Vor allem aber hatte Dagne fast den ganzen gestrigen Tag am Mähdrescher zugebracht und sich eingemischt. *Aufgehetzt.* Nun war Klaus der Geduldsfaden gerissen und er erklärte, mit der Arbeit aufzuhören, so lange Fremde dabei seien. Dagne stand daneben und grinste, ging an den Mähdrescher, guckte. Natürlich eine Provokation.

Tatsächlich weiß man hier nie ganz genau, wer wen und warum sabotiert. Ist das Ganze ein Manöver, den Preis des E 514 letztendlich zu drücken, spielen verschiedene Ministerien und Institutionen gegeneinander, will jemand den Import verhindern oder geht es nur um persönliche Querelen, die auf unserem Rücken ausgetragen werden? Wir haben es mit mehr Intrigenhaftigkeit zu tun, als wir merken, aber vielleicht ist dieser Bodensatz naiver Unwissenheit auch ein Schutz, in dem wir unsere eigentliche Aufgabe – Solidarität - erfüllen können.

Kurz nach uns kamen Helmut, Bernd, Lothar und Heinz aufs Feld. Der Werkstattmanager hatte die Leute zusammengerufen und wir fanden, daß er mit Dagne ein passendes Gespann bildet. Der Auszeichnung der Besten konnte beginnen. Ausgesucht waren sie durch, wie uns versichert wurde, demokratischen Beschluß. Nicht nur Schlosser und Mähdrescherfahrer, sondern auch Tyremen, Abfahrer.

Unser Ziel ist es, zu zeigen, wie wir zu Hause Wettbewerb durchführen, also Anregung zu geben. *Wie man arbeitet und wie man gute Arbeit stimuliert,* hatte Helmut gesagt. Nun hielt er seine Rede. Oktoberrevolution als Grundstein der sozialistischen Entwicklung in der DDR und Äthiopien, Notwendigkeit fleißiger

Arbeit… Den *Havelobstorden* deklarierte er als Medaille für gute Leistungen bei der Arbeit, das Abzeichen mit dem Mähdrescher desgleichen. Ich dachte, mir kommt ein Schluckauf. In Bokoji hatten wir das Zeug für ein paar Cents verkauft, und die Leute hier haben rundherum ihre Verwandten. Dann gab es noch eine Broschüre für jeden und eine News. Das Meeting war zu Ende. Die ihren freien Tag hatten, fuhren mit dem Pickup zurück.

Tasfai aber stand, zu unserem Schrecken in einem jüngst erhandelten Arbeitsanzug, beiseit. Wir wissen, daß er zu den Fleißigsten gehört und zu den Lustigsten auch. *Ouzooo*. Jetzt war er traurig und konnte es nicht verbergen. Und ich konnte es nicht ändern, indem ich ihm einen Fallbleisteift schenkte.

Aber nicht das war der Auslöser für die folgenden Dikussionen, die fast den ganzen Tag anhielten. Einer der Schlosser begann damit: „Ich habe alle möglichen Sachen zu Hause, Abzeichen, Broschüren, Geschenke von *Fortschritt*. Ich spreche nicht für mich. Zehn Leute bekommen etwas und hundert gehen leer aus. Das ist nicht gut."

„Ich weiß", wird Helmut uns erwidern. „Am liebsten haben wir es, dergleichen ganz zu lassen. Alle sind gut. Alle sind die Besten."

Aber vielleicht liegt etwas dazwischen.

„Na und, laß sie doch diskutieren. In zwei Tagen redet niemand mehr darüber." Das konnte, der Haltung nach, nur Lothar sein.

Warum nicht Hervorhebung der Besten *und* eine Kleinigkeit für alle?

„Beim Erntefest kriegt jeder ein Abzeichen."

Helmut hat die Arbeitsgruppenleiter gehört und nach vorn entschieden. Ein Streitpunkt ist verschwunden. Für uns war es trotzdem gut, uns am Vormittag darüber zu unterhalten. Andreas meinte, er wird Abzeichen mitnehmen. Wir sind doch keine Kleinkinder mehr, uns hochzuziehen. Bibi schwankte hin und her und paßte sich schließlich wiedermal der gängigen Haltung an. *Zu schnell gestiegen*, ist der Tenor über ihn, allerdings wird er trotzdem geachtet. Es ist eher ein freundlich-verständnisvolles Heruntergucken. *Muß erst zur Armee. Kann noch nicht viel. Gilt zuhause sowieso nichts.*

Letzteres kommt von Leuten, die selbst in gesellschaftlichen Funktionen tätig sind. Es gehört zu ihrem Selbstverständnis, daß auf Delegiertenkonferenzen geschlafen wird. Andreas meint, dort seine besten Karikaturen zu zeichnen, *Karis*, wie er sie nennt. Er hält auch die gewählten Kader der FDJ-Kreisleitung und Bezirksleitung für Statisten, denen die Rolle zukommt, feste Parameter sozialer Herkunft, Altersstruktur und dergleichen auszufüllen. Das heißt, er gesteht den gewählten Organen Schwatzbudencharakter zu, sieht in ihnen Bestätigungsmechanismen der Exekutive. Mich frustriert diese Haltung nicht mehr.

Die Schlosser, mit denen wir sprachen, rechnen mit dem Abschluß der Ernte in zehn bis vierzehn Tagen. Über viereinhalbtausend Hektar sind bis jetzt vom Feld, und als wir uns auf den Rückweg machten, kamen uns fünf neue fremde Drescher samt Abfahrern entgegen. Helmut wird überlegen müssen, wo die Arbeitsgruppe enggesetzt werden kann, wenn hier Schluß ist.

In Goffar sieht es anders aus. Die Farm hängt bei 46 Prozent und scheint nicht vorwärts zu kommen. Auch wenn das Management Schönwetter artikuliert und Lothar also gute Nachricht mit heimnehmen kann, bleibt uns der Eindruck, daß wir dort viel weniger noch als in Sirofta willkommen sind. Das begann mit der Ablehnung der Null-Durchsichten, die eine höhere Ausfallquote zur Folge hatte, und setzt sich bis heute fort. Die Arbeit ausschließlich auf der Farm, jetzt durch die Unruhen nötig geworden, macht den Jungs keinen Spaß mehr. Sie arbeiten aus Pflichtgefühl. Michael hält sie zusammen, ohne besondere Lust. Sagt das auch.

Vergeblich warteten wir an der Kreuzung auf den Niva. Die Absprache gestern war klar. Wieder grübelte Bibi: „Sag mal, was wir machen, Henry."

Nach Goffar, wie ausgemacht. Dort erfuhren wir, daß der Niva um halb vier gefahren war. In Garadella endlich, Helmut und

Bernd waren uns schon entgegen gekommen und wir einigermaßen sauer, daß Bernd von der zeitigen Abfahrt bereits gewußt hatte, als er bei uns war. Keine gute Vorausstimmung für die Brigadeversammlung, Zwischenauswertung am Abend.

Was unsere späte Fahrt mit sich gebracht hatte, war ein wunderbarer Sonnenuntergang hinter den Bergen von Asassa. Während der Toyota die graue Roughroad unter sich fraß, grau überstäubt auch die Felder lagen, grau selbst Vögel und Kojoten, tauchte der Sonnenball hinter uns die Landschaft in seinen Wein. Andreas versuchte die Bilder festzuhalten. Später wird er sie malen.

Inzwischen klingt, was wir geschafft haben, schon repektabel: 37 Arbeitstage mit insgesamt 2163 Stunden bei nur zwei Krankentagen. Meinetwegen können wir dem Zentralrat telegrafieren: *Zeitungen sind angekommen.*

20. November

Einen Stich gab es in der gestrigen Versammlung. Wir kamen noch einmal auf Dagne, der sich wieder nicht sehen ließ zum Abendbrot. Zu der Schießerei bei Garadella hatte er auch nichts mehr gesagt: *Vielleicht hat ein watchman in die Luft geschossen.*

Lothars Kommentar: „Wir würden zu Hause den Ausländern auch nicht die Wahrheit sagen."

Zweifellos hat er recht. Wieviel Wahrheit darf man aus dieser Richtung überhaupt erwarten? – Keinen Zynismus bitte, Klemt, an deinem freien Tag.

Immerhin leistete ich mir heute den Luxus, zum ersten Mal in der Zeit hier eine halbe Stunde länger liegen zu bleiben. Auch wenn ich nicht schlafen konnte. Die Post gab ich Lothar trotzdem mit und danach stürzte ich mich wieder aufs Tagebuch, nachdem ich meine Wäsche und sogar meinen Schlafsack gewaschen hatte.

Den ganzen Tag verbrachte ich so unter dem Vordach in der Sonne, dem Mittagswind. Zwischendurch Kaffee, Mittagessen, wieder Kaffee. Ein obligatorisches Gespräch mit Helmut und Bernd. In solchen Gesprächen kann und will ich nicht lügen, bin ich aufgeregt. Auch weil ich Bernd etwas sagen mußte zu Bibi. Nichts Besonderes, wie Ehrlichkeit überhaupt ja nichts Besonderes sein sollte. Unser Aufenthalt, langsam, geht nun schon seinem Ende zu, dem ersehnten, und das beginnt mit der Bereitschaft zu einem neuen Einsatz. Helmut sucht die Augen, wenn er mit jemandem spricht. Angenehm.

Manchmal abends, wenn bestimmte Kassetten laufen, die Musik der späten 60er Jahre, habe ich Sehnsucht nach etwas anderem, Bittersüßem, Unsachlichem. Möchte ich mir ein Band um die Mähne binden und schweben. In solchen Momenten habe ich auch Angst. Aus den Träumen, die etwas Verrücktes, doch immerhin Mögliches herbeirufen, werden irgendwann die eines Traum-Ausbrechers. Ich will noch mit vierzig in Regenpfützen tanzen, aber ich zweifle daran, daß meine *ausgewogene* Umwelt dann noch sehr viel Verständnis dafür aufbringen wird. Manchmal werde ich allein sein wollen und die klangvollen Städtenamen nicht nur schmecken. Manchmal, oft, wird meine Frau ganz schön viel aushalten müssen, aber ich glaube, wir sind fähig, herrlich viel Unsinn anzustellen, mitsamt unserem Kind.

Ich will nicht alt werden. Das ist eigentlich alles. Ich werde mich noch mit so vielen Liedern am Jungsein festhalten müssen. Die halbe Welt werde ich dazu brauchen. Auch Garadella, das Nest.

21. November

Manchmal nehmen wir, Andreas und ich, uns die Zeit, zu den Sammlerinnen herüber zu schlendern und uns hinzusetzen. Auch die anfangs fortlaufen, finden sich nach und nach wieder ein. Dann können wir uns in ihre Gesichter versenken. Leider lassen die wenigsten sich fotografieren. Aber trotzdem ist auch das, fünf Minuten oder zehn, eine Wanderung durch dieses Land.

In Garadella wartete man schon auf uns. Die Wahl zwischen Fußball und Volleyball fiel zugunsten des Volleyballs aus, was allerdings der Lustlosigkeit einiger unserer Leute geschuldet war. Zu unserem Spiel gibt es nicht viel zu sagen. Zweifellos hatten wir die besten akrobatischen Leistungen und die schönsten Sportdresses. Zum Glück nahm niemand das 0:3 sonderlich ernst, auch wenn wir vor den drei jungen Frauen, die sich vor dem Haus niedergelassen hatten, schon ganz gern etwas besser ausgesehen hätten.

„Ich möchte einmal erleben, daß wir gewinnen", klagte Helmut. Hartmut spielte mit seinem ganzen Körper und hinkte dann im zweiten Satz vom Feld. Es war schon ein Pechtag. Matthias hat sich einen handfesten Schnupfen gefangen und auch mir schmeckten weder das Essen, noch Zigaretten sonderlich.

Aber noch war der Tag nicht vorbei. Nach dem Abendbrot machten wir uns stadtfein und zogen das Blauhemd an, pilgerten zur Kneipe. Dort hatten sich die Vertreter der Farm, der Partei und der REYA versammelt. Keine ausschließliche Männerdomäne: Immerhin zwei Frauen, darunter die REYA-Sekretärin für Agitation und Propaganda.

Helmut hatte in der Botschaft einen Dia-Vortrag über die DDR besorgt. Nachdem wir die Broschüren über das Land, den Sport und anderes gesehen hatten und manchmal auch den Leuten auf der Farm erklärt, war ich beinahe optimistisch. Doch obwohl Bernd und Helmut sich bemüht hatten, eine Auswahl zu treffen, war diese Art der Selbstdarstellung deprimierend. Statt etwas vom Leben der Leute zu zeigen, Impressionen, die neugierig machen, wurde ein Bombardement von Geschichtsdaten und Statistiken abgefeuert. Daß auf dieser Grundlage kein Gespräch zustande kam, wunderte mich nicht mehr.

Helmut hatte im Gespräch mit dem REYA-Chef anklingen lassen, daß wir keinen großen Empfang erwarteten. Aber unsere Gastgeber empfanden das wohl eher als eine Herausforderung. Vielleicht gehört das auch einfach zur Tradition, und jeder Eingeladene freut sich darauf. Jedenfalls kam Rindfleisch auf den Tisch, ein Rekorder zerdudelte die letzte Gesprächsmöglichkeit und jedem wurde eine Flasche – ein Liter – vor die Nase gestellt. Auch etwas.

Nur die Rede des kleinen, zerbrechlichen Sekretärs, der viel leiser sprach als sein Dolmetscher, stimmte eben nicht. Festigung der offiziellen Freundschaft ist nicht Festigung der Freundschaft. Und Helmuts freundschaftliche Lüge, daß wir hoffen, nach Garadella zurückzukommen?

In Berlin wird er sich dafür einsetzen, daß die nächste Brigade effektiver und das heißt: anderswo eingesetzt wird.

Was blieb, waren wieder Gesichter. Der untersetzte Trainer, der funkelt und sprüht, in dessen Gesicht immer ein Lachen nistet. Die etwas distinguierten Physiognomien der Farmmanager. Der Parteisekretär, der – auch hier selten – frei spricht und dem ich jedes Wort glauben möchte.

Soziale Beziehungen werde ich kaum durchschauen. Sie lassen sich nur erahnen aus Gesten der Nähe und der Distanz. Aber ganz sicher gehört viel Mut dazu, für dieses Land zu leben, und noch mehr Kraft, nicht im Dschungel möglicher Privilegien zu ersticken.

Ich denke manchmal jetzt an die Anfangszeit unserer Republik und beginne zu begreifen, daß die heutigen Augen nicht ausreichen, sie zu verstehen. So ist es mit Geschichte immer und abstrakt weiß ich auch das, wußte es vorher. Aber ein Stückchen der Wahrheit fehlt. Nicht das wichtigste, aber doch eines, das Bilder verändert: *Wie wird man all seine Brillen wieder los?*

22. November

Ich habe Lust, jene Erinnerungen festzuhalten, die mich unter fremden Sternen ankommen und die selbst ihren Ursprung unter fremden Sternen hatten. So viele Menschen, die noch nicht durch meine Lieder gingen.

Die Felder sind leerer, auf den Straßen treffen wir mehrere kleine Herden. Auch wer seinen freien Tag hat, treibt sein Vieh aus. Rechts der Straße tauchte plötzlich ein ungewöhnlich großer Geier auf. Unser Fahrer, nachsichtsvoll in Sachen Fotografie, bremste und rollte zurück. Der Vogel sah herüber, wandte sich ab und stieg auf. Seine Flügelspanne schätzten wir auf zwei Meter.

Kadaver liegen nicht lange im Feld. Alles Mögliche haben wir schon gesehen: Rinder, Pferde, Hunde, und heute war es wieder ein Esel. Entdeckt hatten wir ihn gestern schon. Da ließen die Geier noch den Hunden den Vortritt und warteten in respektvoller Distanz. Heute hatten sie ihr Mahl schon beendet. Mehr als das Gerippe blieb nicht zurück.

Die Straße, die an Sirofta und einem anderen Dorf vorbei zwischen Sträuchern und Weideland in die Berge führt, ist in den vergangenen Tagen geschoben worden. Die schlimmsten Querrinnen, bei denen wir jedes Mal um die Achsschenkel der Mähdrescher fürchteten, sind verschwunden und auch wir kamen zügiger voran.

Es hängt viel davon ab, ob wir am Morgen schon etwas zu tun bekommen. Wenn ja, wird der Tag meistens gut. Übrigens hat sich inzwischen herumgesprochen, daß wir alle möglichen Sachen unter die Leute bringen. Die Preise sind so, daß man gerade sagen kann, es ist nicht verschenkt. Trotzdem hat zum Beispiel Andreas N. schon an die hundert Birr eingenommen. Er gehört zu denen, die von vornherein auch neue Sachen mitgenommen haben.

Natürlich mag jemand einwenden, die nordisch sauberste Art wäre, das Zeug zu verschenken. Aber das hätte den Effekt, daß wir uns der Leute nicht mehr erwehren und letztlich genauso wenig gerecht sein könnten, wie jetzt. Warum der, warum nicht ich? Irgendjemand wäre immer beleidigt. Wenn sie kaufen, passiert das nicht. Wir feilschen kaum, lassen sie den Preis drücken und wissen daß jeder dabei auf seine Kosten kommt. Skrupel habe ich nicht mehr, nur die philantrophische Lust, hier einen Waggon mit Textilien abzukippen, wissend, daß das keine Lösung wäre, sondern wieder nur eine Selbstberuhigung. Einen langen Weg hat dieses Land noch vor sich, und gehen muß es ihn selbst.

St. Michaels-Tag war heute und an diesem Tag, heißt es, bleibt der Regen nicht aus. Aber es hatte den Anschein, als wollte der liebe Gott eine Ausnahme machen. Die Sonne loderte und Wind war kaum zu spüren.

Wir waren noch keine zwei Kilometer gefahren, als es begann. Über den Himmel eine graublaue Glocke gestülpt. Ein Tröpfeln, ein Patschen, und plötzlich das Geprassel der Hagelkörner. Die Roughroad verwandelt in eine schmierige Piste. Vom Dach des Wagens rann eine rötliche Brühe über das Heckfenster. Regen auch und Hagel über *unseren* Feldern. Durchnäßte Tiere. Ihre Hirten, oft Kinder, suchten Schutz unter Plastetüten, Papiertüten oder alten, riesigen Regenschirmen. Manche besaßen nichts, standen am Straßenrand in durchgeweichten Lumpen und sahen uns nach. Einige streckten auch jetzt noch die Hände aus und riefen ihr: *Give! Give money!* in den Wind.

In Garadella erwartete mich eine Überraschung. Teshome, der Doktor, hatte zur Kaffee-Zeremonie eingeladen. Sein Töchterchen habe Geburtstag, wir sollten nach dem Abendessen kommen. Eigentlich hatte ich mich darauf eingerichtet, zu schreiben, aber dazu werde ich später noch Gelegenheit finden. Helmut hatte schon einige Geschenke zusammengesucht, einen Teddybären für Nazret, Zeitschriften für den Doktor, Kindersachen, zwei Flaschen Kognak. Der Doktor hatte der Brigade im Vorjahr einige Male geholfen. Offenbar war auch der damalige Koch kontaktfreudiger (vorbehaltloser!) als Jan. Nicht nur im Tausch von Büchsen gegen Eier und dergleichen, sondern auch im Gespräch. Daran konnten wir knüpfen.

Teshome wohnt nur zwei Häuser weiter. Seine Wohnung ist ein Raum von der gleichen Größe, wie der unsere. Fünfundzwanzig Quadratmeter höchstens. Die Wände sind gelbbraun vom Rauch, auch die Decke. Der Fußboden aber, zum Empfang der Gäste, ist mit frischem Gras, wie es am Fluß wächst, bestreut. Eine Ecke des Zimmers ist mit Tüchern, die von der Decke bis zum Boden reichen, abgeteilt. Dahinter befindet sich die Liegestatt der kleinsten Kinder und möglicherweise die Kochstelle. Neben der Tür steht das Öfchen für den Kaffee.

Mit Eukalyptusholzspänen wird das Holzkohlefeuer entfacht. Aber bis dahin, zum Beginn der eigentlichen Zeremonie, ist noch Zeit, sich umzusehen. An den Wänden hängen Poster und Kalender aus dem Gepäck der letzten Brigade. Auch einzelne, aus Zeitungen ausgeschnittene Bilder und Fotografien. Mehrere davon zeigen stillende Frauen. Einen FDJ-Wimpel entdecke ich, einen Hallenser, und die große Sanitätstasche. Auch ein Geschenk.

Alles ist zufällig zusammengekommen, im Bemühen, diesem Zimmer etwas Farbe zu geben. Teshome verteidigt es. „Als vergangenes Jahr zum ersten Mal Gäste kamen", sagte er später, „bemerkte ich, wie sie sich umschauten. In diesem Scheiß-Haus, ohne Farbe, ohne Reichtum. Aber hier lebe ich. Die Leute brauchen mich. Es gibt Liebe. Und auch ich brauche den Kontakt. Man kann reich sein. Man kann Freunde haben. Das ist wichtiger, macht das Leben erst sinnvoll."

Teshome ist aus Harer gekommen vor drei Jahren. „Ja", sagt er: „Ich bin glücklich. Hier habe ich meine Familie, Kinder, ich bin hier zu Haus."

Möbel gibt es nur wenige. Ein Regal mit drei Fächern, in dem die großen emaillierten Platten, von denen man ißt, und anderes einfaches Küchengerät stehen, ein Bücherbord mit Zeitschriften und Broschüren, auch aus der DDR manches dabei, eine Truhe, ein Koffer. Außerdem ein schmales Doppelbett, eine alte Liege, Tische und einige Holzstühle. In der Mitte des Raums steht auf einem Hocker ein grüner Adventskranz, der ebenso wie der kleine Kerzenleuchter auf dem Tisch aus Mähdrescherschrott zusammengeschweißt wurde. Er ist mit zwei Farbfotografien geschmückt, die Teshomes Familie zeigen.

Wir setzen uns. Über den Tisch ist Stoff gelegt. Alles ist alt und wird mit Sorgfalt sauber gehalten und bewahrt. Die Frau holt Plastebecher. Als Untersetzer dienen Pappstückchen von einem Schreibblock. Kognak wird eingeschenkt, Ouzo und National Beer, das sich in allen möglichen alten Flaschen und sogar im Teekessel befindet. Die Flüssigkeit ist bräunlich-trübe und etwas flockig. Sie wird aus Gerste gebraut, wie anderes Bier auch, aber ich traue mich nicht heran. Auch ein selbstgebackenes Weizenbrot kommt auf den Tisch, das wir anschneiden dürfen und genießen.

Die Kaffeezeremonie ist uralt. Sie bedarf keiner Trinksprüche und langen Tischreden. Zu ihr eingeladen zu sein, ist gleichbedeutend mit Freundschaft und guten Wünschen für Gesundheit und Leben.

Zur Kaffeezeremonie kommen jene zusammen, die einander nah sind. Die Tür ist offen. Wer es möchte, findet seinen Weg. Und so sind wir auch nicht die einzigen Gäste. Außer Helmut, Bibi, Bernd und mir kommen der Chefschweißer, ein Agraringenieur, der 2. REYA-Sekretär und andere Leute aus dem Mitttelstand des Dorfes. Auch einige Frauen.

Auf Teshomes Wunsch hole ich noch Michael und Andreas. Mit den beiden hat er sich nach und nach bekannt gemacht, vor allem über das Malen und Sprachinteresse von Andreas. Alles in allem sind wir anderthalb Dutzend Leute.

Nazret hat am Anfang etwas Furcht vor uns und versteckt ihren Kopf an den Beinen des Vaters. Aber dann nimmt Helmut sie mitsamt ihrem Teddy auf den Schoß und sie beginnt, uns alle noch einmal sehr aufmerksam und ernsthaft zu mustern. Das Ergebnis fällt wohl zu ihrer Zufriedenheit aus. Nazret krabbelt aufs Bett ihrer Eltern und schmust mit ihrem Bären. Daneben liegt ihr Brüderchen. Im Laufe des Abends wird es von seiner Mutter zwei- oder dreimal an die Brust genommen und gestillt. Niemand kümmert sich weiter darum.

Manche Mütter hier stillen drei Jahre lang, habe ich gelesen. Dadurch bleiben die Kinder zumindest in dieser Zeit von den für sie oft lebensgefährlichen Infektionen verschont, die durch Mikroben und alles mögliche Zeug in der Nahrung verursacht werden.

Zwischen den Kerzen steckt ein Räucherstäbchen. Die Frau des Doktors hatte sich auf einem niedrigen Bänkchen neben dem Ofen niedergelassen und röstete Kaffeebohnen in einer kleinen Pfanne. Der Raum füllte sich mit Gerüchen und Aromen. Wir bekamen heiße Gesichter. Mit einer Eisenstange wurden die Bohnen zerstoßen und schließlich aufgebrüht. Der Kaffee, stärker als Mocka meiner Art, in winzigen Schälchen serviert.

Währenddessen stand Teshome im Hintergrund und achtete darauf, daß seine Gäste es sich wohl sein ließen. Einmal wurde er ins Hospital herübergeholt, kam aber nach einer halben Stunde zurück. Kein Problem. Wenn er sprach, tat er das bedächtig, tief von innen heraus. „Nicht nur ich brauche den Kontakt. Hier stehen meine Freunde," - er stellte sie uns vor - „auch ihre Türen stehen euch offen. Einige von euch kenne ich aus dem vergangenen Jahr. Andere sind hinzugekommen und manche sind leider nicht mehr dabei. Aber ich hatte das Glück, zwei neue Freunde zu gewinnen, Michael und Andreas. Das ist sehr viel. Ihr seid hier nicht allein. In unserem Dorf leben viele Menschen. Wenn ihr Hilfe braucht, werden sie euch helfen. Das gehört auch zu unserer alten Kultur.

Wir kennen auch die neue, wie man bei euch feiert und trinkt. Das heute in meinem Haus ist unsere alte Tradition, die auch ihr kennenlernen sollt."

Alle hörten zu, während Teshome seine Rede nun ins Amharische übersetzte, und rasch beruhigte seine Frau das erwachte Kind.

Mit dem 2. Sekretär der REYA kam ich kurz ins Gespräch. Sein Schicksal steht möglicherweise für viele andere nach der Revolution. Er war in Debre Zeit mit seiner Familie, leitete dort die Gewerkschaftsorganisation. Nach einem Lehrgang in Addis Abeba wurde er nach Gondar geschickt. Arbeitete dort und kämpfte gegen die Separatisten aus Eritrea. Landmaschinen und schwere Waffen waren neun Monate lang sein Alltag. Dann Gelbfieber, Rückversetzung und der Auftrag der Partei, in Garadella beim Jugendverband zu arbeiten. Die Familie blieb in Debre Zeit, sie verträgt das kühlere und windige Klima nicht. Nichts Mürrisches war in der Erzählung. Sie begann und endete mit einer in unseren Ohren gewiß ungewöhnlichen Liebeserklärung an den Chairman Mengistu Haile Mariam. *Er versteht das Volk. Wir brauchen ihn, er ist der beste Mann in Äthiopien. Die Menschen lieben ihn. Er hat ihr Vertrauen, kennt sie. Ein großer Mensch...*

Lang fiel unsere Verabschiedung aus. Alle hatten wir reichlich getrunken und es wäre an der Zeit gewesen, schlafen zu gehen. Aber eine Zigarette wollte ich noch rauchen. Dabei traf ich Helmut. *Na,* fragte er, *wollen wir noch einen trinken?*

Er holte die Gläser, ich eine Flasche aus der Küche und für jeden einen Becher Tee. Bibi, als er kam, nippte nur, und legte sich dann hin. Wir schnaddelten.

Tatsächlich gibt es nuancenreiche Entwicklungen in einem Kollektiv wie unserem, und man nimmt sie kaum wahr. Wie zum Beispiel Michael alles Sockelhafte verloren hat und verbindlicher zu wirken begann, schlitzohrig wie ehedem, aber klarer.

Inzwischen begreife ich, weshalb er und Andreas Freunde sind, der Ruhige und die Schlabbertüte, die niemals wird den großen Jungen in sich verbergen können, schon gar nicht, wenn irgendwo Kinder sind. Oder wie sich einfache Wortmuster realisieren: Toleranz, Kameradschaft. *Ein viertel Jahr kann man zurückstecken*, sagt Helmut, *sogar eine Rolle spielen. Bei einem Jahr geht es schon nicht mehr.* Trotzdem, sage ich, alles in allem bin ich angenehm überrascht.

23. November

Haben wir die Flasche gestern ausgetrunken, wollte Helmut wissen. *Und wo steht sie jetzt?*
Ins Poster gerollt neben dem Tisch.
Heute bin ich krank. Und wie geht´s dir?
Besser.
Wenn ich aus Addis zurückkomme, trinken wir sie aus.

24. November

In Berlin hat der Schriftstellerkongress begonnen. Besonders traurig bin ich nicht über meine Abwesenheit. Aber ich weiß auch, daß ich meine lange gewachsene Scheu, meine derzeitige wissenschaftlich-theoretische Lethargie überwinden muß, um zu besseren Ergebnissen zu kommen. Ich bin ein Mensch der kleinen Schritte. Ein Lehrling in meinem Beruf, und so muß ich mich auch verhalten. Die Guillotine des Mittelmaßes schwebt immer noch über mir. Ihr entgehen kann ich nur, wenn ich mich zu meinem Wesen, meinen Fähigkeiten, und das heißt zur Notwendigkeit der vielen kleinen tastenden Schritte bekenne.

Daß mir Dinge zufallen, um die andere lange Zeit ringen müssen, galt nur für das allererste Wegstück und ist eine Illusion, die schon längst nicht mehr trägt. Fleiß auf Nebenwegen ist eine gefährliche Rechtfertigung, die nur ins Fiasko führen kann. Vor allem aber darf ich nicht aufgeben, mich jetzt nicht bescheiden, nur weil im Grunde niemand so recht etwas von mir wissen will.

Auch eine neue Variante für den Krach zwischen Dagne und Klaus gibt es mittlerweile. Danach hätte der Mann aus Addis behauptet, Dagne zeige den Arbeitern angebliche Mängel am E514, während er sie nach seiner Version nur auf Veränderungen gegenüber dem E512 aufmerksam gemacht hätte. Im übrigen sei er von der AETSC auch dazu eingesetzt. Wer will das überprüfen?

Unter einem Teil der Jungs hat Dagne den Beinamen *der Schläger*. Viele verhalten sich nach einem ganz empirischen Gerechtigkeitsgefühl, und ich glaube, daß sie den Zusammenhang zwischen Entwicklungsfähigkeit und Breitenbildung unterschätzen.

Matthias zum Beispiel meint: „Das ist und bleibt ein faules Pack. Bis auf ein paar, aber ob die es retten können, ist noch fraglich. Vielleicht mal in hundert Jahren... Jedenfalls braucht mir zu Hause keiner wegen einer Spende zu kommen... Daß sie hier etwas zu fressen brauchen, verstehen sie noch, aber daß ein paar hundert Kilometer weiter ihre Leute verrecken, begreifen sie nicht..."

Ich will das nicht im Raum stehen lassen, halte dagegen: „Als die Römer schon Städte gründeten, rannten wir auch noch mit einem Knüppel durch den Wald und wollten durchaus nicht begreifen, daß es nicht genügt, einen Bären zu erlegen... Kaum anzunehmen, daß Tacitus den Germanen große Entwicklungschancen einräumte."

Aber so, wie dieser Vergleich hinkte, hatte er wenig Aussicht, zu überzeugen. Was soll man gegen die ungeeignetste aller Schlußfolgerungen tun?

Jeden Tag gibt es völlig überflüssigen Ärger. Heute morgen waren wir zum Tanken auf der Farm. Niemand hielt es für nötig, uns irgendetwas zu sagen. So fuhren wir weiter und kamen auf den völlig menschenverlassenen Mähdrescherstellplatz. Nach kurzem Warten machten wir uns auf den Rückweg. Auf halber Strecke kam uns der Pickup der Farm entgegen. Der schlaksige hochnäsige Technikmanager gab keine klare Antwort, aber wir wendeten und fuhren ihm nach. So landeten wir auf dem anderen Platz, wo auch das Korn abgebunkert und eingesackt zu meterhohen Pyramiden aufgeschichtet wird. Es waren aber nur die Verstärkungen aus Sinana, jenseits der Bale Mountains, und Hunte, in der Nähe von Malka Wakane.

Also wieder zurück auf den leeren Platz und wieder fuhr der Pickup achtlos an uns vorüber. Gegen elf endlich kamen die Fahrer. Und jetzt, obwohl gestern angeblich alles erledigt worden war, zeigten diese und jene notwendigen Reparaturen sich. Ob heute noch gedroschen würde (gestern hatte es geregnet)? *Vielleicht um drei. Vielleicht.*

Um halb drei fuhren wir zurück. Im Hotel in Asassa machten wir Station. Während wir unser Bier tranken, lud der Fahrer, ohne uns zu fragen, eine Frau samt Gepäck und ihren kranken Kindern in den Toyota. Die Fahrzeuge hoffnungslos zu überladen, ist hier normal. Aber nicht für uns, und nicht Sache des Fahrers ist es, das zu entscheiden.

In solchen Momenten zeigt es sich, daß Bibi bei allem Gebaren doch eher ein passiver Typ ist. Er führt aus und setzt durch, was ihm aufgetragen ist, aber am liebsten tut er das, ohne anzuecken, ohne schlecht berechenbare Konflikte. Wären nicht die anderen spürbar gegen diese Fuhre (eine Krankheit reicht mir) gewesen, hätte er sich vermutlich ganz klein gemacht. So aber bedeuteten wir dem Fahrer, daß wir nicht einsteigen würden. Es blieb ihm nichts übrig, als der Frau beim Aussteigen zu helfen, und entsprechend sauer war er dann auch, obgleich er seinen Unmut zu zügeln verstand.

Polarisationen sind nichts Einseitiges. Von Bibi hat Andreas *der Techniker* den Beinamen *Gisela Schlüter* ob seiner Redseligkeit bekommen.

„Vermißt du den", fragte er heute Andreas N.

„Nein."

„Ich kann mir nicht vorstellen, daß den zu Hause jemand ernst nimmt."

„Wenn er sich dort benimmt wie hier, sicher nicht."

Detlef und Thomas hatten die Bude sauber gemacht, Detlef überdies die Campingstühle genäht. Soziales Denken ist ein großes Wort. Aber ich zum Beispiel bemerke solche Dinge kaum. Und andere merken auch das.

Am Abend bekamen wir Besuch. Zwei Service-Leute von *Fortschritt*, Mitte dreißig und Anfang vierzig, die sich auf dem Weg nach Addis verspätet hatten, wollten hier schlafen. Sie kümmern sich im ganzen Land um unsere Traktoren, ein Geschäft allerdings, das zur Zeit nicht so gut läuft. Den ZT charakterisieren sie so: *Immer kaputt und läuft immer. Macht uns so schnell keiner nach.* Wenn sie von ihrer Arbeit reden, tun sie das mit der Selbstbewußtheit von Leuten, die wissen, daß sie etwas Ordentliches vertreten. *Unsere* Traktoren, *wir...* Das klingt angenehm selbstverständlich bei ihnen und sachlich zugleich. Sie kennen sich aus in ihrem Fach, auch bei der Konkurrenz. Und sie sind herumgekommen: einer von ihnen, aus Schönebeck, war bereits in China, Ägypten, Algerien und anderswo, bevor er 1979 in Äthiopien begann. Nach dem Abendbrot stellten sie zwei Flaschen auf den Tisch und schnell war die ganze Runde versammelt.

25. November

Mit Mühe und Anstrengung habe ich mich durch die letzten Reden vom Moskauer Treffen gefressen. Für mich ist es schon eine Hoffnung, ein Ausblick, wenn es gelingt, das Gespräch mit der Sozialistischen Internationale und Leuten aufzunehmen, die uns lange Zeit nur mit distanziertem Mißtrauen begegneten. Natürlich schließen sich solche Klüfte nicht an einem Tag, wie überhaupt die Beziehungen, auch die Beziehungen der Kommunistischen Parteien einer Erneuerung bedürfen, neu definiert werden müssen. Aber es gibt doch einen fruchtbaren Boden dafür.

Andreas ist anderer Meinung: „Dann reden sie und irgendwo gibt es doch wieder einen Streitpunkt, über den sie nicht hinwegkommen. Viel kommt dabei doch nicht heraus."

Noch drastischer sieht es Jan: „Geredet wird viel und ändern tut sich gar nichts."

Nicht, daß ich ihnen Recht geben müßte, aber auch solch Pessimismus frißt an der eigenen Seele. Als wäre die Welt schon verspielt. Oder ist das nur dahin gesagt? Ich glaube nicht. Brauchen sie die große Hoffnung nicht, daß sie sie abgetan haben? Sie sind keine Zyniker. Reicht ihnen die kleine trügerische Sicherheit aus?

Gegen halb zehn rollte der Nissan vors Haus. Viel hat sich nicht an ihm verändert. Weder ist der Auspuff geschweißt, noch die Bereifung gewechselt, noch die Feder erneuert. Lediglich die Lichtmaschine funktioniert wieder. Wir raten, ob das Auto eine Woche durchhält oder länger. Immerhin kann die Arbeitsgruppe morgen wieder nach Goffar.

Ein Brief von meiner Frau, ein langer. Nun, da es langsam Zeit wird für unser Kind, mehren sich auch die Probleme, einschließlich gesundheitlicher. Ich bin sehr froh, daß Ingrid da ist und ein paar Freunde, von denen ich weiß, daß sie sich auch kümmern. Trotzdem wäre es besser, selbst bei ihr zu sein.

In Malka Wakane hat es einen schweren Unfall gegeben. Eine Kieswand ist abgestürzt, eine befahrene. Mehrere Leute mußten offenbar nach Addis in stationäre Behandlung gebracht werden.

Genaueres ist nicht bekannt.

Aus der Küche sind *unsere* Kücken verschwunden, gestern schon. Sie waren, das wußte ich nicht, für die Kubaner bestimmt. Heute hat Helmut sie abgeliefert. Und sogleich wurden in der kubanischen Brigade ein Versorgungs- und ein Gesundheitsverantwortlicher für die geflügelten Wattebällchen bestimmt. Helmut, der sie schon mehr als einmal auf dem Schoß in seinen Händen gewärmt hatte, konnte beruhigt weiterfahren.

26. November

Heute sind wir nicht nur die Strecke bis zu den Feldern weit hinter Sirofta gefahren, wir haben auch noch weitere anderthalb Stunden nach dem Stellplatz der Mähdrescher gesucht. Was von weitem als große Ebene erscheint, erweist sich immer wieder als eine Landschaft, die von einer Vielzahl kleinerer und größerer Senken durchzogen ist. Auch von erhöhtem Standort sind sie nicht immer auszumachen, und die Drescher verraten sich erst, wenn sie fahren und weithin sichtbare Wolken von Staub aufwirbeln.

Im Grunde machte uns die Herumfahrerei wenig aus. Wir entdeckten ein kleines Dorf und sahen Leute vor den Hütten Korn stampfen oder andere Arbeiten verrichten. Schließlich aber fanden wir uns doch ziemlich ratlos an irgendeinem Kreuzweg zwischen abgeernteten Feldern, den Gruppen der Ährensammler und Hirten.

Unser Fahrer stieg aus, sie nach den Dreschern zu fragen. Er bekam keine Antwort. Je näher er kam, desto mehr Leute nahmen Reißaus. Es klingt vielleicht seltsam, aber ihre Fluchtbewegungen unterscheiden sich wenig von denen der Tiere, die mit neugierigen Augen unserem Auto entgegenblicken und im letzten Moment von der Straße springen.

Schließlich kamen wir auch ohne ihre Auskunft ans Ziel. Die Drescher standen in Reih und Glied, aber natürlich gab es zu tun. Allerdings fürchteten wir, auch heute würde nicht gedroschen. Der Toyota hatte auf dem letzten Wegstück kaum eine Staubfahne zurückgelassen, in einigen Pfützen stand noch Wasser und das Korn war feucht.

Diesig war auch dieser Morgen. Wir bastelten an einer Bremsanlage (wir haben es ziemlich oft damit zu tun - die Bremse gehört schon zu meinen *Spezialitäten*) und schwatzten mit einem Mechaniker, dessen meckernde Knabenstimme überall zu hören ist. Es ist der gleiche, der insgesamt sechs Jahre in Kuba studiert hat, ein Jahr Sprache und fünf Jahre Agrotechnik. Sein Diplom wird in Äthiopien nicht voll anerkannt. Ähnlich geht es Leuten, die es in der Sowjetunion und anderen Ländern erworben haben. Die DDR-Studenten bilden wohl eine Ausnahme.

Zwar kennen wir weder das äthiopische Bildungssystem, noch die Kriterien seiner Abschlüsse, aber wir begreifen so wenig wie unser *Kubaner*, weshalb er jetzt als Komplexleiter der Traktoren eingesetzt ist, was ja letztlich auch bedeutet, weit unter der Qualifikation bezahlt zu werden. Oder ist am Ende sogar das der eigentliche Grund? „Wende dich doch an den Chairman, an Mengistu", rät Tasfai und weiß wahrscheinlich, daß der *Kubaner* das nicht tun wird.

Oft dreht sich das Gespräch auch einfach um Sex. Verschämt fragt uns der *Kubaner*, ob es das bei uns gibt, *Lecken. In Kuba ja*, erklärt er, *very nice*. Wir treiben ziemlich viel Unfug mit solchen Sachen. Die Schlosser und Fahrer lachen minutenlang über eine Geste und der ganze Blödsinn erinnert an ein pubertierendes Grüppchen, uns nicht ausgenommen.

Lange kann man über die vermutlichen Qualitäten eines gezeichneten Mädchens auf einem Buchdeckel debattieren. Bücher sehen wir täglich. Gerade die Männer auf dem Werkstattwagen lesen. Geschichten oder Romane, Paperbacks auf einfachem Papier, in den letzten Jahren in Addis Abeba gedruckt. Der Hunger nach Literatur scheint geweckt. Die Bändchen sehen aus, als seien sie schon durch mehrere Hände gegangen. Aber auch das Bändchen über die DDR, in englischer Sprache gedruckt, findet Interesse. Natürlich werden zuerst die Bilder angesehen. Wenn ich Zeit und Lust habe, setze ich mich dazu und versuche, etwas mehr zu den Fotos zu sagen, als dazu geschrieben steht.

Auf dem Werkstattwagen scheint es an freier Zeit nicht zu mangeln. Die Männer suchen ein Ersatzteil heraus. Dazu müssen sie auf jeweils vier Fomularen im Format A4 zwei bis drei Zeilen ausfüllen. Das Papier ist eher besser, als das der Bücher. In Äthiopien mangelt es an Holz (zumal das als faktisch einziger Brennstoff benötigt wird) ebenso, wie an Papier. Wieder etwas, das wir nicht begreifen werden. Doch bei uns gibt es Vergleichbares, das nicht minder unverständlich ist. Wenn das benötigte Teil vorhanden, der Formularblock jedoch aufgebraucht ist, entbrennt sogar Streit. Es dauert lange, bis der Mechaniker einsieht, daß es für den Augenblick genügt, die nötigen Angaben auf einem einfachen Zettel zu notieren, um sie später zu übertragen.

Abends findet sich oft eine kleine Raucherrunde in der Küche in Garadella zusammen. Dazu gehören der Koch, der Küchendienst und noch zwei, drei Leute. Es dunkelt schon oder ist, nach dem Abendessen, bereits dunkel, man schaut in die Landschaft, wartet auf Blacky, redet.

Helmut und Bernd saßen mit den Arbeitsgruppenleitern zusammen. Bernd als der scheinbar unliebsamste Zuhörer konnte also nicht auftauchen. Gegen ihn wandte sich das Gespräch. Inzwischen haben alle mehr oder weniger ihre Wertung zu seinem Tagesablauf. Sie haben gesehen, wann er schläft, waren wütend, wenn er an ihrem freien Tag auf der Schreibmaschine hämmerte und sich selbst eine viertel Stunde später wieder hinlegte, oder hatten andere, sich summierende Kleinigkeiten vorzubringen.

Vor allem aber spüren sie instinktiv eine Distanz, die sie - und auch ich - nicht überbrücken können. Ich weiß nicht, ob Bernd daran unbedingt *schuld* ist. Sicher hat er seine Antennen zu wenig draußen. Aber ich weiß nicht, ob man an der FDJ-Schule in Bärenklau lernt, sie nach den alltäglichen Empfindungen der vielen Einzelnen auszustrecken. Ich schreibe das ohne Hochmut, denn mir fällt das, aus anderen Ursachen heraus, ebenfalls schwer. Wahrscheinlich fällt auch hinter meinem Rücken diese oder jene Bemerkung. Niemand hat sich als ganz so ehrlich und direkt erwiesen, wie ich das zu Beginn noch annahm. Sie haben alle ihre Erfahrungen mit *zuviel* Ehrlichkeit (oder haben sich fremde, geprüft oder ungeprüft, zu eigen gemacht - so selten ist das in meiner Generation leider nicht) und verhalten sich danach und geben das manchmal auch zu.

Bibi ist in ihren Augen ein zu schnell Aufgestiegener. Sie artikulieren das - glaub ich - ohne Gehässigkeit, nüchtern, ernüchtert. Nicht das ist ihr Vorwurf, sondern seine Art, sich wichtig zu nehmen, obwohl er nicht souverän in den Dingen steht, wie sie es von einem stellvertretenden Brigadeleiter erwarten. Auf Helmut zum Beispiel habe ich noch keinen Spruch solcher Art gehört. Gewiß ist auch er nicht perfekt, aber er hält die Fäden zusammen und es geht etwas wie eine klare Linie von ihm aus.

Das Gefährliche an Gesprächen solcher Art besteht darin, daß Beispiele zusammengetragen werden, die - wie bei Matthias oder wohl auch Andreas N. - dafür herhalten müssen, der eigenen Desinteressiertheit ein Motiv zu geben. Man sieht, daß die heimischen Mechanismen hier keineswegs außer Kraft gesetzt sind. Und ich sehe, daß es mir selbst zuweilen schwer fällt, mich über sie hinwegzusetzen.

Eine schwer faßliche Persönlichkeit ist für mich auch Jan. Heute meinte er, für ihn sei klar, daß der Übergang vom Feudalismus zum Sozialismus praktisch zu nichts führe. Mit dem Kapitalismus komme die Industrie und damit erst die Arbeiterklasse, die begreift, daß sie besser für sich selbst arbeite, gegenseitig, und es auch versteht, die Sache dann in die Hand zu nehmen. „Die hier begreifen das doch gar nicht."

Natürlich ist es einfacher, eine Revolution mit einer organisierten Arbeiterklasse, statt auf den Schultern des mittelständischen Militärs durchzuführen. „Wie lange haben wir denn in Europa gebraucht und was wären wir ohne Kapitalismus", sagt Jan.

Aber das Argument, daß Kapitalismus in Afrika heute auch Neokolonialismus heißt und dem Elend kein Ende macht, dem Massensterben, überhört er mit seiner Logik. „Du brauchst eine Arbeiterklasse, die für sich etwas aufbauen will und kann, obwohl du bei uns heute auch schon wieder nicht mehr so genau weißt, ob es so ist."

Wieder kamen Beispiele, Privilegien, das Oben und Unten. Jan kann rechnen, und es wird mitgerechnet, was immer diese Jungs sehn. Im Alltag, in den Versammlungen und unmittelbar danach. Sie haben einen genauen Blick und das ist gut. „1,8 Millionen produktiv Tätige", sagt Jan: „Und da rechne schon mal 800.000 ab, die nur so mitmachen. Dann hast du eine Million, die für alle anderen sechzehn schindern." *Was kriegen die Alten, die das Land aufgebaut haben, an Rente und was ein Offizier?*

Sie schauen genau, aber zur Einmischung reicht ihr Mut selten, wenn es nicht um ganz persönliche Dinge geht. Lieber wenden sie sich ihrer Arbeit zu und tragen so zur Verewigung von Zuständen bei, tragen, ohne es zu wissen, Mitverantwortung daran. Und brauchten doch wirklich noch nicht so müde zu sein. Aber ist Jan denn still oder Matthias? Immer gewiß nicht. Ich werde das Knäuel kaum entwirren.

In der Küche duftete Punsch. Heute war auch unser zweites Skatturnier. Nur Matthias und Detlef nahmen nicht daran teil. Matthias, weil er keine Karten spielt, und Detlef, weil er mit 38,5 und etwas zwischen Grippe und Magenverstimmung im Bett lag. Wir spielten diesmal in den Klubräumen. Da reichlich Wein ausgeschenkt wurde, waren wir gegen zehn alle ein bißchen im Dusel.

Wir luden uns ein für später, Andreas und ich, Bibi und ich. „Kannst deine Familie mitbringen."

„Kannst jederzeit kommen."

Das wiederum tut gut. Während ich schlafen ging, setzten ein paar sich noch um die letzten Flaschen Awash-Wein, saßen im Kerzenlicht noch, als ich längst schlief.

27. November

Auch Details wollen festgehalten werden. Kopfbedeckungen zum Beispiel: Hüte aus Hosen- und Kleiderstoff, auch gestrickte (grün), Pullover, Handtücher, Kapuzen. Traktoren, die wie eine Schmalspurlok, nur schneller, über die Felder dampfen. Die Dutzenden Kinder, die Steine vom Feld lesen, sie zusammentragen, bis sie ein Areal von fünf mal zehn Metern bilden, auf dem später die meterhohen Sackpyramiden von den Trägern aufgestapelt werden. Mit neunzig Kilogramm auf dem Rücken steigen sie diese Treppe hinauf. Der Hund, der am Mittag in unserer Nähe verharrt, ein struppiges Tier, friedlich wie seine Artgenossen gegenüber Menschen hierzulande sind, und der sich in einem günstigen Moment die fortgeworfene Büchse mit einem Rest *Kraftfleisch* erbeutet. Die LKWs an der Kreuzung nach Sirofta, so hoch und breit mit Säcken beladen, daß die Ladung doppelt so groß wie das Fahrzeug ist. Der kleine Markt, auf dem wir sofort von Kindern umgeben sind, und sie rufen: *Cuba, Cuba, Karamella...* Die zerbrechlichen Knöchel der Frauen, ihre verzehrten Gesichter, die noch einmal aufleuchten können in einem Lächeln, bis auch das, einige Jahre später, nur noch Grimasse ist, die erschreckt. Die Waren: Mehl, das mit Trinkbechern bemessen wird, Berbera, Mais, Zwiebeln, Orangen, Schafe, Esel, Rinder, ausgeschälte Kürbisse als Gefäß, Bonbons, Räucherstäbchen, Zigaretten, Kämme, Tücher, all das auf dem Boden, bestenfalls auf Wachstuch ausgebreitet, und alles durcheinander. Die Holz und Reisig schleppenden Frauen. Die Kinder mit Säcken, in die sie Kuhmist sammeln, Baumaterial und Wärmeisolation. Das tote Erdferkel am Straßenrand, gedunsen, mit den bleichen Pfoten und dem traurig langen Rüssel, und der Schakal in seiner Nähe. Die Kinder, die mit Lumpenbällen spielen, wie ich sie nur aus Geschichten kannte, und es ist ihr einziges Spielzeug. Niemand lehrt sie zu bauen, zu konstruieren. Unser stiller Fahrer, der sich abseits hält, eine Winzigkeit immer, nach nichts fragt, und dem das, fälschlicherweise, glaube ich, als *Warten auf Bedienung* ausgelegt wird. Und der den Kindern noch winkt. Der Spott der Jungs gegen einige Fahrer, schon nicht mehr schön mitunter. Der Spaß in der Runde pausierender Schlosser, mit Andreas' Sportvorführungen, Liegestützsprünge mit In-die-Hände-Klatschen, die Verblüffung hervorrufen. All das an einem einzigen oder jedem Tag.

Es umgibt mich und ich nehme es doch schon kaum mehr wahr. Auch ich habe Sehnsucht nach zuhaus. Es wird wieder gedroschen. Die Abfahrer jagen zu den Maschinen, aber sie kommen nicht nach. Und wenn wir auf dem Feld eine Elovatorklappe öffnen, ohne einen Sack unterzulegen, und das Korn rinnt heraus, gibt es böses Blut. Die Abfahrjungs scharren den Weizen zusammen, und wenn sie nicht in der Nähe sind, wird irgendjemand das Häuflein bewachen, umgeben von einem halben Hundert Jungen und Mädchen, die sich gern darauf stürzen würden, aber verjagt werden von Drescherfahrern, Watchmen oder Traktoristen.

Fünfundsiebzig Prozent der Fläche, über 500 Hektar, sind abgeerntet.

Und noch etwas gibt es, das auffiel an diesem Tag: Die Fürsorge Michaels für Detlef, dem es etwas besser geht. Sein Fragen, sein Erzählen. Es tut gut, wenn sich einer so kümmert. Und Detlef ist eigentlich jemand, der das braucht, aber nie würde er seine Ansprüche laut geltend machen. In den Briefen, die er erhielt, stand auch nicht viel Gutes. Das erwähnte er, aber mehr dazu sagte er nicht.

28. November

Gestern Abend, als die kleine, um eine Ginflasche versammelte Runde sich aufgelöst hatte und ich aus dem Klubraum, wo ich in der Nüchternheit des langen, wachstuchgedeckten Tisches mit Menagerien, Strohblumensträußen, mit der Konservendose als Aschenbecher und einer Flasche gesessen und geschrieben hatte, zurückkam, um schlafen zu gehen, bot sich ein in seiner Stimmung seltsam vertrautes Bild: Auf dem Tisch stand die leere Flasche, standen schmutzige Gläser und zwei Kerzen, an seiner Stirnseite blieb Thomas sitzen und dachte nach. Die anderen schliefen schon. Aus dem Rekorder zum weiß-nicht-wievielten Mal *Time*, das mich wohl immer an den letzten Tag an der algerischen Mittelmeerküste erinnern wird, als ich unterhalb der Straße und einer Limonadenbude, aus der die gleiche Musik drang, Steine sammelte und mich auf meine Art von einem Land zu verabschieden begann.

Jetzt aber blickte ich mich, auf dem Campingbett liegend, in unserer Behausung um, sah zu Thomas herüber und wußte, daß ich auch nicht im Ansatz vermöchte, seine Gedanken zu erraten. Er sitzt oft so, manchmal auch auf dem Stuhl neben seinem Bett, abends, wenn es dunkel wird, schweigt und ist halb hier und halb fern irgendwo. Dann scheint er ein anderer zu sein als der eifrige Erzähler, der viel lacht und nur morgens einigermaßen unausstehlich ist.

Wie lange funktionieren in einer Gruppe von dieser Größe die Mechanismen, mit denen wir unser Inneres blockieren, vor fremdem Zugriff schützen, indem wir es verbergen oder wissentlich verzerrt stückweise ans Licht lassen, Glitzerkugel statt schlagendes Herz?

Helmut, Jan und ich hatten ohnehin vor, nach dem Frühstück zum Arzt nach Malka Wakane zu fahren, Permission oder nicht. Die äthiopischen Posten an der Zufahrt zum Staudamm machten uns auch keine Schwierigkeiten. Auch Jan erweist sich bei solchen Fahrten als offener Erzähler, denkt laut, erinnert sich an etwas, aber nicht über und an alles.

Erst wenn man über den zwanzig Meter breiten, ohne Beton oder andere Bindemittel errichteten Damm fährt, der bis zur vollen Inbetriebnahme des Kraftwerkes noch um sechs Meter in die Höhe wachsen soll, gewinnt man einen Eindruck von der Fläche, die der Stausee schon jetzt beansprucht. Aber das Wasser zieht nicht in den Boden hier, wo es kaum Bäume gibt. Die Ufer bleiben trocken. Manche meinen, daß er das Wetter beeinflußt, das Klima in diesem Gebiet. Allmorgendlich, wenn wir nach Sirofta fahren, sehen wir die mächtige Dunstfahne, die von seinem Spiegel aufsteigt und sich bis nach Asassa hinzieht.

Jenseits des Dammes ist eine kleine Stadt entstanden. Feste Wohnbauten, Klubhaus und andere Einrichtungen. Straßen mit, was selten ist in dieser Gegend, Verkehrszeichen, Häuser mit kleinen oder größeren Vorgärten, in denen wir neben Bäumchen, Sträuchern und Blumen auch Kohlbeete und kleine Gewächshäuser entdecken.

Hier haben sich Menschen für einen ganzen Abschnitt, einen wichtigen, ihres Lebens eingerichtet. Das verrät auch die Sorgfalt, mit der der Anstrich der Häuser erfolgte, verraten Kleinigkeiten wie Gardinen und dergleichen. Und mir schlägt das Herz auch deshalb höher, weil alles, was ich sehe, trotz äthiopischer Architektur und internationaler Technik den Atem verströmt, den ich liebe, den Atem der Sowjetunion, der sofort Erinnerungen weckt an Gutes, das ich nicht missen möchte.

Auch die Klinik ist in einem der Häuser, nahe dem Seeufer, untergebracht. Auf einer Bank im Vorraum saß eine junge äthiopische Frau und strickte. An den Wänden waren umfangreiche Darstellungen zur gesunden Ernährung, zur Zahnpflege, zu Haut- und Geschlechtskrankheiten, zum Alkoholismus angebracht. Die Erklärungen waren in Schönschrift gemalt und mit Illustrationen versehen, farbig mit Tusche und Pastellkreide. Ein Künstler hatte sich betätigt.

Wir wurden empfangen wie Freunde, lächelnd, verständnisvoll, herzlich. So als hätte man auf uns gewartet. Sofort bekam ich eine Salbe für meine Flechte, ein englisches Präparat übrigens, und Jan und Helmut wurden zum Zahnarzt gebeten. Nach kaum einer halben Stunde waren beide ihre Schmerzen los. „So freundlich und ohne Hektik bin ich zu Hause noch nicht behandelt worden", meinte Jan, kaum daß wir draußen standen und er endlich wieder rauchen konnte, was ihm scheinbar nicht weniger bedeutete, als die Schmerzlosigkeit.

Dodola ist, verglichen mit Asassa, ein wohlhabender Ort. Den Häusern sieht man es an, den Gärten, den Zäunen. Auch wenn es hier nur stellenweise elektrischen Strom gibt. Die Schule, wo das Solidaritätsmeeting stattfinden sollte, verfügt über ein ziemlich weitläufiges Gelände, mehrere feste Gebäude, Hof und Sportplatz. Schon als wir auf das Gelände einbogen, wurden unsere Fahrzeuge von Kindern umringt, daß wir schon fürchten mußten, sie würden den Pickup stürmen.

Wir sahen Baumreihen, kleine Blumenbeete und überall Fahnen in den Farben Äthiopiens, Staatsflaggen der Volksrepublik und der DDR, den Schulwimpel und die FDJ-Fahne. An den Wänden der Schulhäuser waren mit Ölfarbe Tiere gemalt, ein Kleinkind, das sich aus einer Blüte erhebt, die Karte Äthiopiens und eine Weltkarte.

Einfach eingerichtet die Klassenzimmer. Hölzerne Bankreihen und eine alte Tafel. Auf einer von ihnen noch Rechenbeispiele für das kleine 1 x 1. Sehr hell war es nicht und Lampen waren auch nicht zu entdecken. In einem der Räume, wo die Bänke entsprechend umgestellt waren, richteten wir den Basar ein. Wieder waren es vor allem Zeitungen, Blechbüchsen und Haushaltswaren.

Dann baten die Gastgeber uns, im Hof Platz zu nehmen, unter einem Vordach, wo ebenfalls einige Bänke aufgestellt waren. Im Halbkreis, dicht gedrängt, standen Kinder und Erwachsene. Ich suchte nach Gesichtern und fotografierte, während Dodolas REYA-Sekretär, sein und unser Dolmetscher an ein altersschwaches, ans Megaphon angeschlossenes Mikrofon traten. Die Rede ähnelte der von Bokoji, aber ich merkte, daß hier weitaus größeres Augenmerk auf den materiellen Aspekt der Veranstaltung gelegt wurde. Die Summen vergangener Jahre wurden erwähnt,

500 und 850 Birr, Dank dafür gesagt, Hoffnung ausgedrückt. Die Schlagworte vom proletarischen Internationalismus wirkten darüber für Augenblicke wie ein Federkleid. Aber ich konnte mich irren. Vielleicht saß ich der ausdruckslosen Miene des stark akzentuiert sprechenden Dolmetschers in seinem selten getragenen guten Anzug und Schlips auf?

Auch Helmut sagte ungefähr das Gleiche, wie beim letzten Mal. Auch er las sauber vom Blatt. Warum bemüht er sich eigentlich, die Politik genauso langweilig zu machen, wie er sie kennt? Oder langweilte nur ich mich? Ein Blick in die Runde schien das Gegenteil zu belegen.

Erst als der REYA-Sekretär verkündete, als nächstes finde das Volleyballspiel statt, ging ein freudiges Geheul durch die Reihen der Jüngeren. Wir zogen unsere weißen Jerseys an und wurden, als wir das Spielfeld betraten, mit Beifall empfangen. Es war dicht gesäumt von Schaulustigen und es waren, was mir sofort auffiel, weniger Stöcke anwesend als in Bokoji. Auch die Stimmung, zeigte sich während des Spiels, war merklich besser.

Vorläufig war ich, wie auch Helmut, Ersatz. Die Äthiopier konnten spielen, kannten auch die Tricks, aber der Schiedsrichter war betont streng gegenüber ihrer Mannschaft. In der zweiten Hälfte des Spiels begann der REYA-Sekretär über das Megaphon zu kommentieren, uns zu loben und das Publikum zu Beifallsbekundungen aufzustacheln. Für jede gute Szene, gleich auf welcher Seite, gab es jetzt heftigen Applaus. Im dritten Satz spielte ich für Gerald. Und ich war aufgeregt!

Zufällig hatte ich fünf Angaben hintereinander und zog Aufmerksamkeit auf mich bei einer Sache, in der ich mehr als ein Fremdling bin. Wovon ich mehr ins Schwitzen kam, dadurch oder durch das Spiel, das wir schließlich natürlich doch verloren, weiß ich nicht. Aber wir waren alle wenigstens für eine Stunde guter Laune.

Dann begann der Solidaritätsbasar. Helmut hatte mich wieder als *Finanzminister* berufen: Geldzähler also. Die anderen hielten sich zum Verkauf bereit. Vor der Tür und an den Fenstern stauten sich die Leute, eine kaum überschaubare, kaum zu bändigende Masse. Aber es kam, dafür sorgten die REYA-Leute, niemand herein. Stattdessen versuchten zwei von ihnen, anhand von Listen Überblick darüber zu gewinnen, was alles wir verkaufen wollten. Andere von ihnen ließen sich von uns abgezählte Packen *News* geben und verkauften sie draußen. Das Geld, fünfzig Cent pro Zeitung, brachten sie herein. Es ging schnell und für uns natürlich einfacher.

Später erzählte Jan, der ebenfalls draußen war, daß neben ihm einer der fliegenden Händler die Zeitungen für fünfundsiebzig Cent vertrieb. Inzwischen hatten andere Funktionäre sich gründlich umgesehen und *zurücklegen* lassen, Waren für 337,50 Birr und damit so ziemlich alles Haushaltsgerät von Wert, das zum Verkauf stand. Dann erst durfte eine zweite, ebenfalls erlesene Garnitur den Raum betreten. Die mit den Listen huschten derweil weiter zwischen uns umher. Nur Helmut und ein paar andere, die am Fenster standen, konnten etwas Zeug unter die Leute bringen, die dessen am dringendsten bedurft hätten.

Ist es ein Wunder, daß mir langsam die Wut aus dem Bauch aufstieg? Daß ich Lust hatte, ihnen das Geld vor die Füße zu schmeißen? Nein, ein äthiopisches Problem ist das nicht. Keine Mangelerscheinungen ohne Korruption und Schwarzhandel. Aber: So wie die Kommunisten niemand von ihren Ketten befreien wird, wird sie, gelangen sie zur Macht, auch niemand von ihren Privilegien befreien, mit denen sie sich und die Sache des Volkes beschmutzen. So lange es am Nötigsten fehlt, ist es die Ehre der Avantgarde, zurückzustehen. Oder nicht? Oder nicht mehr?

Noch nicht - das ist falsch. Je früher die Ideale einer Gesellschaft vor aller Augen in den Dreck getreten werden, um so geringer sind für sie die Aussichten auf Heilung, um so schmerzhafter ist die Genesung und um so mehr von ihrer Perspektive, die die Zuarbeit und Kraft aller doch letztlich braucht, büßt sie auf lange Zeit ein. Wie könnten wir etwas dagegen tun ohne Affront, ohne abzulassen von der eigentlich richtigen Idee?

Als der Verkauf beendet war und es ans Bezahlen der über dreihundert Birr ging, drucksten unsere Gastgeber herum und erst auf Mahnen Dagnes und Helmuts schleppten sie das Geld aus allen Himmelsrichtungen zusammen.

An den insgesamt 1414 Birr (plus 20 Küchenkasse und 20 Bier) konnte ich mich nicht freuen, Unterstützung hin oder her. Natürlich riß die Kette der Verdächtigungen nicht mehr ab, was mit dem Geld geschieht, ob sie sich *ihre* Summe zurücknehmen. *Das geht uns nichts an* - so weichen wir aus. Wie sollten die höflichen Lügen sonst am Abend über die Lippen gehen? Wie gut uns das alles gefiel, wie es die Freundschaft mit der Bevölkerung festigt (die von draußen der Mauschelei mit dem Kuchen zusah und nach Krümeln jagte) und so fort.

Einzig Bernd schien das Verfahren in Ordnung zu finden: *die Verdienstvollen zuerst.* Freilich: Das hat er von zuhaus. Wie auch die anderen, Jan, Andreas N., ihre Bemerkungen von dort haben: *Die Reichen immer mehr, die Armen nichts.* Und die Schultern zucken. Sozialismuserfahrung? Soll das nicht wehtun? Bibi ist mit andren Beispielen zur Hand, dem Vorgesetzten, der *für die abwesenden Kollegen* Pfirsiche mitnahm, die sie nie bekamen. Es ist ein Frust in den Leuten, der sich schwer auftauen lässt und schon gar nicht, wenn er verdrängt wird.

Vielleicht ist es ein Zeichen politischer Unreife, über Verhältnisse enttäuscht zu sein, die das zwingend praktische Ergebnis einer geschichtlichen Entwicklung sind. Es ist immer eine Don Quichotterie, die gesellschaftliche Praxis mittels einer schönen Theorie ausschelten zu wollen. Das Ideal, das Modell kann nur Werkzeug zur Veränderung sein, aber keine Mohrrübe, die man dem Esel, auf dem man selber sitzt, vors Maul hält, damit er schneller läuft und aufhört zu bocken.

Das alles ist sehr wahr. Aber es führt auch zu nichts, Widersprüche zu ignorieren oder stillschweigend hinzunehmen. Dazwischen, der Ignoranz auf der einen, Besserwisserei und Einmischung auf der anderen Seite, liegt das eigentliche Feld unserer Möglichkeiten. Aber dazu ist auch gemeinsames Nachdenken nötig. Oder man begnügt sich damit zu sagen, was sicher auch sein Stück Wahrheit enthält: *Politik ist ein Scheißgeschäft.*

Das Hotel in Dodola, auf einem großen Hof gelegen, ist ein freundlich gestrichenes Haus mit sauberen Wänden, Gardinen, einem noch neuen, freundlichen Tresen, Tischen und Barhockern und zudem einigen hübschen Serviererinnen. An der Wand Kalenderblätter mit Frauenköpfen, auf dem Tresen eine starke Benzinlampe, Kerzen.

Dorthin lud man uns zum Abschluß des Tages ein. Die REYA-Leute und wir saßen uns an der Tafel bei Bier und Inshera gegenüber, hier und dort entspann sich ein kleines Gespräch. Die letzten Reden, nachdem das Geld gezählt war, ließen noch auf sich warten.

Im Kreis der Funktionäre befand sich auf dieser Stadt-, also unteren Ebene, keine einzige Frau. Danach fragte ich meinen Gegenüber und erfuhr, daß es wohl eine ganze Menge Mitglieder weiblichen Geschlechts gibt, die Mädchen aber mit fünfzehn heiraten (Jungs ab achtzehn) und daher wenig Zeit und Möglichkeit hätten, Funktionen zu übernehmen. Das leuchtet auf dieser Entwicklungsstufe ein, zeigt aber nur, was alles noch tun bleibt. Nicht nur in Äthiopien, ich weiß.

Verwundert war unser Gesprächspartner darüber, daß wir morgen arbeiten. In der DDR bei der Ernte rollende Woche, sechzehn Stunden bei gutem Wetter, schon schon, aber das würden sie nicht übernehmen. Wie groß war sein Erstaunen, als wir erzählten, daß sowohl in Sirofta als auch in Goffar am Wochenende gearbeitet wird von den Äthiopiern. Er wußte es nicht. Zu seinen Aufgaben gehört die ideologische Arbeit während der Ernte. Damit war das Erstaunen bei uns, wieder kein gutes, leider.

Jan und Michael hatten sich nach dem Essen an die Bar gesetzt. Sie tranken eine Flasche Wein, unterhielten sich mit der Kellnerin und den Leuten der REYA, die am Tisch keinen Platz mehr gefunden hatten. Ihr Abseilen zerstörte wohl das nette einheitliche Bild, war aber zugleich ein Heranrücken an die Leute.

Doch nun kamen die Reden und Helmut ärgerte sich über die

beiden, die zwar halbwegs zuhörten, aber... Bibi sprang ihm bei, ging wohl auch zu den beiden und bekam zur Antwort: *Was ihr euch überhaupt aufregt.* Zitierte das am Tisch und kommentierte es mit einem Kraftwort.

Ich sah wieder herüber und je länger ich das tat, um so neidloser fühlte ich mich ihnen verbunden. Sie tanzten, lachten, redeten und werden jenen, mit denen sie das taten, in guter Erinnerung bleiben. Was spricht gegen ihr Verhalten? Die Sicherheit haben sie nicht verletzt, gestört auch nicht. Nur eben das schöne Bild der *Artusrunde*. Sind wir nicht alle alt genug zu entscheiden - und zwar auch danach, was jetzt gut für uns ist, gewinnbringend? Besser so als abwesend am Tisch.

Auch unser Fahrer war bei der Rückfahrt aufgekratzter als sonst. Als Andreas wieder ein weiches *Tanastaling* vernehmen ließ, mit dem wir einen der Fahrer manchmal verspotten, sagte er: *Scheißerman. Not ethiopien character!* Dann zeigte er, wie der äthiopische Mann spricht: Klar, sachlich, selbstbewußt!

Unser Fahrer ist zweiundzwanzig, unverheiratet, seine Eltern leben in Addis, sein Bruder studiert seit vier Jahren in der DDR. Getrunken hatte der Fahrer wenig, drei Bier, und wir haben uns inzwischen daran gewöhnt, daß das Fahren unter Alkohol auf den meist wenig benutzten Straßen hier normal zu sein scheint.

Wohlbehalten langten wir in Garadella an und noch einmal fand sich in unserem Zimmer eine kleine Runde, Bibi, Detlef, Jan, Andreas N. und ich, zusammen. Wieder ging es um den Solibasar. Unwohl war eigentlich jedem von uns, doch jeder hatte andere Gründe dafür und an jedem hing ein Rattenschwanz anderer, die mit Erlebnissen, echten und vermeintlichen Erfahrungen zu tun hatten. *Die Sachen verschenken*, meinte Jan. Aber was wird aus der REYA-Unterstützung? *Ganz abblasen, woanders machen*: Bibi. Wo die Bedingungen besser sind. *Viel billiger, daß alle es sich leisten können, nicht nur die von der REYA*: Andreas N.

Für und wider und für, es ließe sich fortsetzen, wir gerieten in Hitze, ohne eine Lösung zu finden. Aber Montag ist doch Parteilehrjahr. Über den Schatten hinweg, daß es nicht lohnt, die

Meinung zu sagen, wie einige glauben, dort miteinander reden. Wir nahmen es uns vor.

29. November

In Asassa stand wieder einmal der *Verrückte* im schwarzen Unterkleid auf der Straße. Kurz dahinter bemerkten wir, daß es geregnet hatte. Jeder Regen verzögert die Ernte.

Tatsächlich wurde nicht gedroschen und außer eine Mähdrescherkupplung zu reparieren, hatten wir kaum etwas zu tun. So zog es Andreas und mich auf den Werkstattwagen zum *Katsaman* und seinem Freund.

Die hier oben arbeiten, sind so etwas wie eine kleine Elite, zumindestens halten sie sich dafür. Sie machen keinen Hehl daraus, daß sie ihren Kollegen nicht allzu viel geistige Substanz zutrauen. Wieweit sie damit Recht haben, können wir auch nur nach dem Gefühl entscheiden. Jedenfalls ist uns mit den beiden und ihren Kollegen wenigstens ein bißchen Verständigung möglich.

So erfahren wir, daß Fekado, also *Mr. Ouzo*, die meisten Sachen, die er von uns bekam, für das Doppelte weiterverkauft und dazu noch tratscht. Das wäre zu ertragen, aber er setzt auch andere unter Druck, um sich das Geschäft nicht aus den Händen nehmen zu lassen.

Vielleicht wurde uns das alles nicht ganz uneigennützig erzählt. Aber bei dem kleinen *Kubaner* ist etwas, das mir ausnehmend gut gefällt. Nicht die Schwärmerei über das Land, wo er studierte. Die ist zuweilen sogar etwas anstrengend. Aber sein, ich trau mich nicht zu sagen: naiver Enthusiasmus für die Revolution. Der erste Satz, den er mir heute spanisch beizubringen versuchte, war: *Wir kämpfen gegen den Yankee-Imperialismus.*

Mit Sprachen hatten wir es heute. Für die unten mußte es schon seltsam wirken, wie wir, immer über die englische Übersetzung, russische, spanische, amharische und deutsche Brocken kauten. Aber uns und später auch Bibi machte das Spaß. *Ich liebe dich! Ich hab dich gern! Guten Tag! Küß mich! Auf Wiedersehen! Ich will mit dir schlafen! Guten Morgen! Arschloch! Liebst du mich?*

Es dauerte seine Zeit, bis wir des Spiels überdrüssig wurden, und draußen gab es noch immer nichts zu tun. Erst um zwei begann der Komplex zu dreschen und um vier, als wir losfuhren, regnete es schon wieder.

Bei *Mulu* machten wir Station. Unser *Boy* kam. Diesmal hatte er sich ein Schuhputzerkästchen geborgt und so konnte ich der Zeremonie flinker Hände beiwohnen. Zuerst wird aus dem Innern des Kastens ein Lappen, ein Stück Schwamm in einer Dose, Schuhcreme nebst Bürsten zutage gefördert. Dann der Fuß des Kunden auf den Kasten gesetzt, mit feuchtem Schwamm der Schuh gesäubert, mit Lappen nachgerieben und schließlich abgebürstet. Anschließend der Schnürsenkel geöffnet und herausgezogen, um auch die Lasche eincremen zu können. Schließlich poliert und wieder zugeschnürt. Zum Zeichen, daß er fertig ist, klopft der Schuhputzer ans Kästchen. Das Gleiche von vorn.

Inzwischen kann der Kunde sein Bier weitertrinken, einen Schwatz halten oder Zeitung lesen. Das alles dauert kaum fünf Minuten. Zehn bis fünfundzwanzig Cent sind ein angemessener Preis. Das Zeug wird verstaut und mit dem halben Dutzend Kronkorken auf einem Nagel an der Seite des Kästchens klappernd, sucht der Schuhputzer neue Kundschaft. Es kann aber auch passieren, daß er mit Fußtritten herausbefördert wird, weil er in fremdem Revier arbeitet oder sonstwie unwillkommen ist.

Unser *Boy* ist sichtlich stolz auf seinen Kontakt mit uns. Der bringt ihm etwas ein und zudem sind wir in Gaststätten oder auf der Straße eine stille Schutzmacht für ihn, die ihm offenbar auch Macht über Altersgenossen verleiht. Seinen Verdienst hat er mit dem Besitzer des Putzzeugs geteilt. Er holt aber auch Zigaretten oder Limonade, die es bei *Mulu* gerade nicht gibt, und vor allem: Er ist immer da. Letzteres scheint sein Ehrgeiz zu sein, denn schließlich hängt davon seine Position, wohl auch in der Hierarchie anderer Kinder, ab.

Ob er eine Kindheit hat? Nach unseren Maßstäben wohl nicht, aber wie viel das besagt, wissen wir nicht. Auch Mädchen, solange sie nicht älter als vierzehn, fünfzehn sind, verdienen dazu. Sie gehen mit großen, mit einem Wolltuch bedeckten Bastschalen herum und verkaufen becherweise gerösteten Weizen für zehn

Cent. Später, falls sie kein Glück haben, verkaufen sie für zehn Birr sich selbst.

Ich denke daran und vergesse es erst, als ich die singenden Kinder sehe, die abends vor unserer Tür vorbeigehen. *Andreas*, rufen sie: *Andreas!* Und singen besonders laut und klopfen besonders rhythmisch auf ihren kleinen Pappeimer, damit er sie hört.

30. November

Angenehmer sind die Gespräche auf oder vor dem Werkstattwagen. Zu den am häufigsten gestellten Fragen gehört auch die nach der Spaltung Deutschlands und den Aussichten zu einer Wiedervereinigung. Mit meinen englischen Brocken, Stift und Papier versuche ich zu erklären, habe aufmerksame Zuhörer. Ihre letzte Frage lautet: *Und von wo kommen die Maschinen?*

Später reden wir über die Säckeschlepperei, denn einer ist gerade mit Kreuzschmerzen vom Abbunkerplatz herübergekommen. Sie wissen, daß man sich, gerade in jüngeren Jahren, mit solchen Lasten die Gesundheit zerstört. Aber was sollen sie tun? Eine Sackkarre ist für das Gelände untauglich bei 100-Kilo-Säcken. Für hydraulische Anlagen fehlen Material und Geld. Auch Sport ist immer wieder ein Thema. Einige der Männer laufen oder machen Kraftsport.

Um zwei Uhr stehen die Drescher noch immer und wir machen uns auf den Rückweg. So bleibt Zeit für ein warmes Bad, das mir wenigstens auf die Beine hilft. Dann Küchendienst, Abendbrot, Abwasch und um acht Parteilehrjahr.

In das angebotene Material hatte ich noch einen kurzen Blick geworfen. Neues entdeckte ich nicht. Wie zu erwarten, hakte das Gespräch sich einige Mal am Basar in Dodola fest, aber es kam auch dabei nicht viel heraus.

Bernd handelte seine Lektion ab mit Zwischenfragen an die *Schüler.* Warm werde ich damit nicht. Viel näher sind auch den Jungens hier die Probleme, denen sie sich praktisch gegenüber sehen.

In Goffar wird auf Nomaden, die ihr Vieh ins Korn trieben, geschossen, aber 600 Hektar Gerste bleiben ungeerntet. Der Pro-Kopf-Verbrauch von drei Bäumen im Jahr treibt die Bodenerosion voran und untergräbt Aufforstungsprogramme. Wieso wird nichts getan, daß die Gasproduktion und der Vertrieb steigen, die dem allmählich entgegen wirken könnte? Weshalb ist das Land nicht in der Lage, Solidaritätsgüter aus dem eigenen Hafen auszulösen, wenn in der Lagerfrist weiter Leute krepieren? Warum werden für die geschenkte Technik keine Ersatzteile nachgekauft, so daß sie reihenweise zu Schrott wird und völlig ersetzt werden muß? Warum tun wir so gutmütig?

Darauf wußte Bernd keine Antworten, aber das sind doch momentan unsere eigentlichen Fragen, die uns wenigstens ebenso beschäftigen, wie die globale Lage der Entwicklungsländer.

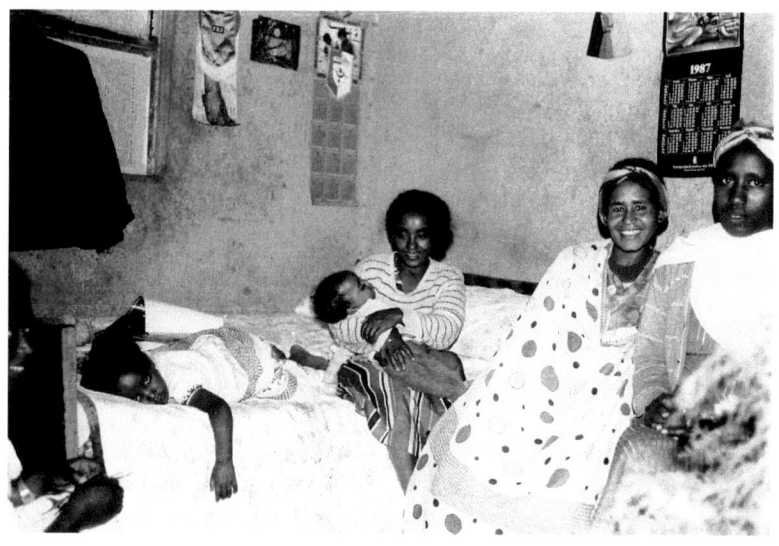

1. Dezember

Am Abend brachte Detlef eine Luftfilterschale mit, füllte sie mit Sand und bastelte mit dem Dolmetscher zusammen einen Adventskranz daraus. Zwar mit einem Tag Verspätung, aber dennoch hingebungsvoll, schafften die Jungs sich ihre Weihnachtsstimmung.

Aus der Küche tauchten noch eine Flasche Ouzo und eine Flasche offenbar selbstgebrannter 75-prozentiger National-Schnaps auf. Cola und Bier holten sie aus der Kneipe. Dann saßen sie um das Kerzenlicht, schwatzten und spielten *Schwindel-Max*. Einige, auch ich, lagen auf ihren Betten. Große Kinder sind wir im Grunde genommen alle. Wie sonst käme jemand auf die Idee, aus Grillfolie Lametta zu schneiden?

Andächtig werden die Tage, wie bei der *Fahne*, auf dem Kalender abgestrichen, wird der Tag des Heimfluges rot gekennzeichnet.

Manche, Jan und auch Thomas, gehen regelmäßig den Chefschweißer besuchen und trinken Kaffee mit ihm. Sonst sind wir unter uns. Staub- und Windfang Garadella. Ein bißchen ärgere ich mich, nicht mit nach Goba zu kommen. Auch in Montegene war ich nicht.

Von afrikanischer Flora und Fauna habe ich praktisch nichts gesehen. Aber ich hatte mich von Anfang an entschlossen, keinen Versuch zu unternehmen, mir Sonderrechte einzuräumen. Vielleicht ist das falsch aus literarischer Sicht. Aus menschlicher, kollegialer ist es wohl richtig.

2. Dezember

Erst um acht war ich heute aufgestanden und langsam in den Tag hineingetapst. Michael hatte noch länger gelegen. Vorgenommen hatte ich mir eine ganze Menge und gehofft, auch auf Verse zu stoßen, Formbares. Aber erst einmal kehrte ich unsere Bude, machte mich ans Wäschewaschen und bat Jan um einen Versina-Kistendeckel, der sich, mit einem Laken bespannt, in die Wandzeitung für die Kinder der Botschaftsschule verwandeln sollte. Viele Möglichkeiten haben wir hier nicht, aber farbiges Papier fand ich in Broschüren, Fotos wählte ich unter den vorhandenen aus und der Text ist mir vielleicht auch gelungen. Andreas übrigens hatte noch die beiden neueren Gedichte mit nach Addis genommen und einige Zeichnungen von sich. Am Abend teilte er mir mit, daß Peter Kroh die Absicht habe, aus dem vorhandenen Material eine Kulturseite zu gestalten. Er fährt nächste Woche zurück. Mal sehen, was daraus wird. Mir große Hoffnungen zu machen, versuche ich mir wieder einmal abzugewöhnen.

Besonders freundlich war dieser Tag nicht. Die Sonne konnte sich nicht recht zu einem großen Auftritt entschließen und der Wind trieb fast den ganzen Tag Staubwolken vor sich her, die das Gesicht, Tisch und Papier grauten. Trotzdem blieb ich draußen sitzen, um mich an die letzte Post zu machen. Viele Möglichkeiten, einmal den Ort zu wechseln, bietet unser kleines Camp ohnehin nicht, und die immer gleichen Wände machen mich auf die Dauer verrückt. Nur am Garadellaberg, dem Gebirge dahinter und der Wellblechsiedlung davor bleibt mein Blick noch immer und immer wieder hängen. Ich lausche auf die nicht vorhandenen, sonst so vertrauten Geräusche. Trotz Hahnenschrei und Wind scheint das Dorf in Stummheit zu fallen.

Nachmittags heize ich noch die Waschmaschine für die Jungs und badete selbst in der Plastewanne, die nicht größer ist, als der Waschkorb zu Hause. Die Haare wusch ich mir mit Hilfe einer Würstchendose und fühlte mich dabei ausgezeichnet. Der Mensch gewöhnt sich an alles und lernt, auch für den geringfügigsten Luxus dankbar zu sein.

Vor der Küche saß Blacky, nun schon seit einiger Zeit nicht mehr so mager und mit glänzendem Fell. Er hat inzwischen gelernt, sein Revier zu verteidigen und uns als Brotgeber zu kennen. Geber, nicht Herren.

Am Abend, nach dem fetten Rotwurstessen, war mir schlecht. Wahrscheinlich hatte ich auch etwas Fieber und jedenfalls keine Lust mehr, zu schreiben. Um das Adventsgesteck versammelte sich eine Runde, Bernd darunter diesmal. Nach diesem Arbeitstag mit anderem Selbstgefühl im Gespräch mit den Jungs, aber immer noch mildernd, alles Mögliche rechtfertigend, von einem lähmenden Liberalismus. Ich verlor sehr schnell die Lust, mir dieses ach so vernünftige und plausible Gewäsch anzuhören, das seinem Kern nach immer die Wahrheit ist und mit eben solcher Konsequenz mir immer haarscharf an ihr vorbeizugehen scheint.

Lieber las ich noch ein paar Zeilen Zola *Das Geld* und versuchte, meinen aufgebrachten Magen zu beruhigen. Daß ich auch diese Nacht nicht würde durchschlafen können, wußte ich ohnehin.

3. Dezember

Denke ich an meine unruhevolle Hast mit ihrem Durcheinander in den ersten Tagen meines Äthiopienaufenthalts, mutet mich diese Stimmung ein wenig seltsam an. Sie hat so gar nichts Verheißendes, Traumgewolltes mehr an sich. Das hängt auch mit der zermürbenden Warterei und Untätigkeit zusammen, die uns durch immer neue Regenfälle in Sirofta aufgezwungen wird. Das Korn ist naß und kann nicht eingebracht werden.

Wenn man aber schon am Morgen die mehr als 60 Kilometer Roughroad auf sich nimmt, ohne überhaupt zu wissen, ob das irgendeinen Nutzen bringt, so erwartet man auch nicht vielmehr, als die Stunden irgendwie hinter sich zu bringen, und diesem Irgendwie haftet von vornherein etwas Zerstörerisches an. Es trübt den Blick in die nun schon bekannte Landschaft, läßt keine Freude aufkommen über neue unerwartete Details, wie die Scharen von Gänsen, die angezogen vom Stausee Malka Wakane nun auf den abgeernteten Feldern nach Futter suchen.

Was will ich beschreiben, die Zeremonie des Tankens? Wir fahren beim Office vor, wo der Fahrer sich seinen Coupon in mehrfacher Ausfertigung holt und abstempeln läßt, um die Scheine dann auszufüllen. Dann geht es zurück zur Tankstelle, wo wiederum Unterschriften geleistet und Eintragungen vorgenommen werden müssen, bevor der Tankwart das Schloß an der Zapfsäule öffnet und die genau bemessene Ration von fünfzig Litern abgibt. Inzwischen hat Bibi Zeit, *seine* Elektrikerin zu besuchen oder mit den Leuten vom *Fortschritt*-Service zu sprechen, vertreten wir uns die Beine. Das ist alles und wiederholt sich alle ein bis zwei Tage. Noch weniger geschieht auf dem Feld. In zwei Reihen ausgerichtet, warten die Drescher auf ihren Einsatz. Fahrer und Schlosser lungern herum.

Inzwischen hatten die anderen Jungs und einige Äthiopier sich auf den Weg gemacht, eine Höhle in Augenschein zu nehmen. Plötzlich stoben sie davon, erschreckt durch ein aufgescheuchtes Tier, das sich bald als kleiner Waschbär zeigte. Zum Auto zurückgekommen, hatten sie schon wieder gute Laune.

Ich konnte auch nicht den ganzen Tag im Wagen verbringen, zumal ich immer noch Magenschmerzen hatte. Als die äthiopischen Schlosser bemerkten, daß ich zu Mittag nichts aß, setzten sie eine besorgte Miene auf und erkundigten sich von beiden Seiten, was mir fehle, ob ich nicht zum Arzt wolle, strichen mir sogar durchs Haar.

Wäre einer da gewesen, hätte ich jetzt einen halben Hammel gefressen, um meine Gesundheit unter Beweis zu stellen. Wenigstens stieg ich aus, beschwichtigte sie und suchte das Gespräch auf andere Dinge zu lenken, zum Beispiel auf die Komplexernte bei uns, von der ich theoretisch das eine oder andere inzwischen mitbekommen habe, auch daß unsere Weizenerträge bei 70 Dezitonnen je Hektar liegen. Hier sind es 40 Dezitonnen je Hektar und die Ernte ist gut. Noch. Wenn der Regen nicht überhand nimmt.

Beizeiten fuhren wir zurück. Manchmal, wenn unser Fahrer (ich kann mir seinen Namen einfach nicht merken) hinter einer kleinen Schafherde hupt, kann es passieren, daß die Tiere erst einmal ruhig stehen bleiben und sich stattdessen der Hütejunge aus dem Staub macht. Nicht nur zugewinkt wird unserem Wagen. Gerade Kinder der Nomaden nehmen zuweilen, halb im Spiel, halb aus anerzogener Distanz eine Drohhaltung ein, heben manchmal auch einen Stein auf.

Auch am Abend war mir noch nicht viel besser. Ich machte mich an die letzte Arbeit meines Küchendienstes, das Reinigen unserer beiden Scheißhäuser. Das verbesserte meinen Appetit auch nicht, aber meinem Unwohlsein nachzugeben, hatte ich auch keine Lust.

So bot ich Bibi an, mich mit ihm an die Beurteilungen zu setzen. Wir nahmen uns eine Flasche Wein mit und gingen in sein Zimmer hinüber. Für mich war das auch eine Gelegenheit, einmal auf die Protokolle der persönlichen Gespräche zu sehen. Die Aussagen gleichen sich. Lediglich beim Dolmetscher war vermerkt, er *vermisse jene Haltungen, die wir in Bärenklau den Brigadisten anerziehen.* Es werde zu subjektiv geurteilt. Aus seiner

Käseglockenperspektive der Schule mag er recht haben. Mich hat ja selbst vieles in den Haltungen der Leute anfangs verstört, aber inzwischen weiß ich, daß ich all das nicht losgelöst von der Arbeit betrachten darf, in der sie sich ja vor allem verhalten. Diese Erfahrung konnte Bernd nicht machen. Gleich, ob er sie genutzt hätte oder nicht, verbietet der Vorwurf sich. Was nicht heißt, daß er mir sympathischer geworden wäre.

4. Dezember

In Asassa trafen wir Leute von *Fortschritt* in Addis. Die Glücklichen, die während ihrer vier Jahre im Land auch etwas davon zu sehen bekommen haben. Wir fuhren weiter durch Pfützen, sahen Wasserlöcher und das Glitzern im Gras, auf den Halmen. Heute würde erst recht nicht gedroschen werden.

Das einzige, mich fröhlich stimmende Omen war ein schöner schwarzweißer Storch. *Scher dich nach Hause*, rief ich ihm zu: *Du wirst erwartet!*

Arbeit gab es in Sirofta kaum für uns. Stattdessen fing Andreas sich ein paar stattliche Heuschrecken, sechs bis acht Zentimeter lang. Als hielte man einheimische Exemplare unter eine große Lupe, konnte man ihren vollkommen scheinenden grünschwarzen Körper bewundern, nicht freilich, ohne an ihre schrecklichen Verwandten zu denken.

Mir verging der Vormittag wiederum unter Zola, und nach dem Essen, gegen vierzehn Uhr, machten wir uns schon auf den Rückweg. Am Markt hielten wir. In der Mühle bummerte ein alter Dieselmotor mit Wasserkühlung, ein Verdampfer, der über einen langen Riemen das Mahlwerk trieb. Es waren fast nur Frauen in der halbdunklen Wellblechhalle. Unser Erscheinen rief Gelächter hervor.

Der Markt ist ebenfalls von Frauen beherrscht und gehandelt wird vor allem mit Naturalien: Kaffee, Mehl, Gewürze. Die Verkäuferinnen, oft mit Kindern, kauern zwischen ihren Waren und Kot. Hinter sich einen Stecken, ein Holzscheit, um fremde Kinder zu verjagen. Auch Esel warten auf ihre Käufer. Alles zusammen bildet am frühen Nachmittag noch ein dichtes Gedränge, über dem eine Dunstglocke aus Tier- und Menschengeruch, vermengt mit dem scharfen Aroma der Gewürze, lastet, die niemand hier mehr wahrzunehmen scheint. Nach einem kurzen Rundgang, Besonderes hatten wir nicht entdeckt, setzten wir unsere Fahrt fort.

Die Serviererin im Hotel ist sicher noch keine achtzehn Jahre alt. Unsere Blicke und Gespräche aber weiß sie recht gut zu deuten und beantwortet sie mit tiefen Blicken von unten herauf, die gerade wegen des Restes von Scheu eindringen in uns mehr oder weniger hungrige Kerle.

Faßt einer der Jungs ihr an die Brust, streicht sie selbst noch einmal, wie in selbstverständlicher Bestätigung ihrer Schönheit, mit der Hand darüber, schaut an sich herunter und fängt beim Aufblicken einen von uns ein, lächelnd. Was wunder, daß Bibi und Andreas, auch Andreas N. den Beschluß faßten, heute Abend noch einmal nach Asassa zu fahren.

Ich war eher froh, um sechzehn Uhr schon in Garadella zu sein. Neben unserem Haus stand das Töchterchen des Doktors mit zwei noch kleineren Mädchen, tanzte und sang mit der auf sich aufmerksam machen wollenden Inbrunst spielender Kinder, die einen Gefährten suchen, für uns.

5. Dezember

Gestern um viertel vor elf kamen die Jungs aus Asassa zurück, lautfröhlich zogen sie mitsamt Salalem, unserem Fahrer, zu Jan auf die Bude, um noch einigen Flaschen Wein an den Hals zu gehen, und ließen sich dort nieder. Michael, Lebemann-Natur, Hartmut, immer ein bißchen rauhbeinig und schwer, Bibi, der schon Schwierigkeiten mit dem Gleichgewicht hatte, Jan, bereit, die ganze Szenerie zu belachen, Salalem mit glänzenden Augen und zum Plausch aufgelegt, und Andreas, unüberhörbar. Andreas N. endlich, rundgesichtig, leuchtende Wangen, der zufrieden und seiner selbst wohlgewiß immer wieder versprach, morgen *die Hanna mit ihren großen Brüsten* zu bumsen.

Ich hatte mir eigentlich etwas zu lesen holen wollen, blieb dann aber für die halbe Stunde, da allmählich Erschöpfung über die Helden hinwegrollte, der Haufe sich auflöste, heiter und überzeugt, ein unwiederholbares Erlebnis genossen zu haben.

So war es noch jedes Mal, wenn sie die Runde durch Kneipen der Stadt gemacht haben, auch solche, wo drei doppelte National Araki einen halben Birr kosten, wo Frauen sich mit der Hand in den Ausschnitt und unters Kleid fahren lassen, die männliche Eitelkeit sich einbilden darf, sie erhitzt zu haben.

So sehr ich ihnen den Spaß gönne, so wenig hatte ich bisher selbst Lust, mich aufzuraffen. Einmal sicher muß man diese Tour mitgemacht haben, und wieder einmal nahm ich mir vor, beim nächsten Mal mitzufahren. *Morgen, die Hanna, da leg ich sie lang*, brummelte Andreas N. und als Jan grinsend ein Kondom aus seinem Koffer herausholte: *Quatsch, Mensch, nie. Aber wenn man wüßte, daß die sauber sind. Herrlicher Abend, einwandfrei...*

In Asassa wartet der Markt, wesentlich größer als an der Straße nach Sirofta, aber nicht wesentlich anders. Hier kommen noch Stände mit alten und neuen Textilien hinzu, ungemahlenes Getreide, ist das Gewirr von Käufern und Verkäufern ungleich heftiger. Doch die Gesichter sind die gleichen und die Esel scheißen auch hier unbeirrt und in stoischer Ruhe auf den Platz. Kinder folgen uns, unverhohlen bettelnd, und schließlich taucht der kleine pfiffige *Boy* auf, mit dem wir uns angefreundet haben. Er hat seine Nase überall und das muß dieser Junge auch, will er seine Autorität in der großen Konkurrenz der Gleichaltrigen bewahren.

Im Hotel bedient uns das scheue, nicht sonderlich hübsche Mädchen, nicht mehr ganz so scheu wie in den ersten Tagen. Sie fragt nach Michael, bleibt mit ihren Blicken an mir hängen, greift in den Bart. Ist ihr zu lang. Dann baut sie das *Dame*-Brett auf dem Tresen auf. Machen wir ein Spiel.

Andreas N. fragt nach seinem Schwarm von gestern Abend. Der hat Nachmittagschicht und kommt gerade herein, jetzt mit Jeans und Pullover, sehr stämmig und sehr ansehnlich, nur daß sie, wie offenbar alle hier, über die Fliesen schlurft.

Und Hussein kommt, Helmuts Fahrer. Zwischen den beiden fallen Worte, heftiger, und plötzlich spuckt die Kleine aus, flüchtet sich hinter den Tresen, hebt abwehrend eine leere Cola-Flasche. Hussein schlägt zu, nein, schlägt nicht, drischt blindlings mit beiden Fäusten, mit der Flasche, Gläser splittern. *Hussein!* schrei ich. *Raus hier!* ruft Matthias, und wir gehen.

Schwer, die Wut hinunterzuwürgen, Wut, die ätzt, die sich durch alles andere hindurch frißt, das Gute, Hoffnungsvolle. *Dumm wie ein Insherafladen, alle!* Und weiß, daß es nicht stimmt. Aber es muß raus. Gerade weil Hussein nun vorn im Auto sitzt, zwischen Salalem und Matthias. *Können ihn doch nicht stehen lassen*, sagen die anderen, und haben natürlich recht. *Nicht einmischen. Mentalität* nennt es Bernd. Damit läßt sich alles entschuldigen.

Steck sie alle in einen Sack, bind zu und schlag mit dem Knüppel drauf - triffst immer den Richtigen. Diese Weisheit hat Bibi, dem wir von der Sache erzählen, von Bernd aus der ständigen Brigade. *Einmal im Monat brauchen die das.* Und wieder: *Mentalität.* Schönes Wort, hat Bibi schnell gelernt. Die Wut ätzt weiter. Dagegen komme ich nicht auf, schlucke. *Sollen sich doch alle gegenseitig die Schädel einschlagen.* Sagt Matthias. Sagt Andreas N. *Reinhalten mit dem MG. Sind wie die Affen.* Und die Wut teilt, zersplittert sich, und in diesem Moment bin ich allein. Weiß es. Kein Fluchtweg. *Gibt sowieso zu viele davon*, sagt Andreas N. Wegen so was heult man nicht mehr. Legt sich aufs Bett und versucht zu lesen. Bloß nicht explodieren. Bist allein. Dein Parteisekretär ein Kriecher und der Brigadeleiter... Schwamm drüber.

Hast dir genug vormachen lassen, aber flipp jetzt nicht aus deshalb, Klemt, lerne und schreib die Wahrheit, wenn du es kannst. Druckt keiner, aber schreib!

Auch lesen hilft nicht auf die Dauer. Großes und Kleines, Relationen finden, in denen die Wut sich verliert. Und dabei verliert sich, was man liest, obwohl es ein gutes Buch ist, Hasso Laudons *Adrian*. Vielleicht ein bißchen zu viel des Stammel-Stils, der die Schriftsprache den Gedanken- und Dialog-Torsi anpassen soll und den Leser zwingen, bei der Sache zu bleiben.

Ich bleib nicht dabei und bin froh, als sich Skatspieler finden, Thomas und Gerald, zwischen denen eine Flasche Brandy steht. Will auch nicht mehr schreiben an diesem Abend, nicht meine Wut.

6. Dezember

Auf der Roughroad überholen wir einen LKW. An der Wagentür die schwarze Aufschrift: *Gift from the F.R. of Germany for the Ethiopian Seed Corporation.* Die also auch.

Nach dem Tanken treffen wir Klaus vom *Fortschritt*-Service. Stadtfein heute und schon in Aufbruchstimmung. Am achtzehnten wird er nach Hause fliegen. Noch immer ganz Ruhe ist dieser Mann. Ruhe, Beherrschtheit ist das erste Gebot im Ausland. Das allererste, Klemt. Satt hat er´s auch. Sein Fahrer lächelt.

Sein Helfer aus Addis ist nicht dabei. *Hat studiert bei uns,* sagt Klaus, *hat Praxis, aber macht den Buckel krumm vor Leuten, die den Drescher nur aus Büchern kennen. Traut sich nicht, kommt nicht auf, und genug gibt´s, die dagegen arbeiten, auch auf der Staatsfarm und nicht nur bei der Hektarberechnung.* Von zu Hause kommen widersprüchliche Telex´: *Test weiterführen. Test bis zum Jahresende abschließen.* Egal. Erst einmal nach Hause, zur Familie.

Wir haben ein paar Konserven mitgebracht. Klaus, der noch *Likebeer* mitversorgen muß, sind sie ausgegangen. Ist kein Wort weiter zu verlieren darüber.

Wir fahren weiter, aufs Feld, das immer noch, schon wieder naß ist. Die Mähdrescher in zwei Reihen, Traktoren und Abfahrhänger. Die Fahrer im Gras. Dreschen? *Vielleicht in drei Stunden, vielleicht.*

Also wenden wir und fahren zurück. Einhundertundzwanzig Kilometer Spazierfahrt. Machen halt im Hotel und treffen dort wieder Klaus, der uns einlädt zu Tee und Brandy, am Mittag, nach einem halben Brötchen zum Frühstück. Der Alkohol steigt sofort zu Kopf. Seit zwölf Jahren arbeitet Klaus, der Vierundvierzigjährige aus dem Mähdrescherwerk, für den *Fortschritt*-Service im Ausland. Die meiste Zeit davon in Jugoslawien, der BRD, zeitweise nur und jetzt in Äthiopien.

Freilich ist sein Gehalt in diesen Jahren zu Hause weitergelaufen, kann er sich das von den Schwiegereltern gekaufte Haus ausbauen und modernisieren, auch mit Dingen, nach denen er, vielleicht sogar vergeblich, in der DDR herumfahren müßte. Redet über Preise natürlich, vergleicht's mit den Maßstäben des Privilegierten. Privilegiert aber durch Arbeit, harte und unbequeme. Auch Schluck-Arbeit, Schweige-Arbeit.

War eine kleine Geschichte nur, die er erzählte. Wie die neuen Mähdrescher ankamen und vom TÜV kontrolliert wurden. Es gab Forderungen nach zusätzlichen Schutzen für Elektroräder, Fahrvariator. Die Betriebe von *Fortschritt* oder ihre Partner oder beide lehnten den Bau ab. Also fuhr Klaus selbst durch die Gegend, bekam Zeichnungen und einen Arbeitsplatz in Bischofswerder, um die Schutze, über hundert Stück, zu bauen.

Allein kann man das nicht. Den Schweißer braucht's, den Kollegen an der Abkantbank, den Lackierer und für jeden eine Flasche Schnaps aus dem *Intershop*. Nerven braucht's, Gewöhnung und eine Bindung, etwas, das mehr ist, als nur Verpflichtung. Privilegiert durch Arbeit. So einer geht nicht weg.

In Garadella, nach dem Mittagessen, lege ich mich hin, lese. Ist das Beste, bis der dünne Schleier wieder verschwindet. Da ruft uns Helmut herüber, die ganze Arbeitsgruppe, um die vervollständigten Beurteilungen durchzusprechen. Sie sind freundlich im Ganzen. Andreas N. hat die Bereitschaft erklärt, Genosse zu werden. Klang anders im Auto gestern: *Bärenklau hab ich zugesagt, sagen kann ich viel. Wollen sie doch hören. In die Partei nicht. Achtzig Prozent nur wegen ihrem Vorteil...* - hetzt auch er, aber: *Denkt ihr, ich will mir den Meister versauen. Meine Frau mußte auch.*

Matthias wird sagen: *Das hab ich dir seit Wochen erzählt.* Und Andreas N. antworten: *Meine Frau mußte doch auch, damit sie ihr Fernstudium kriegt. Das sagen die dir nicht, das merkst du, wenn immer und immer wieder noch einer vor dir kommt.*

Bei uns, wirft Andreas ein, *sagen sie es dir auf den Kopf zu. Frag mal Michael, warum er in der Partei ist.*

Andreas hat einen gesunden Klassenstandpunkt, hören wir jetzt die Beurteilung. Bei ihm wurde auch der Satz vergessen, der bei all jenen steht, die *nur* zehn Birr (für den Zentralrat der FDJ, statt fünfzehn, um eine statistische Erhöhung abrechnen zu können) gespendet haben, so auch bei mir: ...*muß seinen Standpunkt zur persönlichen Solidarität überprüfen.*

Diesmal laufe ich über.

Nicht für ein Rechenexempel, nicht mit solchen Argumenten: „Hätte ich das gleich gesagt, hätte keiner von euch gemuckst" (Helmut in seiner Tischrede); „statt für sinnlosen Schnaps" (Bernd).

Ich denke laut. Berufe mich auf das Denken der anderen. Denken ist nicht Sagen. Keiner sagt was. An diesem Tisch nicht. Später.

Auch am Abend sagt niemand etwas, als Bernd bescheinigt wird, daß er *vom ersten Tag an zur Kollektivbildung beigetragen habe, freundlich* sei und *immer bereit.* Keinen Gruß bringt er von selbst heraus. Niemand sagt etwas. Später ja.

Michael zum Beispiel. Und warum haben alle die Schnauze gehalten, frage ich ihn. *Hast schon recht von der Seite, aber vielleicht komme ich noch mal nach Bärenklau. Dann bin ich abhängig von dem Arsch.* Ich hab mir heute nachmittag das Maul verbrannt, sag ich, einmal am Tag reicht. Und keiner hat's Maul aufgekriegt. Ist schon klein beigeben, schon wieder ätzende Wut.

Der Brief zur Zentralratstagung voller Selbstlob. Nicht schön, so umstellt zu sein von halben und ganzen Lügen. Ich frage auch andere. Grinsen oder Schweigen oder, wie bei Andreas N.: *Die wollen es doch nicht anders.* Oder wie bei Michael und Andreas: *Bärenklau... können die gar nicht - mal leisetreten. Bei Bernd so aufzudrehen und bei den anderen jeden zu schädigen mit ihrer saublöden Bemerkung. Gefasel. Gequatsche.* Feiglinge, denke ich.

Aber als sie zusammensitzen, mit Bernd im Zimmer, mit Helmut in der Küche, reden und lachen, merke ich: das ist schlimmer als Feigheit. Ist Gleichgültigkeit. LMAA. Nach mir die Sintflut. *Will noch mal raus* (aus der DDR). *Will das, dies. Die wollen's ja nicht anders. Die.* Und das paßt zu dem Buch, das ich las. Die *Unsereins,* die jungen Sozialisten mit dem Parteibuch in der Tasche.

Ätzende Wut. Ätzend, weil sie hilflos ist.

Sie werden die Wische unterschreiben. Nichts ist gewesen, nur was sie gewohnt sind von zu Hause. Und ich? Werd nicht unterschreiben. Werde gar nichts tun. Wem denn Briefe? Vertraust du denen noch, die so erzogen haben, erziehen?

Lies dein Buch aus. Lies ein neues. Und schreibe die Wahrheit. Dazu mußt du dich losmachen von deiner Wut, die Wut losmachen von den Jungens. Mußt tiefer hinein in diesen Mechanismus. Das ist keine angenehme Arbeit und wird noch mehr wehtun, als Ärger auf irgend jemanden. Du kannst dich verfangen in dem Netz!

Wie stark bist du? Wie viel Hoffnung kannst du auffahren gegen dieses Gespinst? Wie viel Kraft bleibt dabei zurück? Scheißnikolaus. Lesen, Volleyball und leere Worte. Warum eigentlich bin ich enttäuscht?

7. Dezember

Nach mehreren Regentagen hätte man heute wieder dreschen können. Aber kurz hinter Asassa trafen wir *Fortschritt*-Klaus, und der war wütend.

Auf der Farm kein Mensch! Meeting vor Ernte, als verreckten nicht ein paar hundert Kilometer weiter Leute vor Hunger. Als mühten andere Länder sich nicht, zu helfen.

Es gibt eine Unvernunft, die im Wortsinn tödlich sein kann. Sie ist unentschuldbar.

8. Dezember

Gestern hatte meine Schlafanzugjacke endgültig ihren Geist aufgegeben. Heute habe ich daraus mit Hilfe von zerschnipseltem Zeitungspapier Wurfbälle für das Kinderfest am Sonntag genäht. Dann nahm ich ein ausgiebiges Bad, sah mir meine immer noch blühende Flechte an und setzte mich ans Tagebuch.

In Washington ist der amerikanisch-sowjetische Vertrag unterzeichnet worden.

Die Zeitung meldet außerdem, daß heute 16 Prozent der äthiopischen Bevölkerung (10 Prozent der Landbevölkerung) über *sauberes* Trinkwasser verfügen. Bis zum Ablauf des Zehn-Jahr-Plans sollen es 35 Prozent auf dem Land und 85 Prozent in der Stadt sein.

Auf dieser Ebene siedeln die meisten Probleme im Land. Aber auch wir bemerken die Veränderungen. Strommasten an der Straße nach Malka Wakane und in Asassa, Wasserbohrungen bei Sirofta, das Fundament für eine kleine Pumpstation...

Als die Jungs nach Hause kamen, berichteten sie vom gestrigen und heutigen Drusch. Jetzt verbleiben nur noch gut vierhundert Hektar. Die sind in zwei Tagen vom Feld zu holen.

Den Waschbär, der ihnen vor ein paar Tagen solchen Schreck einjagte, haben die Äthiopier gefangen. Irgendjemand wird ihm wohl das schöne Fell über die Ohren ziehen.

9. Dezember

Immer noch regnet es in Sirofta und auch hier genießt nur der Wind seine eigene unfreundliche Allgegenwart, drückt Staub durch die Ritzen, bringt Kühle mit sich, die von den Füßen aufwärts kriecht und sich einzunisten versucht.

Morgens schon ahnen wir, daß unser Weg vergeblich sein wird. Die Straße wird schlechter von Tag zu Tag. Schon jetzt fahren sich LKWs fest. Was soll daraus in der Regenzeit werden?

Auf den Feldern, den Wegen haben sich tiefe Pfützen gebildet und der Wind schiebt ein neues Bündel Wolken zusammen, das am Nachmittag abregnen wird. Naß ist auch das Korn neben den Dreschern, eilig abgebunkert und noch nicht mit Planen bedeckt.

Aber gestern wurde noch gedroschen. Es gibt Arbeit bis zum Mittag. Klingen nieten, einen Keilriemen wechseln. Einer der Fahrer hatte inzwischen dem kleinen Waschbären das Fell abgezogen. Der Kadaver blieb abseits der Drescher zwischen hartem Gras und Steinen liegen.

In der Nähe gingen wir auf Jagd nach Heuschrecken. Es ist zu kalt für sie. Fliegen können sie bei diesem Wetter nicht. Unter einem Stein, den ich beiseite rollte, saß eine graue Eidechse, die sich kaum bewegte. Andreas hob sie am Schwanz auf und ließ sie sehr rasch wieder fallen. *Danger!* rief einer der Schlosser. Das Tierchen war ein Skink, giftig. Und ich dachte schon, in einem Landstrich der absoluten Harmlosigkeit gelandet zu sein.

10. Dezember

Müde. Müde der vergeblichen Fahrt nach Sirofta, wo über dem toten Bären die Geier kreisen. Müde des Bildes, das immer wieder einmal zu sehen ist: Leichenzug. Auch der Männer, die mit Teilen eines zerlegten Rindes die Straße nach Garadella herunterkommen. Auch ein kleiner Spaziergang, unser Boy führte uns, durch Asassa brachte nichts Neues. Im Hotel am Tisch saß der Verrückte mit zwei anderen jungen Männern. Andreas bestellte eine Cola. Er kippte sie herunter. Alt ist er noch nicht, nur sehr dürr im zerfetzten Sportzeug. Sitzt da, wird nicht vertrieben, raucht eine Zigarette und kaut Shit. Das treibt sogar unseren Jungs, dem in Worten zuweilen militanten Andreas N. das Mitleid hoch: *Werden ihm ein paar Klamotten schenken, wenn wir abhauen...*

11. Dezember

Schlechter als gestern konnte und vor allem durfte es nicht mehr werden. Miserable Laune macht mich auch blind.

Also hatte ich Erwartungen an den neuen Tag und meine Vorsätze: Schluß mit dem Unsinn, es geht weiter. Aber aufgewacht bin ich erst einmal, es war noch dunkel und der Himmel sehr klar, mit kalten Füßen. Als die Sonne dann aufging, waren die Autos vom Nachtfrost mit Reif überzogen. Erst um zehn vor sieben sprang ich aus dem Bett, warf mir drei Hände voll Wasser ins Gesicht und aß im Stehen ein halbes Brötchen. Aber dergleichen stört mich nicht. Vertraute Morgenhektik.

Keine Wolke am Himmel. Vielleicht wird in den nächsten Tagen doch wieder Erntewetter. Heute würden wir freilich wieder umsonst fahren, wir haben uns fast schon daran gewöhnt.

Was für eine sinnreiche Erfindung ist doch das Telefon. Aber hier gibt es keines. Nur eine kleine Funkstation und die ist kaputt. Also hinein in den kalten Toyota mit immer noch kalten Füßen, und die Vorsätze festhalten, daß sie nicht aufflattern, wie die fetten Hornraben auf dem Dach des Hospitals.

Warum ist denn Mister Adebar immer noch hier? *Soll sich nach Frankfurt scheren!*

Roughroad: Nachdem Salalem vorgestern Luftfilter und Kerzen gereinigt hat, zieht der Motor wieder etwas kräftiger. Der Fahrer freut sich darüber, aber er tut das unscheinbar, kaum merklich. Auch schlechte Laune schluckt er herunter. Wenn der Wagen auf der nassen Straße zu tanzen beginnt, scheint ihm das sogar Spaß zu machen. *Rallye*, sagt er und grinst. *Paris - Dakar*, erwidert Bibi und Salalem nickt.

Bis Sirofta, bis zum Farmoffice, döse ich vor mich hin. Der E 514 ist abgestellt. Scheinwerfer und Elektrik abgebaut und weggeschlossen. Von den *Fortschritt*-Leuten nichts zu sehen. Dafür begegnen uns Schlosser und Fahrer, die heute eigentlich arbeiten müßten. Aber die zerfahrenen Spuren, die Pfützen verraten, daß es wieder geregnet hat.

Im Office vergrößert sich von Tag zu Tag die noch nicht geerntete Fläche. Vorgestern waren es drei-, gestern vier-, heute endlich sind es über fünfhundert Hektar. Wir haben unsere Zahl. Ernst nimmt sie niemand mehr. Sollten es wirklich fünfhundertzwölf Hektar Komma... sein, sind mindestens drei Tage nötig. Das Thema Abstellung und Konservierung hat sich dann erledigt. Das Erntefest am Sonntag? Vielleicht findet es trotzdem statt, aber Andreas und ich werden ohnehin in Garadella sein.

Ehrenrunde nennen wir seit ein paar Tagen die Fahrt aufs Feld. Mit uns kommen Radele und sein Kollege vom Werkstattwagen, aber eigentlich nur, weil sie der Inhalt unserer Taschen interessiert. Fast alles wollen sie kaufen: Strümpfe, Unterwäsche, Hemden, Arbeitsanzüge, FDJ-Hemden, T-Shirts, Strickjacken, Hand- und Taschentücher, Rasier- und Fotoapparate, Schuhe, Spiegel und und und...

Mit einer Tasche, sagen wir, *sind wir gekommen, nicht mit einem Schiff.* Die ausgehandelten Preise liegen unter einem Viertel des Anschaffungspreises hier. Kein Wuchergeschäft. Manche der äthiopischen Kollegen versuchen das auszunutzen, als Zwischenhändler zu fungieren. Die wirklich etwas brauchen, tragen uns das zu und wir ziehen die Konsequenzen daraus. Als wir uns auf den Rückweg machten, waren die Taschen leer.

Auch Bibi war heute bester Laune. Der Vorschlag, heute nach Dodola zu fahren, kam wohl sogar von ihm. Inzwischen hatte die Sonne auch zu wärmen begonnen. Durch den Checkpoint kamen wir unkontrolliert. Wir fuhren bis ans andere Ende des Ortes, stiegen aus und bummelten die Hauptstraße zurück von Geschäft zu Geschäft.

In Asassa wären wir nach wenigen Schritten von Kindern und Halbwüchsigen umringt gewesen. Hier schaute man uns nur nach. Die Läden, halbdunkel und voller Gerüche, sind kaum viertel so groß wie unser Zimmer in Garadella. Ein Regal, ein Ladentisch und davor Platz für vier bis sechs Leute. Angeboten wird alles Mögliche: Textilien, Haushaltschemie, Bleistifte, Tand, Rekorder, Zigaretten. Vor der Tür hängt meistens eine angerostete *Winston*-Reklame. Gekauft haben wir nichts, uns interessieren die Leute. Oft sind die Verkäufer Kinder.

Schließlich schickten wir Salalem zum Hotel und gingen langsam hinterher. Die Gaststätte war leer und sauber. Bessere Häuser erkennt man nicht nur an ihrem Garten, sondern auch an ihrem Getränkeangebot. Hier gab es zwei Sorten Whisky, drei Arten Wein und die üblichen Alkoholika. Für hiesige Verhältnisse also erstklassig. Während Bibi und der Fahrer sich über den Inhalt unserer Proviantasche hermachten, bestellten Andreas, Matthias und ich uns Inshera mit Rindfleisch und Ei.

Die *Scheuerlappen* hatten hier auch die Größe ihrer Namensspender und sie waren frisch. Wir ließen's uns wohlsein. Die Wände waren geschmückt mit älteren Postern, die wir mittlerweile fast alle kennen, Reproduktionen und wieder einmal naive Bilder: Gazelle, Krieger. Den Tresen krönte eine Espressomaschine aus den sechziger Jahren. Dieser Vormittag war nicht vertan. Im Postoffice von Dodola bekamen wir schließlich noch einige Sätze Briefmarken, Geschenk für David und Mutti.

Immer noch hatten wir Zeit. In dieser Ecke zu fotografieren, hatte ich mir lange schon vorgenommen. An der Straße wurde Korn gedroschen. Neben Strohstiegen trieben einige Männer ein Dutzend Rinder über das Korn.

Etwas weiter liegt eine Senke mit einem kleinen Fluß, wo das Vieh zum Tränken hingeführt wird. Zu beiden Seiten der Roughroad Schirmakazien und im Hintergrund Berge, die Bale Mountains. Die Mühle. Halbwüchsige Mädchen schleppen Ein-Zentner-Säcke, gehen krumm, mit hohlem Rücken unter der Last.

Etwas abseits sehen wir Geier, zwanzig oder mehr, Schmutzgeier, Aasgeier, Lämmergeier, die sich eine Beute streitig machen. Schwerfällig springen sie, hacken einander und versuchen, zur Mitte vorzudringen. Als wir uns auf zehn Meter genähert haben, fliegen sie auf und lassen sich in Sichtweite nieder.

Vor uns liegt ein toter Esel. Ins Fell sind Löcher gehackt, am Leib, an den Beinen, unterhalb des Kopfes. Rippen stehen heraus, schon abgenagt. Es ist kaum mehr als das Fell übrig geblieben.

Leben und Tod haben etwas Animalisches, wo solche Bilder den Alltag beherrschen. Ein Mann mit seinem Maultier geht vorüber. Er wendet den Kopf. Nach uns, nicht nach dem Kadaver.

Das Wetter war immer noch strahlend. So ließen Jan, Matthias, Thomas und ich uns am Nachmittag zum Garadellaberg fahren, mitten durch eine Steinwüste hindurch, auf daß wenigstens einer meiner ersten Wünsche hier sich erfülle. Die letzten Meter stiegen wir schnaufend zu Fuß.

Vom Gipfel, wo die weithin sichtbaren Bäume stehen, blickten wir auf den wachsenden See von Malka Wakane, über den riesigen, gelbbraunen Talkessel hin. Um die Bäume herum sind meterhohe Mauern aus dem umherliegenden Gestein aufgeschichtet. Dazwischen abgestorbene Stämme, Kakteen. Das Geäst der noch lebenden Bäume weist nach Garadella hin, in Richtung des Windes, und alles zusammen, ein Areal von kaum dreihundert Quadratmetern, wirkt bizarr und unvergänglich zugleich. Niemand scheint in der Nähe, trotzdem tauchen plötzlich drei halbwüchsige Schwarze auf. *Die müssen doch hier aus Erdlöchern kriechen*, mutmaßt Matthias.

An solch einem Ort müßte ich eine Stunde sein oder zwei und allein. Aber unser Spaziergang, unsere Fotosafari ist rasch zu Ende. Ich muß mich fügen. Leider. Bildstücke nehme ich mit, wie Samenkörner, die in der Erinnerung erst werden aufkeimen und erblühen können.

In Garadella kommt der W50 mit Werkstatt und Schlafkammer an. Klaus und *Likebeer*. Sie laden Werkzeugkisten auf, den Gefrierschrank, Zeug, das wir nicht bis zum letzten Tag benötigen. Und Klaus erzählt, während die beiden eine Tasse Kaffee trinken.

Unsere Vermutung hat sich bestätigt. Die AETSC spekuliert darauf, den E514 geschenkt zu bekommen. Das Verhältnis zwischen den beiden war gespannt bis zum Schluß. Als Klaus vorgestern das letzte Feld abrechnen wollte, berechnete der Farmangestellte für mehr als acht Stunden Drusch knappe acht Hektar: „Da waren noch andere Maschinen auf dem Feld."

„Es war ein einzelnes Feld mit einem einzigen, unserem Drescher."

„Dann war das Feld nicht gut." Nach langem Hin und Her: „Zehn Hektar. - Jetzt bist du happy, was?"

Da platzte Klaus der Kragen: „Nein. Aber du bist verrückt, bescheuert."

Glauben die, sagt er, *uns mache diese Erprobung Spaß? Sie meinen, uns damit wohl noch eine Ehre zu erweisen.* Nachdem die Maschine abgestellt war, gab es keinen Abschied, kein Dankeschön, kein Wort der Farmleitung. Lediglich die Fahrer des Dreschers kamen und buhlten: *Wir haben doch gut gearbeitet. Kriegen wir nichts dafür, nicht mal ein paar Birr?* Klaus gab jedem fünfzehn Birr aus der eigenen Tasche und verschwand.

In Adeita bleiben drei Bekannte zurück. Ein Junge, der sich vor einigen Tagen einstellte. Er stand plötzlich vor der Tür und es war ihm anzusehen, daß er seit Tagen nichts gegessen hatte. Sie gaben ihm ein Dabo. Seither kam er jeden Tag zur vorbestimmten Zeit.

Ähnlich die beiden Mädchen, die mit ihren Großeltern und Eltern in einem kleinen Zimmer mit nur einem Bett hausen. Ihr Vater arbeitet lediglich vormittags einige Stunden, verdient gerade das Geld, das er verraucht und vertrinkt (ohne Säufer zu sein). Die Frauen arbeiten vom Hell- bis zum Dunkelwerden, die Mädchen besuchen die Schule.

Es wird Zeit, daß wir nach Hause kommen, sagt Klaus. Das denken wohl jetzt schon alle.

Meiner Flechte übrigens geht es gut. Sie hat sich unter der nahrhaften englischen Salbe vergrößert.

12. Dezember

Wir waren nur zu dritt heute. Auf dem Weg begegnete uns wieder ein Leichenzug. Vorn vier Männer mit einer großen, roh gezimmerten Bahre. Darauf in grobem, grünem Leinen, verschnürt mit einem Strick, eine menschliche Gestalt. Dahinter noch ein Dutzend Männer. Ein Sekundenbild. Ich weiß nicht, wann, aber ich weiß, daß es mich einholen wird. Jetzt noch nicht, nicht hier.

Die Wege sind getrocknet, wir sehen es an den Staubwolken, die der Toyota hinter sich läßt. Als wir zum Stellplatz kommen, fahren die Drescher bereits aufs Feld, um, wenn die Order kommt, sofort beginnen zu können. Der Himmel ist wolkenlos, die Sonne drückt, kaum Wind. Viel zu tun haben wir nicht, die Drescher sind seit Tagen einsatzbereit.

Aber in der Nähe, in einer Senke zwischen zwei Feldern, liegen einige bewohnte Hütten, zu denen Bibi und Salalem sich auf den Weg machen. Salalem hat dergleichen noch nicht gesehen. Matthias und ich bleiben im Auto, lesen, dösen. Zwei Tage noch, drei, dann ist der letzte Halm vom Feld.

Plötzlich läuft ein Waschbär über den bereits abgeernteten Feldstreifen. Die äthiopischen Schlosser haben ihn bemerkt und verfolgen ihn, Stöcke schwenkend oder Montiereisen. Der Bär quert die Senke und ist einen Augenblick verschwunden.

Plötzlich bricht unter den Ährensammlern auf der anderen Seite Geschrei aus. Es sind hundert oder mehr. Das Tier hat keine Chance mehr. Schon pfeifen Stecken durch die Luft. Sie schlagen es tot.

Die Männchen sondern ein Geschlechtssekret ab, das hierzulande für die Herstellung von Parfüm verwendet wird. Außerdem ist das Fell eine begehrte Trophäe. Auf dem Kotflügel eines Traktors fahre ich den Jägern entgegen. Einer hält das Tier bereits in den Händen, die anderen stehen im Halbkreis hinter ihm. Er wirft das Tier auf den Boden.

Sein Brustkorb hebt sich noch, während Etmaso, den wir *Rotkäppchen* nennen, oder *Mr. Afrique*, mit dem Montiereisen nach dem Geschlecht des Waschbären sieht. Es ist ein Weibchen. Dann wirft er es über den Pflug hinter den Traktor. Das Tier stirbt.

Wieder beim Toyota angekommen, stellt sein Erleger sich mit ihm in Pose für ein Foto. Über die offenen Augen des Waschbären zieht sich ein milchiger Glanz. Die Hatz ist zu Ende, der Tag hatte sein Ereignis.

Willst du das Fell? fragt mich Etmaso. Ich schüttle den Kopf. Weißt Du, wer *Rotkäppchen* ist? Meine Englischbrocken zusammen kramend und Fehlendes durch Gesten ersetzend, erzähle ich ihm das Märchen, und Etmaso bricht wieder einmal in sein Gelächter aus, das ihn durchschüttelt, minutenlang.

13. Dezember

Von der Fahrt nach Goba hatten Bernd und Helmut eine Riesentüte Bonbons mitgebracht, alte Vorräte dazu genommen, genug für ein zünftiges Kinderfest. Das braucht nicht viel und kostet fast nichts. Zwei Säcke hat uns die Farm geliehen. Büchsen, Wurfbälle, Volleyball, ein Tisch, eine Kiste, das alles haben wir selbst.

Die Sonne scheint, sie ist einverstanden mit uns, wie es aussieht. Sogar den Wind hat sie vertrieben, und das will etwas heißen in Garadella. Unser Publikum kommt ganz von selbst. Der einzige, der sich umsonst gefreut hat, ist Detlef. Er hat wieder etwas Fieber und liegt flach.

Vielleicht ist es ihm auch lieber so. Kenne ich nicht auch Tage, wo jeder Trubel mich an eine kaputte Liebe erinnerte, wo ich ihn floh? Vielleicht geht es Detlef ähnlich.

Mit den Kindern, und das Dorf hat einige hundert, sind auch Erwachsene gekommen. Zwischen den Fahnenstangen beginnt das Sackhüpfen, am Stacheldrahtzaun das Büchsenwerfen. Andreas und ich haben unsere Kiste in den Vorgarten unserer Bude gestellt. Die Kinder drängen sich am Zaun, jedes will zuerst mit dem Ball danach werfen.

Für jeden Treffer bekommt der Schütze einen Bonbon. Deshalb der Andrang. Bei den ganz Kleinen helfen wir nach, daß der Ball die Kiste trifft. Nach einer halben Stunde sind wir ins Schwitzen gekommen und nach gut einer Stunde bricht der Zaun unter dem Ansturm zusammen. Da keiner sich ernsthaft wehtut dabei, ist auch der Chairman der Orts-REYA rasch besänftigt. Noch eine halbe Stunde und meine Bonbons sind alle. Wir waren die letzten, die etwas hatten.

Manchmal an diesem Tag dachten wir: Warum organisieren die Eltern im Dorf nicht von Zeit zu Zeit selbst solch ein kleines Fest? Sie kennen es nicht. Vielleicht deshalb. Und jetzt, da sie es kennen? Wir wissen es nicht.

Plötzlich kommt Jan aus der Küche und schüttet vor der Tür

lachend eine Kiste leere Konservendosen aus. Scheiße, denke ich. Da liegen die Kinder schon übereinander. Nun gibt es doch noch Tränen im Kampf um ein bißchen Weißblech, und Jan wußte, wollte das. Scheiße.

Die Watchmen gehen dazwischen, die Kinder laufen davon und die letzten Schläge treffen ein paar, die ohnehin schon dastehen und heulen. Ein Schuh bleibt zurück auf dem Platz, eine Plastesandale. Sie werden den Besitzern nachgeworfen.

Immer noch drückende Hitze. Vor dem anderen Haus spielen die Lehrer gegen das REYA-Sekretariat Volleyball. Im Gegensatz zu uns können sie spielen.

Vor dem Klubraum postieren wir inzwischen einen Tisch, breiter als die Tür, denn hier soll der Solidaritätsbasar stattfinden. Drei Kartons mit *News* und anderen Broschüren liegen dafür bereit, Turnzeug, Arbeitskleidung, Mützen, Toilettenpapier, Glühbirnen, Büchsen, Waschpulver, Buntstifte, Lineale, Anhänger, doch die kauft mitsamt einer Packung Faserschreiber Griseldes.

Kinderwunsch, und keine Erklärung, daß ein Wunsch zuweilen auch vermessen sein kann und warum die Sachen so billig sind. Aber ich sage nichts.

Den Verkauf nimmt der kleine REYA-Chef in die Hand. Ohne daß er und seinesgleichen vorher etwas beiseite gelegt hätten. Die Leute kennen ihn und er kennt sie. Er achtet darauf, daß jeder etwas bekommt. Manchmal setzt er unsere Preise kurzerhand herauf. Manchmal, seltener, herunter.

Der Tisch freilich hält dieser Belagerung nicht stand bis zum Schluß. Aber das läßt sich reparieren und Möbeln von dieser Art sieht man in ihrer ganzen Schönheit keinen Schaden an.

Nachdem sich unsere Vorräte erschöpft haben, zerstreuen die Leute sich langsam. Über die Straße fegt eine Windhose, die Stadtreinigung, spotte ich, und wirbelt Papierreste und Schmutz davon. Am Feldrand erst verfängt sie sich in einer Baumgruppe, aber die Wolke von Dreck schwebt in zwanzig, dreißig Metern Höhe davon.

Wir spielen Volleyball, denn mit dem Mittag müssen wir uns noch gedulden. Für zwei Uhr hat sich die äthiopische Delegation angesagt, aber natürlich erscheint sie erst um halb drei. Noch später kommt Dagne, der seit dem Morgen die umliegenden Orte nach dem knapp gewordenen Bier abgeklappert hat und sich dann seinerseits Zeit nahm, in Asassa Mittag zu essen.

Die Delegation besteht ungefähr aus denselben Leuten, die bereits zum Meeting in der Schule dabei waren. Der Manager mit seinem Administrator, zwei Gewerkschaftsleute, erster und zweiter REYA-Sekretär, Parteichef und Stellvertreter.

Bernd zeigt noch einmal die DDR-Dias, eine Rundreise im Bild. Sehenswürdigkeiten im Stadtrundfahrtniveau, aber jedenfalls besser als der erste Vortrag, den wir hatten. Zeit ist geplant für ein Gespräch und diesmal kommt es auch in Gang. Der Manager fragt nach der Relation zwischen Privatwirtschaften, LPG und VEG, nach der Größe der Kooperativen, Fruchtfolge, Praktischem also.

Ich habe Zeit, ihn mir anzusehen. Er ist im Äußeren ein Gegenpol zum Parteisekretär mit den großen, aufmerksamen und alleweil staunenden Leuchteaugen, der schmal und klein gewachsen ist. Der Manager hat tiefliegende Augenlider, wirkt immer energisch oder besser: finster und unterstreicht das mit einem streng geschnittenen Vollbart. Selbst wenn er Späße macht, auflacht, steckt in seinen Gesten und Gebärden eine explosiv anmutende, gezügelte, respektheischende Wucht. So ist auch seine Stimme, seine Statur. Er hat ein breites Kreuz, nicht weil es ihm so gegeben ist, sondern weil er es braucht.

Dem REYA-Sekretär übergeben wir die 143,15 Birr, die unser Basar erbrachte. Als Helmut im Klubraum seine Abrechnung macht, legte ich meine fünf Birr dazu. Sein Protest war kurz. Meine Antwort wohl heftig. Ich hatte es ihm bei unserem Gespräch schon gesagt.

Jetzt jedenfalls kam Bier auf den Tisch und Schnaps, nachdem die Gäste tapfer Jans Eintopf gelöffelt hatten, verteilte Bernd Zigaretten und Broschüren. Es war eine Atmosphäre, in der man gern noch ein Stündchen sitzen bleibt - sehr zum Leidwesen Jans, der von alldem nur den Abwasch hatte und nicht einmal dazu kam, den Abendbrottisch einzudecken.

Es wird fotografiert, meine Hochzeitsbilder machen wieder einmal die Runde, und draußen fürs Gruppenfoto nehme ich den REYA-Sekretär auf den Arm. Er wiegt höchstens 45 Kilogramm. Nun habe ich doch den Schwips, den ich vermeiden wollte, und schreibe nicht mehr.

14. Dezember

Der errechnete Termin für die Geburt unseres Sohnes ist heute. So bin ich ganz froh, hierbleiben zu können. Angst vor Langerweile, wie Matthias, habe ich nicht. So ziemlich meine ganze verbliebene Wäsche muß noch einmal in die Maschine, einiges von Andreas N. auch. Wie gewöhnlich an meinem *Haushaltstag* bleibe ich liegen bis um halb acht, versäume also das Frühstück und habe so einen Grund mehr, mich auf Kaffee und Marmeladenbrötchen zu freuen.

Das gibt es um neun, wenn noch kein Wind den Dreck aufwirbelt. Die Fliegen lassen sich ertragen. Inzwischen ist das Waschwasser heiß, die Vormittagsbeschäftigung gesichert. Aber der Wind läßt sich Zeit an diesem Tag, auch noch, als alle drei Leinen im und vor dem Waschraum vollhängen. Die Zeit vergeht unmerklich, beim Schreiben, beim Baden.

Am späten Vormittag erscheint ein Jauchewagen, um das Klosett auszupumpen. Zuerst versuchen die Äthiopier, wohl wissend um den entstehenden Dreck, den Fahrer mit seinem Schlauch in unser *Abteil* zu lotsen, weil dort angeblich die Öffnung größer sei. Aber die Toilette bleibt zu. Vor der anderen steht noch eine Jauchepfütze, als der Wagen längst verschwunden ist.

Niemandem kommt der Gedanke, sauber zu machen, geschweige denn, zu desinfizieren. Auch dem Doktor nicht. Der Wind zieht herüber zu uns, am Klubraum vorbei, an unserer Bude, der Küche. Es riecht erbärmlich nach Scheiße, so stark immerhin, daß einem das Scheißen vergeht.

Jan hat Wasser auf seiner Mühle. Er hat sich heute zu ganztägigem Maulen entschlossen, über die Fliegen, die Fleischbüchsen, den Abwasch und nun über das Dorf, in dem *nur* Schweine leben.

Ich verziehe mich mit meinem Buch in den Waschraum. Auch Matthias hat sich nach dem Mittagessen dort auf einer Liege niedergelassen, weil im Zimmer Bernd die Schreibmaschine bearbeitet. Aus Helmuts Bude dringt Weihnachtsmusik aus Frankreich, England und heimischen Gefilden. Er läßt sich einspinnen davon und sammelt noch einmal Pigmente. Um drei kredenzt er mir - Überraschung - im Waschraum eine Tasse Kaffee. Detlef liegt in unserer Bude und liest den *Inselmärz*. Am Morgen hat er den Tisch wieder zusammengenagelt. Nur ich weiß allmählich nichts mehr anzufangen mit mir. Heute? Wer weiß...

Laut und fröhlich kamen die Jungs heute zurück, wenigstens aus Sirofta. Michael saß auf dem Kühler des Toyota. Aber nicht die ganze Zeit war er so mitgefahren. Sie hatten ihn und die anderen in Goffar aufgelesen, nachdem der Nissan die dritte Reifenpanne an diesem Tag hatte. Bibi war blau, aber auch die anderen hatten glänzende Augen. So ist es auch zu Hause: Fällt der letzte Halm...

Zweiunddreißig Drescher hatten sich am Morgen auf die verbliebenen zweiunddreißig Hektar gestürzt. Zwischendurch gab es kurz einmal Unruhe, als Tasfai und ein anderer Schlosser sich mit zwei Drescherfahrern schlugen. Wir kennen das Bild inzwischen: dem ersten oder zweiten Schlag folgen nur noch Fußtritte, und es spielt keine Rolle dabei, ob der andere einen Kopf kleiner ist und zehn Kilo leichter.

Um halb elf aber kamen die Drescher, mit eingeschalteter Signallampe einige, andere hupend, vom Feld. Die Ernte war zu Ende. Unsere Jungs machten sich auf den Weg nach Dodola, um Getränke zu beschaffen, und trafen dort schon in der ersten Kneipe Etmaso und andere Schlosser. Natürlich ein Grund zum Trinken, aber ein Glück auch, denn so bekamen sie auch Bier, Cola und Schnaps für die Brigade zu erschwinglichen Preisen. Dazu mußten sie freilich durch fast alle Gaststätten ziehen.

Mit Andreas ging einer der Schlosser über den Markt, der in Dodola ebenfalls sauberer ist als in Asassa, überdachte Stände hat. Andreas ließ sich sämtliche Gewürze erklären und erfuhr bei dieser Gelegenheit, daß allein fünf in unserem Tee enthalten sind.

Kein Wunder jedenfalls, daß alle ein bißchen angeschlagen waren, als sie kamen. Jan hatte Klöße gekocht und neben mir stopfte Bibi mit Hoffnung auf klaren Blick. Er wollte sich am Abend noch mit Bernd und Michael über die Vorbereitung von Abstellung und Konservierung unterhalten.

Matthias nahm vor diesem Gespräch Reißaus. Er wußte so gut wie wir, daß Bibi morgen früh das Meiste davon vergessen haben würde.

15. Dezember

Nachmittag. Im Genießen der Ruhe liegt schon ein wenig Abschied. So habe ich mir Andreas' Pastellkreiden genommen und, zum ersten Mal seit langem, gezeichnet. Mitnehmenwollen, was ist und was war. Verse stellen sich nicht ein, aber die Bewegung ist da und wird sie nicht verwandelt, entsteht ein bizarres Gebirg im Inneren, schmerzhaft und schwer zu übersteigen.

Maultiere, streunende Hunde, Arme, amerikanische Songs. Bäume, die ich nicht zeichnen kann. Kinder. Lange kann ich vor dem Haus sitzen und mich umsehen. Seit Wind aufgekommen ist, sind auch die lästigen Fliegen verschwunden.

Der Jauchewagen, der am Vormittag zum zweiten Mal in Aktion trat, ist verschwunden. Doktor und Parteisekretär haben diesmal dafür gesorgt, daß die Abortstellen ausgespült werden. Der Gestank bleibt erträglich.

Wir, auf der anderen Seite, tranken weiter unseren Kaffee. Helmut läßt jetzt alle Bemerkungen durchgehen und fügt die seinen hinzu. Das Ventil braucht nicht mehr geschlossen zu werden. Wir singen mit: *This is the best time of my life...* Lachen.

„Kannst du überhaupt noch schlafen", fragt Helmut mich.

„Wenig."

„Das hast du aber vorher gewußt."

„Hab ich mich denn beklagt?"

„Nein."

Die Mannschaft aus Goffar fährt später. Der Nissan steht noch auf der Farm. Sie nehmen den Niva. Plötzlich ist viel Raum um mich her. Auch die Betrübnisse der letzten Tage sind fern. Ich blättere in der NZ, die auch Helmut lobt für die gleichen Dinge, die auch ich schätze. In der Sonne liegen oder, wie Helmut, am Abschlußbericht basteln, nachdenken.

Von allem, was ich kennengelernt habe, ist das Furchtbarste die Fortdauer der Bildungsmisere, trotz aller positiven Veränderungen, mit allen ihren Folgen für die Gesellschaft. Sie ist kein Buhmann für alle Fehler und Unterlassungen, aber eine allgemeine Geißel für die Entwicklung der Gesellschaft. Wir vergessen das gern und oft. Für manchen von uns ist es einfach nicht zu begreifen.

Habe ich denn dieses Land verstanden? Nein. Was ich begriffen habe, ist die Herkunft aller denkbaren Untergangsprophezeihungen für junge Revolutionen, ist die Dimension der Aufgaben, die ein Volk erfüllen muß, und die Hundertfältigkeit naheliegender Irrtümer und mitgeschleppter Lasten der Vergangenheit. Das von Angesicht zu Angesicht.

Jan und Hartmut fahren am Nachmittag zum Canyon. Helmut bereitet sich ein Thymianbad. Er hat Grund zur guten Laune. Die neunte Erntebrigade ist ohne größere Probleme über die Runden gekommen, ohne schwere Erkrankungen, ohne Ärger mit dem Partner. Und wir sind ja schon fast gar nicht mehr hier.

Um halb drei kommt der Toyota zurück. Wie zu erwarten, gab es nichts mehr zu tun. Morgen fahren wir uns verabschieden, haben wir *Final Report* in Goffar. Nichts ist freilich relativ zu sehen.

Die Sirofta-Leute hatten eine Kombine abgerüstet, wie es besprochen war, und die Äthiopier sahen dabei zu, wenn sie zusahen und nicht mit Nebendingen beschäftigt waren. Die Gofferaner waren abgefahren, als nur noch vierzig Hektar standen.

Thomas war angeschlagen von einigen Gläsern Wein. In diesem Zustand ist er griesgrämig und ziemlich unleidlich. Man läßt ihn dann besser in Ruhe. Jan und Hartmut brachten aus dem Canyon Palmensamen mit. Aber nun lagen immer noch Nachmittagsrest und Abend vor mir.

Die drei Hammel in unserer Umzäunung hatten ihre Beschäftigung. Ohne sich stören zu lassen durch das Treiben um sie herum, zupften sie vertrocknetes Gras und blickten, als ich näher trat, nicht einmal auf. Der Wasserwagen stand stoisch auf seinen platten Rädern. Selbst die riesigen Fahnen schienen ermüdet.

Nach dem Kaffee bildeten sich in der Küche und vor dem Haus kleine Grüppchen. Gespräche plätscherten und nur einmal gab es einen kleinen Auflauf am Fenster des Waschraums.

Davor liegt die betonierte Müllgrube. Eine quadratische Öffnung, neben der die Abdeckung liegt, zieht immer wieder, trotz Zaun, die Kinder an. Nun war eines hineingefallen, hatte sich aber offensichtlich nichts getan. Der Vater verdrosch es. Das war alles.

Ich nahm mir einen Stuhl, setzte mich hinters Haus und malte. Beim Konzentrieren auf die seltene Beschäftigung fallen andere Gedanken ab, finde ich ein bißchen Ruhe. Gut eine Woche noch. Nach dem Spaghetti-Abendbrot Skat. Um neun im Bett. Träume in Fortsetzungen, dazwischen immer wieder ein Erwachen. Kalte Füße. Kurze Nacht.

16. Dezember

Nun geht diese Zeit mit mehr oder weniger Erregung zu Ende. Am Morgen wurde das verbliebene Werkzeug sortiert, die Geschenke für die Staatsfarmen vorbereitet, im Koffer gewühlt. Die Arbeitsklamotten verschwinden, die Jeans tauchen auf. Zwischen neun und zehn Uhr kann man sich schon sonnen und um elf machten wir uns auf den Weg zur Farm. Zum letzten Mal.

Der Frühdunst hatte sich bereits aufgelöst, ein Kojote streunte über abgeerntete Felder. Zehntausenddreihundert Kilometer sind wir mit dem Toyota gefahren, seit wir in Addis ankamen. Die elftausend werden wir kaum mehr erreichen.

Auf der Farm trafen wir die Drescherfahrer und einen Teil der Schlosser an den Maschinen. Manche, die eigentlich ihren freien Tag hatten, waren gekommen, um sich von uns zu verabschieden um vielleicht auch noch am *Sommerschlussverkauf* teilzunehmen, bei dem die Jungs letzte überzählige Textilien verschleuderten, bis der Tankwart sich die Ansammlung verbat. Auch Illustrierte wurden noch verteilt, Abzeichen, Hüte.

Unsere durchweg gehobene Laune trug zweifellos das Ihre dazu bei, daß uns dieses letzte Zeremoniell in strahlendem Licht erschien. Tasfai kam, Fekado, Etmaso, der Werkstattchef und der Technikmanager mit dem ewig verkniffenen Mund.

Bibi war schon vor Tagen einmal mit ihm ins Gespräch gekommen und hatte danach, aber das ist nichts Ungewöhnliches bei ihm und daher auch nichts Bedeutsames, seine Meinung geändert. Tatsächlich aber läßt vieles im Gebaren des Mannes sich besser verstehen, wenn man weiß, daß er jahrelang als Marineoffizier zur See fuhr. Auch der Blick von oben herab, mit dem er seine Leute mustert. Jetzt und zu uns war er freundlich, als ich ihn fragte, was er vom Ergebnis der Ernte hält.

Mit dem Weizen sind sie ziemlich zufrieden. Von guten Schlägen brachten sie 45 bis 48 Dezitonnen je Hektar. Über den Durchschnitt sind sie sich noch nicht einig: 20, 25, 30? Schlecht sieht es mit der Gerste aus. Obwohl wir uns in der Kornkammer Äthiopiens befinden, wurde hier gerade die ausgebrachte Saatmenge realisiert. Das Wetter hatte seinen Anteil an dieser Mißernte, aber wohl auch der Umstand, daß fünfzehn oder sechzehn Jahre altes Saatgut ausgebracht worden war. Besser sind die Erträge beim Raps.

Noch einmal aßen wir unser mitgebrachtes Zeug im Werkstattoffice. Schmackhafter wurde das Büchsenfleisch davon nicht, aber niemanden störte das mehr. Als wir uns gerade zu ihm auf den Weg machen wollten, kam Fekado uns entgegen im Blauhemd. Wie die Schlosser vor ein paar Tagen, wollte er noch einen ausgeben. In Wabe vor einer kleinen Kneipe hielten wir an. Es saßen nur vier, fünf Leute im Schankraum. Ein Tisch war frei. Dem Geldscheinpacken, den Fekado aus der Tasche zog, nach zu urteilen, hatte er sich einiges mit uns vorgenommen. Obwohl wir kaum miteinander sprechen können, wollte er mit uns trinken, möglichst lange und möglichst viel. Gastgeber sein. Es kostete uns einige Mühe, ihn von der vierten Literflasche Awashwein abzubringen, und nachdem er unserem Wagen nachgewunken hatte, ging Fekado in die Kneipe zurück.

Goffar. Die Teestube der Staatsfarm ist ein kleiner Hallenbau, der mit dem Tukul in Sirofta schwerlich mithalten kann. Zwar nahmen ein paar Vasen mit frischen Blumen, das Fahnentuch und ein Präsidiumstisch sowie ein halbes Dutzend verstaubter Poster dem Raum etwas von seiner Kahlheit, aber seine Kühle ließ sich schlecht übertünchen.

Vielleicht kam sie auch ein wenig von innen. Wir sind es nicht gewöhnt, zum Abschlußreport über die von uns geleistete Arbeit nicht nur die Abschiedsgeschenke, sondern auch die Getränke selbst mitzubringen. Hier aber scheint das zur Regel geworden zu sein in den vergangenen Jahren, gehört es wohl, würde der Dolmetscher sagen, zur *Mentalität* des Landes. Was soll's.

Die Rede, die Hartmut hielt, war seine erste geradlinig klare, die ich von ihm in Äthiopien zu hören bekam. Neben Gutem war manches zu vermerken, dem im nächsten Jahr aus dem Wege gegangen werden sollte. Gut, wenn aus zwei kaputten ein fahrbarer Drescher gebaut wurde. Aber warum fuhr er kaum, wurden Ersatzteile wieder abmontiert? Und wären nicht trotz allem die Nulldurchsichten und die Feldrandbetreuung vom ersten Tag an wichtiger gewesen?

Metekija, der deutsch sprechende Manager aus Goffar, der in der DDR studiert hat, konnte mit alldem vermutlich am meisten anfangen, es am ehesten für sich produktiv machen und zwar, ohne sich am Stachel, den jede Kritik hat, zu zerfleischen. Einhundertachtzig Ausfallstunden gab es allein durch Fahrzeugausfall. Wie effektiv ist also die lange Anfahrt; wie sinnvoll ist es, uns dafür einen Schrott-Nissan zu geben?

Bleiben unter dem Strich 3075 geleistete effektive Stunden. Das ist nicht wenig. Angenehm war für mich auch, daß die Gofferaner mit ihrem Manager auf du und du standen. Das gab auch Michael mit seiner ruhigen, zurückhaltend-sicheren Art Wärme. Bibi las seine mühevoll gedrechselten Sätze vom Blatt. Aber nicht, weil er ein schwacher Redner ist und nicht nur wegen seines enormen Alkoholkonsums ist die Meinung über ihn im Laufe der drei Monate nicht besser geworden. Zu oft hat er sich gleich einem Wetterhahn benommen, seine Autorität in den Vordergrund geschoben, sich wankelmütig und sogar egoistisch gezeigt. Vorsätze waren in den Wind geredet und schnell vergessen. Unreife ist dafür das fairste Wort.

Es ist üblich hier, zwischen den Reden Musik anzustellen, zu schwatzen und zu trinken. Nach der halben Flasche Wein am Mittag verfehlten das Bier jetzt und der Brandy bei mir nicht seine Wirkung. Trotzdem kam ich noch einmal mit Helmut ins Gespräch, eigentlich darüber, daß dieser Einsatz insgesamt doch gut verlaufen ist…

Thomas weckte mich. Im Zimmer stand beißender Rauch. Das Adventsgesteck war abgefackelt, Spielkarten und Papiere auf dem Tisch angekohlt. Es stank. Wir rissen Tür und Fenster auf, warteten draußen, aber längst war der Qualm in die Schlafsäcke gekrochen, in die Klamotten. Wir, bei alledem, hatten noch gewaltiges Glück gehabt.

Das Wiedereinschlafen freilich fiel schwer. Der Magen reagierte empfindlich. Als es wieder laut wurde draußen, brannte immer noch Licht. Es war halb zwei durch. Detlef kam hereingestürmt, räumte eilig die Stühle, potentielle Hindernisse, aus dem Weg und verkündete: *Achtung, gleich kommt ein Besoffener!* Und lachte.

Tatsächlich tapste gleich darauf Andreas N. ins Zimmer, wandte sich seinem Bett zu mit schwerem Gang: *Mein schönster Geburtstag... da habt ihr was verpaßt...* Dann erschien der kleine Parteisekretär, schaute sich um und verschwand wieder. Aber bis endgültig Ruhe einzog, verging noch mehr als eine Stunde.

Sie waren also angekommen, hatten neben dem Management zwei Hände voll hübscher Frauen getroffen, getanzt und getrunken, eine Kaffeezeremonie erlebt und befunden, daß es ein *ungeheurer* Abend war.

Das sind die Stunden, die zählen. Ich war ohne Neid. Helmut hatte sich sehr bemüht, einer der Frauen deutschen Tanz beizubringen. Sie verlor dabei mehrfach ihre Schuhe und verließ das Parkett mit einem ansehnlichen Loch im Strumpf, über der Zehe, dort wo Helmuts Fuß unglücklicherweise immer wieder hingeriet. Aber die Frauen waren hin von den Jungs. Darüber waren sie sich - die Jungs - einig. *Da hättest du fotografieren können,* sagte Andreas N., *so viele schöne Bilder...* Zum Schlafen blieben uns noch knapp vier Stunden.

17. Dezember

Nach dem Mittagessen ging ich mit Thomas, der gegen seinen Rausch ankämpfte, zu Menguso. Seine Freunde waren dort, seine Haushälterin brachte für uns Kaffee. Thomas ist leise, aber in seiner Freundschaft intensiv. Er hatte Farbfotos von seiner Gegend mitgebracht als Geschenk, Wörterbücher Deutsch-Englisch, Englisch-Deutsch, die er Menguso mit viel Ausdauer erklärte, während ich in dem kleinen Bücherregal stöberte.

Neben Schulbüchern Mathematik 9.-12. Klasse (etwa Stoff der 10. bei uns) standen dort als Paperback Don Quichote, ein Witzbuch, drei, vier Romane, ein Englisch-Lehrbuch und eine Reihe politischer Broschüren aus der DDR.

Wir erfuhren, daß heute Abend im Rahmen des Ostafrika-Cups ein Fußball-Länderspiel Äthiopien - Sansibar stattfindet, das im Radio übertragen wird. Ansonsten redeten wir die meiste Zeit über unser Land, bemüht, nicht zu sehr zu *schwärmen*. Wie vieles, das uns selbstverständlich und nicht einmal befriedigend erscheint, ist hier ferne Zukunftsmusik.

Das Gespräch plätschert, ist selten in Fluß, aber niemand stört sich daran. Als die anderen um viertel drei wieder zur Arbeit gehen, bleibt Menguso noch sitzen. Besuch rechtfertigt auch Zuspätkommen auf der Farm. Erst um drei brechen wir gemeinsam auf.

Übrigens ist auch im Dorf nicht verborgen geblieben, daß wir zum Aufbruch rüsten. Den ganzen Tag sind unsere Buden von Kindern umlagert, die sich irgendeinen kleinen Gewinst versprechen, Tüten, Büchsen, Klamotten. Zuweilen ist ihre Aufdringlichkeit stressig, sind die Reaktionen entsprechend rüde. Aber vertreiben lassen die Zaungäste sich nicht.

18. Dezember

Wieder solch ein Tag fast ohne Wind. Die Zimmer verlieren ihre sparsame Wohnlichkeit, allmählich, Stück für Stück und ohne Hast, so wie die Kisten zusammengetragen werden, vernagelt, Regale abgenommen, Koffer gepackt. Vor den Türen lauern Kinder. Von Zeit zu Zeit erbeuten sie eine Schachtel, Büchse, Plastetüte.

Der Himmel bewölkt sich, aber das ist jetzt egal. Manche waschen noch einmal. Bernd klappert immer noch auf der Maschine. Andere schlafen. Sonnen sich. Ich nehme mein letztes Sitzbad und lasse mich von Bibi dabei fotografieren. Die Bücher sind abgegeben, auch die Geschichten von Harald Gerlach *Landstreicher*, die ich zuletzt hatte. Ersatzweise wird in Zeitungen und Zeitschriften geblättert. Der Schwebezustand ist noch nicht aufgehoben.

Am Vormittag fuhren sieben von uns zum Wabe Shebele, dorthin, wo der Fluß schon sein Bett verbreitert hat, mit Inseln, halb versunkenen Akazien und Kalksteinbuchten zum See geworden ist. Ein Bild, das mir ein *Pink-Floyd*-Cover in Erinnerung ruft und mehr noch die Musik dieser Gruppe.

Eine Stille gedämpfter Farben und Konturen, durchbrochen vom Flügelschlagen der Reiher, Störche, Ibisse, Graugänse, die das Ufer bevölkern. Seltener vom Geschwätz der Gefährten. Das Wasser ist unbewegt, ein atemloser Spiegel. Nicht anders die Berge, nur dunkler, die Felder. Ein Stück flußaufwärts Rinder und Schafe.

Wir laufen ein paar Buchten ab. Hier ginge ich lieber allein. Für den Augenblick ist Salalem, der fühlbar die Landschaft genießt, mir am nächsten. Andreas ist in solchen Momenten zu laut. Hier könnte ich meinen Ort finden, so wie ich meine Bilder entdecke und hoffe, sie mögen sich daheim zu Erinnerungen fügen.

Unweit des Flusses liegt ein ausgetrockneter flacher Vogelsee, weiß, mit einigen von Nomaden verlassenen Höhlen. Rindermist hat sich entzündet, schwelt, raucht. Zwei Reiter queren die Senke. An einem letzten Wasserloch weidet noch Vieh. Wir fahren zurück.

Eine Suppe halbgarer Bohnen ist das Mittagessen. Danach verstreuen die Leute sich wieder. So werden sie sich auch in Berlin aus den Augen verlieren. *Eine Illusion*, sagte Helmut gestern, *daß es uns gelingt, noch einmal alle zusammenzukommen. Für ein viertel Jahr wart ihr meine Bekannten, ich kenne euch etwas, aber was daraus wird, wir werden sehen.* So ist es immer. Auch ich weiß das, und inzwischen ist es mir lieb.

Mögen sich Begegnungen mit Männern wie Bernd unter anderen Umständen auch etwas günstiger gestalten, am liebsten sehe ich diesen Typus Schwatzbudensozialisten von ferne. Vielleicht, wie so oft, weil ich manchen eigenen Fehler bei ihm in Vollendung vorgeführt bekomme, was auch nicht angenehm ist, immer etwas von Ertapptsein hat.

Eigentlich schade, daß da niemand ist, der mir ausgesprochen fehlen wird. So sehr haben wir einander also doch nicht gebraucht. Aber gerade nach diesen Wochen und ihren Nächten weiß ich, daß es im Gedächtnis tiefe Schatten gibt, aus denen uns plötzlich Menschen wieder entgegentreten. Wir werden sehen. Und wer weiß, was am Schreibtisch auftaucht (oder nicht) nach den ersten Wochen, wenn ich wieder richtig zu Hause bin.

Das Leben, habe ich einmal zu meiner Liebsten gesagt, *beginnt mit unserem Zweifel an seiner Existenz.* Aber ich wußte in diesem Augenblick nicht, daß damit auch der Keim gepflanzt ist, nach Gewißheit zu suchen. So ist es auch jetzt. Mein Maß Skepsis habe ich gefüllt. Und werde aufstehen jetzt, weglegen das Buch, irgend etwas tun.

Wie schwer es ist, Langerweile zu entgehen, wenn die gewohnte Beschäftigung fehlt, wurde mir klar in diesen letzten Stunden. Um arbeiten zu können, war ich viel zu unruhig. Also machte ich, was vor mir schon Detlef getan hatte, nahm mir den Stapel alter Zeitungen und blätterte noch einmal Nummer für Nummer durch. Sie wurden davon nicht besser oder interessanter, aber die Zeit verging, das Abendbrot rückte näher.

Immer noch waren unsere Buden von Kindern umlagert. Jan kochte sein letztes Gulasch. Die Kartoffeln reichten knapp. Aus dem Abwasch wanderte das Geschirr in die halb eingepackten Kisten. Wie um allem einen angenehmen Schlußpunkt zu setzen, erlebten wir noch einmal einen herrlichen Sonnenuntergang. Der letzte Abend. Im Zimmer brannte nun wieder eine Leuchtstoffröhre, kaltes, desillusionierendes Licht. Kisten im Raum, Zivilisationsabfall. Nur noch eine Nacht.

Um halb acht kamen wir im Klubraum zu unserer Abschlußversammlung zusammen. Die Rede Helmuts fiel kurz aus: Wir haben unsere Aufgabe erfüllt, die Fonds ausgeschöpft, uns keine Disziplinarverstöße zuschulden kommen lassen. Erfolgreich.

Die beiden Poster, die noch an der Wand hingen, bekamen - Vorschlag der Arbeitsgruppen - Hartmut und ich. Für Jan ein kleines Bastgefäß. Die anderen REYA-Geschenke für Bärenklau, Zentralrat und Bezirksleitung Halle. *Prost!* Auf dem Tisch standen zwei Flaschen Whisky, Kognak, Ouzo, Gin. Mehr Schnaps als Cola jedenfalls, und wir tranken, auch Bernd, der neben mir saß, schnell an diesem Abend.

19. Dezember

In seiner Küche stöhnte und fluchte Jan, in den anderen Zimmern wurde gepackt. Verschwanden Regale von den Wänden, Kisten, Stühle, Liegen, Pappvorleger (unsere *Perser*). Kahle Wände. Das alles ging ohne Eile vonstatten, ohne Aufbruchshektik, Abschiedsmelancholie gab es erst recht nicht.

Doch, wir waren froh, verschwinden zu können, wenn das zuhause auch komisch klingen mag. Um an diesem Land zu hängen, bräuchte es mehr, als wir hatten, und dies, Gesehenes zumeist, war nicht angetan, uns dran zu binden, oder nur sehr selten, sehr vage. Kein leichtes Land, vielleicht gerade auch für uns.

Immer noch klapperte Bernds Schreibmaschine. Er schrieb die Listen der gepackten Kisten, verbliebenes Inventar. Für die Kinder fiel immer wieder etwas ab: Zeitungen, Pappkartons, Büchsen, Gläser, Flaschen, um die heißer Streit entbrannte. Immer wieder Bettelhände, und auch Erwachsene kamen. Länger als zwei, drei Tage wäre das, zumindest für mich, nicht auszuhalten. Es macht aggressiv, mehr als gut ist, auch mich. Aus Hilflosigkeit wird ja fast immer Wut.

Wir mußten einiges anzünden, Desinfektionsflaschen, Lumpen, wir nahmen Zeitungen dazu. Obwohl von einem Watchman immer wieder vertrieben, rissen Kinder schon brennendes Papier aus den Flammen, so lange niemand von uns dabei stand.

Endlich kam der kleine Kuzu-LKW, konnten wir verladen. Die Buden wurden ausgefegt, Spinnen flüchteten sich in die Ritzen des Fußbodens. Unsere *Möbel* lagerten wir im Zimmer der Fahrer ein. Für nächstes Jahr. Für die Nächsten.

Das ist der einzige Augenblick, da ich mich doch noch einmal umschaue. Wo man etwas zurückläßt, und seien es nur selbstgebastelte Stühle, Hocker, Bänke, Regale und zwei Plasteklobrillen, da sieht man zurück. Auch hier geht es weiter. Auch hier hab ich gelebt.

Zuletzt sind es nur noch ein paar Kronkorken und krumme Nägel, die Beute der Kinder werden. Ein paar Büchsen Wurst und ein halbes Paket *Spee* für den Doktor, der neben einem Plakat steht: *Deine Gesundheit - unsere größte Ressource.*

Aufsitzen!

Zuletzt fliegen noch meine Sandalen aus dem schon fahrenden Toyota. Die alten Israeliten streiften den fremden Staub von den Füßen, wenn sie Heimaterde betraten.

Garadella liegt hinter uns, verschwindet. Der Wagen frißt die Roughroad unter sich. Bekannte Strecke. Ich bin still, lausche. Aber kein Zurück jetzt in mir. Ein Zimmer, vertraut, die Liebste, unser Kind. Liegen gebliebene und kommende Arbeit. Alte und neue Sorgen. Nahtstellen über drei Monate hinweg.

Mähdrescher kommen uns entgegen aus Bokoje, wo wir Station machen in einer winzigen Kneipe, eine Flasche lang, bevor der kleine Konvoi durchfährt bis nach Asella. Als wir dort ankommen, ist es gerade halb eins. Unsere Zimmer (Betten!) sind schon bereit, aber das Mittagessen müssen wir noch selber bezahlen. Keiner, den das heute stört. Das Restaurant ist fast leer.

Nach dem Essen werden wir in ein Zimmer geführt, wo für die Newcomer weiße Nationaltrachten liegen. Anprobe. Hose und langes Hemd, beides etwas schmuddelig, werden wir heute Abend tragen. Bis dahin bleiben uns noch ein paar Stunden Zeit, durch die Stadt zu streifen. Im Kino läuft ein neuer Thriller: *Firepower.*

Die anderen haben sich schon auf den Weg zu den hundert kleinen Lädchen gemacht, als der Toyota der REYA vorfährt. Überstürzt laden sie uns ein, nicht einmal Helmut - er wollte eigentlich noch einmal die Kubaner besuchen - scheint durchzusehen. Bernd fährt herum, die Leute einzusammeln.

Ich hatte inzwischen Thomas und Detlef getroffen, war mit ihnen weiter gebummelt, und wir hatten alle drei keine Lust zu einem plötzlichen Extra dieser Art. Im Hotel treffen wir auf Andreas N. Der war mit kurzer Hose und kariertem Hemd nicht stadtfein genug. Aber auch er ärgert sich nicht. Atempause. Abklingen lassen, was war. Warten, was kommt.

Am Abend machen sich Dagne und seine äthiopischen Kollegen einen Spaß daraus, uns in der Nationaltracht zu verpacken. Außer Hose und langem Hemd gehört dazu noch ein riesiges weißes Baumwolltuch, das fachgerecht um die Schultern geworfen sein will. Wir kommen uns ein wenig vor, wie eine Mischung aus Doktor, Priester und Gespenst, als wir ins Restaurant marschieren, wo uns die gleiche Runde erwartet, die uns in Asella vor siebzig Tagen empfing.

Vor dem Essen fürchte ich mich aus gutem Grund: Salat, Suppe, Steak, Orange, Kaffee. Selbst bei einiger Zurückhaltung bin ich nach diesem Mahl zum Platzen gefüllt. Reden werden gehalten.

Unsere Arbeitsstunden werden umgerechnet in einen Erlös von 15.476 Birr. Helmut läßt in seinem Toast noch einmal unsere Probleme anklingen, leise. Ich höre zu, aber eigentlich bin ich mit meinen Gedanken woanders. Kurze Zeit auf dem Marktgäßchen, wo die Häuser ihre hölzernen Rippen zeigen, wo wir über Stein und Abfall stolperten, vollgestopfte Lädchen sahen und in beinah leere Wohnungen, Behausungen hinein.

Wird das Telegramm da sein? Wenn ja, werden die letzten Tage wohl noch langsamer vergehen. Aber das macht nun nichts mehr. Mit Thomas, er hat ein Paddelboot, schwatzte ich übers Wasserwandern und die Vorzüge und Gefahren verschiedener alkoholischer Getränke.

20. Dezember

Ich erwachte benommen, aber der Morgen war mild und da war auch die Aussicht auf ein Telegramm in Addis, auf Post, auf die Nähe des Flughafens. Da verging mir selbst das Frühstück zu langsam, war ich froh, als es weiter ging.

Das Asphaltband kann es getrost mit heimischen Autobahnen aufnehmen. Nur daß es an deren Rand keine Melonen- und Schotenverkäufer gibt. Fahren in einen strahlenden Tag. Geredet wurde nicht viel im Auto, geblödelt manchmal.

Bibi zeigt sich seit gestern nur noch in seiner maßgerechten Lederjacke, und ich dachte einen Moment lang an mein altes Affenfell mit den Westernfransen. An meine Mutter, die es mir geschneidert hatte. Es war mein Wunsch gewesen, so verrückt, so gemäß meinem pubertierenden Geschmacks- und Männlichkeitsideal.

Ich habe die Lederweste später kaum getragen. Aber meine Mutter hatte mir auch diesen Wunsch erfüllt, so gut es in ihren Kräften stand. Ihre Liebe war immer um mich, im Ernsten wie im Komischen, auf mich gerichtet, an mir orientiert. Vielleicht lerne ich erst jetzt, das in vollem Umfang zu schätzen.

Nazareth. Wir hielten am Markthaus, das sich aus einem Innenhof mit mehreren Korridoren zusammensetzt, staatlichen Läden und privaten Ständen, wo es das typische Durch-den-Garten-Angebot zu sehen gibt. Uhren, Textilien, Schmuck. Wir guckten und kauften.

Als wir wieder bei den Autos ankamen, waren der Niva und seine Besatzung schon verschwunden. Eine feste Verabredung gab es nicht. Manchmal ist Helmuts Verhalten mir unverständlich, mutet mich an wie ein kleinlicher Trotz. Sollten wir am Checkpoint in Addis warten?

Einmal gab es noch Aufregung, als wir zu beiden Seiten der Straße Kamele sahen. Einmal überlief es mich, als ich den auslaufenden, umgestürzten Anhänger eines Tankzuges in einer Kurve sah, Menschen drum herum und in Sichtweite eine junge

Frau mit ihren Kleinkindern, die seelenruhig ihre Wäsche weiterwusch. Dann stiegen wir an der Stadtgrenze aus, sahen uns bei den Töpferwaren um, warteten. Schließlich fuhren wir weiter. Helmut und der Isuzu waren tatsächlich vor uns. Sie hatten den LKW bereits entladen und Bernd drückte mir fünf Briefe in die Hand: Kein *Telegramm*. In zwei Kuverts befand sich das *Poesiealbum 242*, mein Heftl.

Zum Lesen war ich übrigens erst im Hotel *Afrique* gekommen, wo ich mit Gerald ein Zimmer mit Blick auf den Funkturm bezog. Wir hatten etwas Zeit am Nachmittag, aber wegzugehen lohnte sich nicht. Baden also und ausruhen und mir Geralds selbstsicheres, hand- und fußloses Gerede vom Hals halten. Zwei Tage lang wird das schon gehen, denke ich. Er ist ja nicht unfreundlich, nur konfus, haltungslos. Ein *Halber*, wenn auch FDJ-Sekretär (was besagt das schon).

Für den Abend waren wir eingeladen. Der Botschaftsbus holte uns vom Hotel ab und fuhr uns zur Wohnung des Parteisekretärs unserer Botschaft, der erst siebenunddreißig Jahre alt und selbst noch nicht lange im Land ist.

In seinem großen Zimmer wurden wir empfangen. Die Sessel reichten nicht aus, aber an Campingstühle haben wir uns zur Genüge gewöhnt. Diplomatische Gepflogenheiten: Büchsenbier, Whisky, Hennessy, Bols, sechs verschiedene Sorten Zigaretten, auch hier. Auch für uns. Wenn ich das genießen kann, bin ich auch fähig, mich daran zu gewöhnen. Recht glücklich macht mich das nicht.

Außer uns kam auch die ständige Brigade und schließlich der Botschafter, Wolfgang Beyerlacher, mit seiner Frau. Bernd hatte, als er noch Außenpolitik studierte, bei diesem Mann mit angegrautem Haupthaar und Schnurrbart sein Praktikum absolviert. Er schildert ihn als einen der besten Afrikaexperten, vormals im Ministerium für Auswärtige Angelegenheiten verantwortlich für Zentral- und Ostafrika, später, in Krisenzeit, Botschafter in Indonesien und nun, wohl auch wegen der komplizierten Situation, in Äthiopien.

Daß wir einen gewandten Unterhalter vor uns haben würden, der vielen Leuten zugleich seine Aufmerksamkeit schenken kann und dabei ihre Sprache finden, war zu erwarten. Es gehört zum Beruf des Diplomaten. Daß er dabei übers Wetter, den Bergbau (seine Herkunft), Fußball, Alkoholika und Rauchgewohnheiten gleichermaßen spricht, als wären es in diesem Moment die ernstesten Dinge, sich zwischendurch dem Töchterchen des Sekretärs zuwendet und noch seiner Frau, um im nächsten Moment zu einer kleinen Rede anzusetzen, war eine Parade, die ich genoß, auch weil ich merkte, daß er sie unbeschwert und sogar mit Spaß vollführte. Übung macht den Meister.

Die Physiognomie dieses Mannes ist durchaus nicht jene, an der wir unsere Politiker erkennen. Höchstens die oft von Falten durchzogene Stirn verrät die Arbeit des Botschafters. Auf der Straße würde ich ihn irgendwo zwischen Frohnatur und Künstler einordnen. Auch die Kunst des Bonmots beherrscht er übrigens, und geht sie auf Kosten seiner Frau, ist sie sanft und wird milde erwidert.

Die Frau ist weit über zehn Jahre jünger und, was sehr angenehm war, frei von jeder Exaltiertheit. Die Selbstverständlichkeit, mit der sie ihren Platz im Schatten des Politikers einnimmt, hellt ihn auf und läßt ihn aufhören, Schatten zu sein. Etwas selten Schönes. Ich habe schon, und auf niederer Ebene, anderes erlebt.

Aber der Botschafter plauderte nicht nur. Daß er bei seiner Dankansprache trotzdem kaum den Ton wechselte, empfand ich als angenehm. Auch deshalb war Mutters Brief im Vorhinein gut: Genosse Bayerlacher sagte fast das Gleiche. Und in diesen Sätzen finde ich mich und was wir wirklich getan haben.

Später sprach der Botschafter über eine Reihe von Zusammenhängen im wirtschaftlichen und politischen Leben des Landes. Merken konnte ich mir lediglich die Fakten. Ausgangspunkt war ein Zwischenfall auf der Straße nach Amara vor einiger Zeit. Konterrevolutionäre beschossen dort zivile Fahrzeuge, die DDR-Botschaft hat die Straße für unsere Bürger gesperrt. In der Stadt selbst sind in der vergangenen Zeit drei Taxis in die Luft geflogen. Die Bombe in der Wohnung eines Arztes wurde rechtzeitig gefunden und entschärft. Insgesamt wird die Zahl der unter Waffen stehenden Konterrevolutionäre auf 50.000 geschätzt. Das erklärt, weshalb zur Zeit 60 Prozent des äthiopischen Nationaleinkommens der Verteidigung zufließen. Die Probleme werden dadurch noch größer.

Wie jeder, der etwas zu verkaufen hat, ob Kaugummi oder en gros Waren, profitbedacht handelt und wie neben den auf Pappfetzen liegenden Bettlern lackierte Damen und Herren einherschreiten, das haben wir zur Genüge erlebt. Die Speckschicht der Spekulanten aber scheint den Zufluß importierter Konsumgüter zu bestimmen. Sie verlangen das ihnen Gemäße. So gibt es in Addis und anderen Städten sehr viel, nur keine Kaufkraft im Volk. (Haben wir diese Sackgassenökonomie nicht auch in einigen Volksdemokratien beobachten müssen?).

Die Arbeitenden sind vor allem Bauern, 85 Prozent des Gesamtprodukts werden privat erwirtschaftet. Aber beispielsweise der Verkauf von Kaffee bringt kaum die Produktionskosten ein. Das, obwohl die USA den Löwenanteil über dem Welthandelspreis abnehmen und der Rest sogar zum doppelten Weltmarktpreis exportiert wird.

Im Binnenhandel liegen die Preise achtmal höher, als die Einnahmen der Produzenten. Beim Teff ist die Schere eins zu zehn geöffnet. Hier kommt noch hinzu, daß zur Bedarfsdeckung auf 55 Prozent der Anbaufläche Teff angebaut werden müßte. 37 Prozent sind es. Die Erträge liegen weitaus niedriger als bei Getreide, die Ernte ist komplizierter, der Verlust größer. Aber die Bevölkerung wehrt sich gegen das Neue, den Weizen.

Natürlich werden auch die USA Weizen liefern, minderwertigen zwar, aber nach hunderttausenden Tonnen bemessen (über eine Million wäre insgesamt dieses Jahr nötig). Dem können die sozialistischen Staaten kaum etwas entgegenhalten.

Wenn, wie jüngst, in Eritrea acht LKWs in Brand geschossen werden, kann die Kirche dem Land sechzehn neue zum Geschenk machen. Wir nicht. Freilich, unser medizinisches Zentrum hat 24 Millionen Mark gekostet, wir finanzieren ein Jahr lang 37 Spezialisten und ihre Ausrüstung, die Luftbrücke mit allem Zubehör. Da das Camp verspätet zu arbeiten begann, wurde die Zeit auf anderthalb Jahre verlängert, dann geht es an Äthiopien über, das bisher nur die Sicherung trug. Wir bilden auch ihr künftiges technisches Personal aus (Wasser, Strom), Mediziner haben sie selbst.

Aber all das ist unauffälliger, unspektakulärer im Gegensatz zu den kostenintensiven Schüben aus kapitalistischen Staaten. Persönlich glaube auch ich, daß die Äthiopier ein wenig mit diesem Zwist, diesem Tauziehen spielen. Und trotzdem ist auch unser Einsatz wichtig gewesen.

Die Dürre in diesem Jahr hat zunächst ökonomische Folgen. Siebentausend Familien zusätzlich umsiedeln, das heißt siebentausend Tukuls bauen, mit Wasser versorgen. Wasser ist das Wichtigste. Es zu bekommen, müssen manche dreißig Kilometer zurücklegen. Außerdem bekommen die Bauern Land, sie müssen es urbar machen. Fünf Jahre verfügen sie steuerfrei über den neuen Besitz (ab anderthalb Hektar aufwärts), so lange - rechnet man - dauert es, bis eine Familie mit einem eigenen Ochsen gewinnbringend wirtschaften kann. Nicht alle haben schon ein Tier. Nicht einmal jede hat die zwei Birr täglich, auf der Station eines zu leihen. Das ist die ökonomische Seite.

Vor allem aber sind Tigre und Erithrea von der Dürre betroffen, die Zentren der Konterrevolution. Natürlich ist die rote Diktatur an diesem Zustand schuld, nicht das Wetter, sprich: Die Konterrevolution kann sich auf zwei Jahre, trotz politischer Schritte der Regierung, weiter ihre soziale Basis sichern. Wenn in solch angespannter Lage sozialistische Länder Beistand leisten, nicht nur technisch, sondern auch personell, hat das Gewicht.

Eine andere Sache, über die der Botschafter sprach, ist die Situation an der Grenze zu Somalia. Sie ist *relativ ruhig*. 395 Grenzzwischenfälle im Jahr mit Waffengewalt (etwas mehr und intensiver, da zurückgeschossen wird, als an der Grenze zu Westberlin). Aber die verantwortlichen Politiker beider Länder kommen über den Streit über die Tagesordnung möglicher Verhandlungen nicht hinaus. Sie bewegen sich, so scheint es, in einer Crux. Die Somali schlagen vor, zunächst die kleineren Schritte zu gehen: Austausch der Gefangenen etwa. Die Äthiopier verlangen nach den Erfahrungen der somalischen Aggression zuallererst die Anerkennung der durch UNO und OAU akzeptierten Grenze.

Die Somali weisen das zurück. Die Herstellung der staatlichen Grenze, identisch mit der ethnischen, ist für ihr Land Verfassungsauftrag. Zur Zeit würde jeder Präsident sich selbst stürzen, wenn er die Grenze anerkennt.

Und es setzen sich die Widersprüche und Komplikationen fort. Äthiopien gilt als eines der ärmeren Länder, manche Statistiken setzen es ganz an den Schluß der *Weltgemeinschaft*. Aber das Land leistet sich die (kommerziell vielleicht sogar einträgliche) Austragung der *East- and Central-African-Foodball-Cups* in Addis und einen BRD-Trainer für die Fußball-, einen DDR-Trainer für die Leichtathletikmannschaft. Keine anderen Sorgen?

Bleib ruhig, Klemt, man kann nicht alles verstehen.

Auch Helmut sprach noch einmal kurz, rechnete unsere Arbeit ab, nannte die Probleme. Bei dieser Gelegenheit bekam ich noch einmal einige wichtige Zahlen. Die Durchschnittserträge Gerste lagen bei 2,5 Dezitonnen pro Hektar (sieben Dezitonnen sind normal), Weizen bei etwas über 20 Dezitonnen pro Hektar. Die Verluste bei vier bis fünf Prozent.

Wenn wir auch eine ganze Weile über ernstere Dinge sprachen, so hinderte das nicht am Trinken. Darauf waren schon die Gastgeber bedacht und es zeigte sich, daß der Parteisekretär durchaus kein Kostverächter ist. Ansonsten hat er sich jüngst das Rauchen abgewöhnt und läuft seitdem jeden zweiten Tag 5,2 Kilometer durch die City von Addis. Und jedesmal etwa am gleichen Ort kommt ihm ein joggender Äthiopier entgegen, der ebenso regelmäßig ruft: *Wir machen heut ein bißchen schnell*. Nichts weiter.

Die Frau des Sekretärs ist Lehrerin. Sie hatte sich zwischen Detlef und Andreas gesetzt, schwatzte mit ihnen. Der Raum hatte sich mit Qualm gefüllt, schon als wir zum Essen gebeten wurden. Hausfrauenehre - Hut ab vor den Salaten, dem Steak, den serbischen Bohnen nach einem Rezept, das die Familie von ihrem Aufenthalt in Jugoslawien mitbrachte.

Die Musik wurde lauter, das Stimmengewirr auch. Der Botschafter und seine Frau verabschiedeten sich, es leerten sich Whisky-, Kognak-, Wein- und Likörflaschen, die Dinge nahmen ihren Lauf.

Als Bernd gegen zehn den Versuch unternahm, ein Schlußwort zu halten, wurde ihm aufmerksam zugehört. Nur machte danach niemand Anstalten, zu gehen. Bleibt mal noch ein Stündchen, sagte der Sekretär und hatte ein rundes, glänzendes Jungengesicht.

Wir dachten an Abwasch, frühe Unterrichtsstunden, Sitzungen, aber die Hausherrin war selbst noch vertieft ins Gespräch. Erst gegen dreiundzwanzig Uhr rüsteten wir zum Aufbruch. Der Botschaftsbus stand vor der Tür. Wozu Helmut nicht mehr recht in der Lage war, das übernahm für dieses Mal ich: *Ho, unser Maat, der hat schief geladen...* und: *Es geht ein Rundgesang...* Aber als ich kurz vor Mitternacht in meinem Hotelbett lag, war's auch ganz schön.

21. Dezember

Nach dem Frühstück machten wir uns auf den Weg zu den Studentenshops. Hatte ich vorher gebangt, meine letzten einhundert Birr würden allzu schnell durch die Finger rinnen, so wurde ich wieder einmal eines besseren belehrt. Große Anschaffungen für mich selbst, Jeans, Jeansanzüge, Anoraks wie die anderen, hatte ich ohnehin nicht vor. So kaufte ich alle möglichen Souvenirs und war darüber ganz froh. So reichte es auch noch für ein paar Freunde. Meine eigenen Wünsche, allen voran eine Autofokus-Kamera, lassen sich in den heimischen Intershops erfüllen.

Geschockt waren ich und auch die anderen, als wir in einem englischen Laden nah der Pizzeria solche Kameras fanden, und neben Minolta und einem anderen Typ stand da eine *Practica* des gleichen Systems für achthundertdreißig Birr. Bislang hieß es, wir würden solche Apparate nicht produzieren. Nun sehen wir sie im ärmsten Land, das wir kennen.

Gleich wie sie hergelangt ist - kein stolzes, erhebendes Gefühl: *Das können wir auch!* Schaler Geschmack. Denn da waren noch immer die Krüppel um uns, die bettelnden Mütter mit dem Säugling an der Brust, im Straßendreck, mit ihrem langgezogenen Bettelgesang. Wieviel davon verträgt ein *sozialistischer Weg*?

Nachmittags fuhren wir mit dem klapprigen Nissan, um dem Mercado, dem größten Markt Afrikas, einen Besuch abzustatten. Dieser Markt ist ein ganzes Stadtviertel, nicht abzulaufen an einem Tag. Neben Hallen, wo Stand an Stand sich reiht, Straßen, nach Gewerken unterschieden, Laden an Laden. Aus alten Reifen geschnittene Sandalen, hochmoderne Industriewaren. Schneider an alten Singer-Maschinen nähen auf der Straße Kleider, andere Männer, in Gruppen beieinander, besticken sie. Es gibt alles, und auch die Gilde der Taschendiebe hat in den Nebenstraßen, heißt es, ihr einträgliches Domizil.

Und nirgendwo anders ist auch die soziale Kluft so stark zu spüren wie hier, die Arm und Reich in diesem Lande trennt. Die Jagd nach Geld, um zu überleben oder um sich sorgenfrei und ohne Arbeit durchs Leben zu schleichen. Die Arroganz steht Weibern wie Männern ins Gesicht geschrieben, sie steigen über den Pöbel hinweg, geputzt, geschminkt, geschniegelt. Ihr Deo kostet das Monatsgehalt eines Säcketrägers. Mancher von uns, der den Gang der Geschichte nicht kennt, sagt: *Aus diesem Land kann nie etwas werden. So nicht...*

Stundenlang laufen wir zwischen den Geschäften herum, öffnen und verschließen unsere Augen. Die Buntheit der Stoffe, des Schmuckes, der tausendfältigen Verpackungen freilich ist angenehmer als die Buntheit des Lebens, das uns umgibt, einfacher, trügerischer. Wohl dem, der sieht und Kraft hat, zu vertrauen.

Am Abend fuhren wir noch einmal zur ständigen Brigade, um uns zu bedanken und zu verabschieden. Allerdings meint Helmut, die Zusammenarbeit sei insgesamt im vergangenen Jahr besser gewesen. Die Stimmung war müde. Einige waren, oder gaben sich so, noch vom Vorabend angeschlagen. Es schien so, als hätte niemand rechte Lust. Der einzige, der sich nicht reserviert verhielt, war Mäcki.

Ich habe keinen Vergleich. Aber ich nahm das Brigadebuch mit ins Hotel, und während Gerald schon schlief und einige andere in die Stadt zogen, saß ich am Schreibtisch und las (ach, wieder am Schreibtisch sitzen!). Eine beunruhigende Meldung hatten wir noch mit auf den Weg bekommen: die Uni-Spezialisten, sechs oder acht Familien, sollen morgen aus Asmara evakuiert werden.

Brigadebücher können, aber das ist selten, wirklich der Spiegel eines Kollektivs sein. Für das vor mir liegende galt das nicht. Es war alles mit Fleiß geführt, alles war in Ordnung - eben das störte mich. Immerhin gewann ich einen Überblick über die Höhepunkte seit Bestehen der Brigade, und dies ist der Abriß: Am 18. 10. 1986 die (erste?) Zeugnisübergabe nach zehn Wochen Ausbildung an drei Klassen mit insgesamt 76 Studenten, durchgeführt bei der AETSC mit Presse und Rundfunk. Später Karneval, 40. Jahrestag der FDJ mit einem Cocktail beim Botschafter und Empfang bei der REYA. Frauentag, Ostern in Awasa auf Kosten der SETSC, Besuch der heißen Quellen von Wonda Genet. Öffentliche Parteiversammlung zu Ehren des 100. Geburtstages Ernst Thälmanns. Ein dicker Stapel Ormigblätter: das Kampfprogramm. Um den Ehrennamen ging es. Daneben Dinge, die mir sehr gefielen, die Verpflichtung, an den Höhepunkten im Leben der Kinder teilzunehmen, sonntags mit ihnen Sport zu treiben. Pläne für Exkursionen ins Landesinnere... Und wieder die offiziellen Zeitzeichen: 37. Jahrestag der DDR im Bowlingzentrum von Addis. Die äthiopischen Ausbilder waren dabei; Gelegenheit über die anstehenden Probleme zu diskutieren (aber benannt werden sie im Brigadebuch auch nicht). Aufnahme der Jungen Pioniere am Karl-Marx-Denkmal, dem ersten in Afrika. Fahrt ins Thermalbad Sodere, wo die freßlustigen Meerkatzen hausen. Übernachtung im RAS-Hotel von Nazaret mit seinem Swimmingpool im Innenhof der ersten Etage. Besuch des Koka-Staudammes 25 Kilometer von Addis entfernt und Energiequelle der Hauptstadt. Nilpferde, ehemalige Kaiservilla, Kraterseen bei Debre Zeit. Ein anderes Mal bestieg die Brigade den Mogli, einen Berg, der Ähnlichkeit mit dem Zuckerhut von Rio de Janeiro hat, 3.500 Meter hoch ist und dessen Ersteigung (600 Meter) dreieinhalb Stunden in Anspruch nahm. Besuch bei der Erntebrigade 1986 mit abendlichem Lagerfeuer. Solibasar in Asassa, REYA-Forum in der Universität.

Hier klingt erstmals der Gesprächsinhalt durch. Wegen des Fehlens einer äthiopischen Arbeiterklasse, heißt es im Tagebuch, fehlte auch den Studenten oftmals das praktische Beispiel für politisches Herangehen. Das ist ein generelles Problem für Äthiopien, wie für die meisten afrikanischen Staaten. Läßt sich die Frage nach dem Überspringen einer Gesellschaftsordnung tatsächlich vom Tisch fegen, indem man sich eine wohlwollend-barmherzige Brille aufsetzt? Welche Sprünge läßt die Geschichte zu? Sind diese Länder nicht doch zu einer kapitalistischen Phase, sei es, daß sie sich als deformiert-sozialistische darstellt, verurteilt? Ich bin mir nicht mehr so sicher...

Einrichtung einer Artur-Becker-Ecke im Trainingszentrum. Besuch des Genossen Semmelmann (Abteilungsleiter ZK der

SED) in Garadella. Solibasar in Dodola. Pioniergeburtstag. Fahrt an den Langano und den Shalasee mit seinen Flamingos und Pelikanen. Verabschiedung der Erntebrigade 86 mit einer Gartenparty beim Botschafter.

Dann gibt es da eine Fotografie, aufgenommen vor dem Hotel *Afrique*: der Jäger, ein Badetuch um die Hüften, stößt ins Horn. Neben ihm, ohne Schuhe, Helmut lacht, winkt. Vielleicht doch ein Vergleich. Weihnachten bei 30 Grad Celsius. Exkursion zum größten Zementwerk Äthiopiens, erbaut von DDR-Spezialisten. Der Autor des Artikels war fasziniert. Ausführlich beschrieb es den technologischen Prozeß: eine Steinbrecheranlage in 400 Metern Tiefe, gefüllt mit kubikmetergroßen Brocken, das 2.200 Meter lange Förderband, die Mühle, aus der das Kalksteinpulver kommt, Öfen, zweite Mühle, Mischwerk.

Als nächstes lese ich von der Sachspende in Höhe von 200 Birr für die Soliaktion der Journalisten, dem Besuch der Patenklasse im Ausbildungszentrum, dem trotz Diskussion gemeinsam gefeierten 41. FDJ-Geburtstag. Da steht zum ersten Mal der Name Bayerlacher für den Botschafter. Frauentag. Party mit äthiopischen Kollegen im botanischen Garten. Der Partner wird selten genannt, aber schließlich würden die wöchentlich stattfindenden Informationsveranstaltungen auch den Rahmen des Buches sprengen. Ostern in Nazaret und Sodere. Studienreise nach Asassa am 30. 4. 87. Exkursion in den Menegasha Nationalpark und nach Ambo (wo das Wasser herkommt). Schließlich die Parteiaktivtagung mit Verleihung des Namens *Artur Becker* und des Banners. Solibasar Bokoji. Feldeinsätze in Wellega und Gojam für dreieinhalb Wochen.

Auf die vorläufig letzte Seite schrieb ich neun meiner Äthiopiengedichte. Als ich aufsah, war es fast Mitternacht.

22. Dezember

Am Morgen ließ ich mich mit Gerald vom B 1000 der ständigen Brigade zum Bethlehem Trainingscenter an den Stadtrand fahren. Dort lernen ein paar Dutzend Mädchen das Schneidern, Sticken, Stoffdrucken und kunstgewerbliche Fähigkeiten. Die Erzeugnisse werden im kleinen Laden des Trainingszentrums verkauft. Neben Kleidern, Röcken und Blusen gibt es Puppen, Kissenbezüge, Karten aus Stoff und Papier, manches mehr als simpel. Immerhin fand ich etwas für Ingrids Jungs, kleine Taschen mit einem Löwen, einem Nilpferd bestickt. Dann traten wir den Rückweg an. Es versprach, ein warmer Tag zu werden und wir hatten immerhin zwei Stunden zu laufen. Noch einmal die wechselnden Bilder dieser Stadt, ihre Zerrissenheit in Wellblech und Betonhäuser, Bettler und Bürger. An der Churchillroad begegnete uns *Mäcki* mit dem Niva. *Ich will ja nichts sagen, aber auf dich wartet ein Telegramm. Johannes heißt er.*

Ja, wenn es so einfach wäre, zu beschreiben, was so mit einem vorgeht. Erst einmal, glaube ich, war mir bloß leichter, daß also offensichtlich alles gut gegangen war. Alles andere, bis die Freude sich ihren Weg gebahnt hatte, dauerte viel länger. Ich war wie blockiert. Rational sagte ich mir: Jetzt brauchst du eine Flasche, weniger für dich, als für die Jungs. Aber der nächste Laden war ein Papierwarengeschäft und dort bekam ich ein Glückwunschkärtchen, japanische Tuschezeichnung: ein Bärchen. Den Ouzo ein paar Ecken weiter.

Im Hotel gab mir dann Bernd das Telegramm, gratulierten Helmut und die Jungs vor dem Mittagessen. Ich glaube, das war auch der Punkt, wo es durch mich hindurchschoß, und von da an hielt ich es eigentlich noch viel weniger aus, als in den vergangenen Tagen des Wartens. Jetzt, wo ich wußte, er ist da, unser Söhnchen, wollte ich es auch sehen, bei ihm sein, bei meiner Liebsten, meiner Familie. Da hatten die anderen gut grinsen.

Natürlich - erst einmal ging es weiter im Programm. Final-Report beim Zentralkomitee der REYA. Helmut hatte seine Rede mit jeweils geringfügigen Änderungen schon einige Mal gehalten und wir haben sie schon einige Mal gehört. Überraschend war lediglich die Frage unserer Gastgeber nach möglichen Unzulänglichkeiten, die wir erlebt hätten. Schwierig, darauf zu antworten, ohne besserwisserisch zu erscheinen. Auch kompliziert, weil die kardinalen Unzulänglichkeiten keine Erscheinung der Provinz sind, sondern gesamtgesellschaftliche, und gesamt meint: einschließlich der dünnen Führungsschicht, deren Vertreter uns gegenüber saßen.

Michael sprach dann von fehlenden Aktivitäten der REYA auf den Staatsfarmen im Freizeitbereich. In Goffar zum Beispiel gibt es immerhin einen Tischtennisraum. Er wird auch benutzt, sogar während der Arbeitszeit - vom Management.

Helmut fragte, ich dachte, mich juckt's, nach Verbandskleidung. Wenn das eine Velegenheitsfrage war - das hoffe ich doch - war's keine glückliche. Helmut kann doch unmöglich vom preußischen Uniformfimmel befallen sein. Gibt es nichts Wichtigeres?

Der Schengo, das Parlament, hörten wir, existiert bisher nur auf nationaler Ebene. Hier wird also, das war für mich interessant, ebenfalls von oben nach unten begonnen. Aber kann ich das werten aus meiner Sicht? Der Kadermangel ist hier wie anderswo für manche Lösung ausschlaggebend.

Bisher konnten 348 Leute in sozialistischen Ländern, CSSR, Polen, Ungarn, Bulgarien, DDR, UdSSR, Kuba ein Studium an Jugend- und Parteischulen oder der Philosophie-, Ökonomie-, Wissenschaftlicher Kommunismus-Fakultät einer Universität absolvieren. Studienaufenthalte und Kurzlehrgänge hinzugerechnet, gelangt man zu einer Zahl um die Zehntausend. Aber was ist das für ein Volk von über vierzig Millionen?

Schließlich fragte ich noch einmal nach der Resonanz des sowjetisch-amerikanischen Vertrages bei der REYA. Diese kühle Frage wurde sicher hier nicht zum ersten Mal gestellt, denn inzwischen hat sich das ZK der Partei beeilt, seine Freude in einem Telegramm an Gorbatschow zum Ausdruck zu bringen. So also funktioniert Politik? So ungefähr...

Als wir die REYA verließen, erwartete uns vor dem Haus ein Vertreter unserer Botschaft. Der Cocktail bei der AETSC sei um eine Stunde vorverlegt worden. Es blieb also gar nicht mehr so sehr viel Zeit. Vom Hotel holte der Botschaftsbus uns ab. Wieder ging es an die Peripherie. Von der Schule kamen die Jugendlichen nach Haus. Noch einmal die Parade hübscher Mädchen.

Die Abschiedsveranstaltung fand in einem Hallenbau statt, der wohl gewöhnlich als Kantine dient, hell und sehr sauber. An der Wand standen Tische, auf jedem Tabletts mit Sandwiches, Fleisch: Leber, Nieren, Schaschlyk, Rind... Aber bevor wir begannen, uns buchstäblich durch den Saal zu essen, bekam ich noch einmal Post.

Die ständige Brigade hatte einen kleinen Blumenstrauß besorgt und gratulierte. Seltsam: Erst die Mitfreude anderer läßt die eigene ganz hervorkommen. Und jetzt hatte auch ich Durst, wenngleich ich mit Vorsicht trank. An solchen Tagen vertrage ich nichts und das Ende dieses Abends wollte ich schon wachen Sinnes erleben.

Auf der Rückfahrt saß plötzlich Mäcki mit im Bus. Daß es eine Flucht war, erfuhren wir erst später, bei der Flasche Ouzo auf meinem Zimmer. Detlef war da, Gerald, Andreas, Helmut, Michael. Da war viel Selbstzerfleischung, aber es blieb bei allem ein bitterer Bodensatz, der hatte ihn zu uns getrieben.

Mäcki hat selbst eine frühere Erntebrigade mitgemacht, kennt die Umstände, kennt aber auch Neid und Mißgunst gegenüber der Vierteljahrestruppe von seiten der Ständigen und fühlt sich zu uns hingezogen, weil er in der *Artur Becker-Brigade der letzte Arsch* sei. *Ich hab ja keine Familie, also hab ich keine Probleme. Probleme dürfen nur die anderen haben.*

Der Aus- und Zusammenbruch solch eines Mannes wie Mäcki nimmt mich immer mit. Selbst wenn ich weiß, daß manches ungerecht ist, die Ignoranz der anderen durchaus nicht so umfassend, wie Mäcki glaubt. Doch was hilft das? Er sieht, daß andere ihre Abschlüsse hervorkehren, ihre Sorgen, ihren Status. Mithalten kann er da nicht. Nur auffahren: *Ich bin Kommunist.*

Ich bin ein einfacher Mensch. Noch in der Wut oder gerade in ihr offenbart, artikuliert sich stolz auf die Arbeiterklasse, Stolz, ihr anzugehören, darauf, daß sie die Macht hat in unserem Land. *Mäcki* spricht´s aus, weil darauf sein Recht beruht (in anderem Zusammenhang wäre ich mißtrauisch gegen seine Sätze gewesen). Jetzt stimmt es, in der Reibung.

Natürlich ist *Mäcki* betrunken, alle sind das mehr oder weniger. Ich lasse die Flasche kreisen, setze sie aber selbst nur zum Schein an den Mund. Dann erzählt *Mäcki*, und nun kommt ihm wirklich noch das Heulen, von einem Brief, den er heute bekam von seiner Nichte, seinem Neffen. Er ist zuhause, da er mit dem Bruder ein Haus bewohnt, oft mit dem Jungen zusammen. Vielleicht auch Familienersatz. Und nun hat er eine Liebeserklärung bekommen. *Ich fehle ihm. Er liebt mich. Ich liebe ihn auch, versteht ihr!*

Überschwenglich hatte er mir gratuliert. So wird er auch an diesen Kindern hängen, seinem Halt. Ich glaube nicht, daß er redet über das Manko, daß ihn zerfrißt. Er verschmiert die Tränen, ballt die Fäuste, lenkt ein. Ist kaputt. Die Jungs bringen ihn in einem anderen Zimmer zu Bett. Morgen wird er wieder Urvieh sein.

Schließlich kommen noch Jan und Hartmut aus der Stadt zurück, wütend, blau. *Absolut sinnlos, daß wir überhaupt hier waren. Diese Nigger müßte man...* - Jan. Was war? Die beiden waren, hinreichend betrunken, noch einmal losgezogen und hatten irgendwie zum Spaß zwei Mädchen vom Gewerbe aufgegabelt, zum Spazierengehen.

Plötzlich aber standen ihnen zwei Männer gegenüber. Der eine mit Kalaschnikow. Der andere ohrfeigte erst die Dämchen und schlug dann auch bei Jan und Hartmut zu. Ohne Vorwarnung. Nun war die Welt böse. Ich auch, weil ich Jans Gerede Blödsinn nannte. So verzogen sie sich. Auch die anderen waren gegangen. Der Tag unserer Heimreise hatte begonnen.

23. Dezember

Einige von uns hatten sich für den Vormittag noch Einkäufe vorgenommen, Obst vor allem und Gemüse. Mich betraf das nicht mehr, mein Portemonnaie war fast leer, aber ich war froh, daß auch Gerald sich auf den Weg machte und ich noch einmal ein, zwei Stunden mit mir allein blieb.

Vom Hotelfenster sah ich auf die Vorstadthütten, die Straße, auf deren anderer Seite eine Militärpatrouille und ein paar Schuhputzer in der Vormittagssonne warteten. Noch einmal machte ich mir einige Notizen im Tagebuch, aber weit kam ich damit nicht. In meinem Magen, meinem Kopf rumorte es wie drei Monate zuvor, in den letzten Tagen der Reise. Noch einmal nahm ich ein warmes Bad, dann zog ich mich an, sah mich um im Zimmer. Im Papierkorb blieb eine leere Schnapsflasche zurück, die schwarze Hose, löchrige Arbeitssocken. Ich nahm meinen Koffer.

Natürlich war es zu früh, aber auch andere von den Jungens saßen schon im Foyer des Hotels, tranken etwas Kaltes. Aus einzelnen Koffern wurde nach und nach eine ansehnliche Reihe. Am Eingang schmückte eine Frau den Christbaum. mit Schnee-Spray zauberte sie weiße Flecken auf seine Zweige. Und der Portier öffnete und schloß die Tür.

Pünktlich kam, mit einem fremden Fahrer, der Pickup, mit Hussein der Niva. Nur der Bus ließ auf sich warten, wurde überfällig, zehn Minuten, eine halbe Stunde. Währenddessen suchten Helmut und Bibi nach Trägern für ihre Handgepäck, das weitaus voluminöser war als ihre Koffer. Erinnerungsgeschenke der diversen Meetings, Bananen, Paprikaschoten, die Aktentasche mit allen Papieren...

Der Bus kam noch immer nicht. Wie lange läuft man zum Flugplatz? Wann fliegt die nächste Maschine, wurde geflachst. *Am sechsten Januar.*

Später stellte sich heraus, daß der Botschaftsbus zu einem falschen Hotel geschickt worden war. Wenigstens ersparte uns das die Warterei auf den Transit. Am Flugplatz hatte sich auch die ständige Brigade versammelt. Schöne, auch etwas wehmütige Geste. Ich weiß nicht, weshalb ich keine Lust zu Verabschiedungszeremonien hatte. Vor uns drängte eine junge Frau mit Diplomatengepäck in die abgesperrte Halle. Warum sind die Züge solcher Frauen so fremd, wirken sie so unnahbar. Strapazierte Attraktivität. *Macht's gut, grüßt die Heimat! In zweieinhalb Monaten kommen wir nach.*

Während wir auf die Abfertigung warteten, kam vom anderen Schalter eine Äthiopierin herüber und zog Klebestreifen über unsere Koffer: *Bagage checked.* Das war der Zoll. Die Paßkontrolle verlief ebenso reibungslos. Vierzig Leute warteten auf die *Interflug*-Maschine, Diplomaten, Zementwerker, andere Spezialisten, wir.

Selbst hier gab es etwas wie Vorweihnachtsstimmung. Sie war in uns und es schien, als wüßten wir sie auch in der Maschine, die ja schon ein Stückchen Heimat ist. Für die Crew hatten wir einen ganzen Pappkarton Keramik mitgebracht, nicht ohne Hintergedanken. Wir wollten unsere Devisen im Flugzeug loswerden, die Dollars, die Helmut gerade verteilt hatte. Addis blieb unter uns zurück. Ich hatte mir fest vorgenommen zu schreiben, aber nun reichte die Ruhe kaum, um die Zeitungen durchzublättern, und vor mir zehn Stunden...

Wir saßen fast alle, außer Bibi und Helmut, im vorderen Teil der Maschine. Fotoapparate klickten. Jemand hielt eine Videokamera ans Fenster. Hier störte das keinen. Auch hinter Khartoum, versprach die Stewardess, würden wir *unter uns* bleiben.

Von hinten kam Bibi mit einer Flasche: Geburtstagswhisky. Zwei Stunden später war er - wieder einmal - betrunken, hatte beim Sprechen Schaum vorm Mund, ein schlechtes Gewissen und den festen Vorsatz, bis Schönefeld wieder o.k. zu sein. Inzwischen hatten wir unsere Mitbringsel gekauft, Zeug: Whisky, Weinbrand, Süßkram, waren ins Gespräch mit anderen Fluggästen gekommen.

Da saß zum Beispiel einer, der drei Jahre als Konsul in Tansania, in Sansibar war. Das Flugzeug ist auch Niemandsland. Die

Hierarchien treten hier außer Kraft, treten hinter das gemeinsame Erfahrenhaben eines anderen Landes zurück. Das Du ist die einzig mögliche Anredeform. Die geäußerten Gedanken liegen jenseits von Status und Protokoll. Das ist angenehm mit, sagen wir, Beigeschmack.

Der Konsul, was mich ein wenig erschreckte, teilte die Auffassung von der Unmöglichkeit des Sprunges aus dem Feudalismus in den Sozialismus. *Was wissen sie denn zu Hause? Wir schreiben Berichte, Berichte, und zu Hause, unter uns gesagt, sitzen die Opis am grünen Tisch und entscheiden. Zu wenig Mut, zu wenig Risiko, zu wenig Vertrauen in die Jugend - wir brauchen viel mehr Leute dort und zu Hause mit Erfahrungen - zu viel ungenutztes Potential.*

Sind die Wolken auch ein Abladeplatz enttäuschter Hoffnungen, verwelkter Illusionen? Zäh flossen die Stunden. Die Stewardessen hatten nichts dagegen, daß wir einige Mal ihr Domizil durchquerten. Adressentausch, aber nur noch wenig Gespräch. Jeder war auf irgendeine Art jetzt schon bei den Seinen.

Es war Nacht geworden. Unter uns flimmerte Budapest. Zähe Minuten. Bitte anschnallen und das Rauchen einstellen. Neun Grad in Berlin. Empfangskomitee. VIP-Durchgang. Aufenthaltsraum. Kaffee a la Mitropa. Weinbrand. Eine Sekretärin des Zentralrates, aufgemöbelte Endzwanzigerin (Warum wirken diese Mode-Natschalniks so komisch?). Begrüßung. Glückwunsch. Freundlichkeit und, das macht unser Heimatgefühl erst komplett, *Einschätzung der letzten Zentralratstagung.* Kurz, kurz, man hatte ja Verständnis. Immerhin wartete unten schon unser Gepäck.

Ein Taxi kam bald. Mutter wartete am Fenster. Das war schön.

2017

Dreißig Jahre sind vergangen. Die Volksdemokratische Republik Äthiopien gibt es nicht mehr. Die Deutsche Demokratische Republik ist der Bundesrepublik Deutschland beigetreten. Verschwunden sind auch die Dörfer, in denen wir lebten, und die Staatsfarmen, auf denen wir während der Erntekampagne 1987 halfen. Sie waren ein Teil des landwirtschaftlichen Programms der Militärregierung von Mengistu Haile Mariam in einem Land, in dem trotz internationaler Hilfe drei Millionen Menschen akut vom Hungertod bedroht waren. Auch heute gehört Äthiopien zu den ärmsten Ländern der Erde, aber die Dörfer und Farmen sind geschleift.

Wir, das war die neunte Brigade der Freundschaft *Werner Lamberz* der Freien Deutschen Jugend. Was dazu an Unterlagen existierte, wurde seinerzeit – so hat man es mir berichtet – wendeeifrig in den Innenhof des Zentralrates der FDJ entsorgt, wie Berge anderer Dokumente. So ist außer den persönlichen Erinnerungen nichts geblieben, was Zeugnis legen könnte von den sechsundachtzig Tagen im Hochland Äthiopiens.

Wir, das war ein gutes Dutzend junger Arbeiter und Ingenieure, ein Brigadier, ein Dolmetscher und ein Schriftsteller. Es war ein Luxus, den die Deutsche Demokratische Republik, den der Zentralrat der Freien Deutschen Jugend sich leistete: Dort, wo Internationalismus gelebt, Solidarität geübt wurde, schickte der Jugendverband auch Künstler hin: Musiker, bildende Künstler, Schreibende.

Es war ein Gewinn für alle. Die Spezialisten vor Ort lernten auf diese Weise die Arbeit von Kunstschaffenden kennen, denn nicht selten waren solche Reisen begleitet von Konzerten, Ausstellungen, Lesungen. Die Kreativität rieb sich an der oft harten körperlichen Arbeit und den Protagonisten der großen Jugendobjekte. Aus Weltansage wurde für Arbeiter wie Künstler durch solche Aufenthalte Weltanschauung.

Rauskommen aus der Deutschen Demokratischen Republik

war neugierigen Menschen ein Wert an sich, für den sie manche Unbequemlichkeit gern in Kauf nahmen. Die Aussicht, einen schmalen Teil ihres Budgets in Devisen transferieren zu können, spielte als Motiv ebenfalls eine Rolle, wenn auch eine weniger vordergründige, als vielleicht vermutet.

Bedingung für die Mitgliedschaft in der FDJ-Freundschaftsbrigade *Werner Lamberz* war, daß ich selbst Teil der Brigade bin, dass ich ebenso wie die Landmaschinenschlosser und Ingenieure mitarbeite. Auch wenn es zuweilen möglich gewesen wäre, verbot ich mir selbst jede Sonderrolle, jedes Privileg. Die einzige Ausnahme bestand darin, daß ich nachts am Tisch sitzen und bei Kerzen- oder Taschenlampenlicht meine Tagebücher schreiben und, wenn ich damit ins Hintertreffen geriet, meinen freien Tag in der Woche vorziehen durfte.

Ansonsten war ich ein Hilfsarbeiter, dem frühere polytechnische Bildung, ein technischer Beruf und die Vertrautheit mit größeren Fahrzeugen zu Gute kamen, aber auch manche Reisen, die ich bereits absolviert hatte – an die Erdgastrasse in der Sowjetunion, nach Rumänien und Algerien. Es machte mir nichts aus, Klingen am Schneidwerk eines Mähdreschers E 512 zu nieten, Bremsen zu zerlegen, Werkzeug zuzureichen. Und es machte mir auch nichts aus, wenn es trotzdem Pannen dabei gab und die Kumpel mich zu ihrem „schreibenden Vorkommnis" ernannten.

Ich habe mit ihnen die Bergfestzeitung gebastelt und habe ein Dutzend Gedichte geschrieben, die später in der Tageszeitung der FDJ *Junge Welt* veröffentlicht wurden. Das war ja der Hintersinn des Auftrags, daß Musiker, Maler und Autoren inspiriert zurückkämen von solcher Reise, dass sie jenen, mit denen sie geschuftet hatten, ein Denkmal setzten oder besser: daß sie dem, was wir gemeinsam zu bewegen versuchten, Dauer zu verleihen halfen.

So ungeschönt und authentisch allerdings, wie es auf diesen 270 Seiten nun vorliegt, sollte es dann doch nicht sein. Es sollten, sagen wir einmal, alle *gut wegkommen* dabei und am besten der Sozialismus in der DDR wie in Äthiopien. Aber dazu ist das Leben zu kompliziert. Nur, wenn die Wahrheit gut wegkommt, haben wir auch selber eine Chance, daß das Urteil über uns gerecht ausfällt. Ich wollte die Wahrheit schreiben und habe das, so gut ich es konnte, getan. Niemand hat mir hereingeredet dabei. Es hat mich auch niemand mit Mißtrauen geplagt oder sich selbst das Maul verboten aus Sorge, etwas Falsches zu sagen.

Wir waren alle, bis auf den Brigadier, zwischen Anfang 20 und Anfang 30. Diejenigen, die zum ersten Mal nach Äthiopien kamen, begegneten nicht nur einer fremden, überwältigenden Landschaft, sondern auch einer fremden Kultur. Sie erlebten nicht nur Gastfreundschaft und Herzlichkeit, sondern auch Lebensverhältnisse, die oft kaum zu verstehen und nicht auf Anhieb zu bewältigen waren.

Was wir vorfanden, legte den Schluß nahe, daß es vielleicht gar nichts würde mit dem Ethiopa Tikdem – Äthiopien voran, so vom Feudalismus zum Sozialismus springend. Und bei dem, was wir an den Füßen mitschleppten, der eigenen Heimat, meldete zwar niemand laute Zweifel an, aber wie tief sich Opportunismus und Resignation schon bei den jungen Leuten gefressen hatten, auch wenn sie selbst oft in mehreren gesellschaftlichen Funktionen tätig waren, das ließ sich schlecht übersehen. Wie weit Ideologie und Leben auseinanderklafften und wie schwer es war, diese Kluft im Alltag zu überwinden, das war an den Ufern der Saale so deutlich, wie an denen des Wabe Shebele.

Ich kam nach diesem viertel Jahr anders nach Hause, als ich mich auf den Weg gemacht hatte. Ich war voller Eindrücke von Landschaften, Menschen, Lebensgeschichten, von Aufbrüchen und Hindernissen. Zugleich war ich um manche Illusion ärmer, die die Deutsche Demokratische Republik betraf, aber auch den Aufeinanderprall von Zeitaltern und Kulturen. Ich hatte aber auch, indem ich Verantwortung übernahm, mehr von der Verantwortung erfahren, die wir füreinander haben, in einer Brigade und in der globalisierten Welt.

Das, glaube ich, ist es auch, was dieses Buch aktuell macht. Es ist ja kaum ein Wimpernschlag Historie seitdem vergangen. Keiner der sozialen Gegensätze ist überwunden, im Gegenteil, die Schere zwischen Arm und Reich klafft weiter auf denn je. Es gibt den verinnerlichten Alltagsrassismus, nicht nur in Deutschland, aber auch hier, der sich schwer aufbrechen lässt, und der für sein Vorurteil immer Nahrung findet, wenn er danach sucht.

Nicht alle in der Brigade habe ich in gleicher Weise respektiert. Einige sind mir rasch ans Herz gewachsen. Zu anderen wahrte ich eine instinktive Distanz. Manche wurden mir fremder, je besser ich sie kennen lernte. Aber ich habe jeden von ihnen gemocht. Ich habe keinen gefunden, der nicht seine guten Seiten gehabt hätte, seine Stärken, seine liebenswerten Eigenheiten.

Wer unter fremden Himmeln 24 Stunden am Tag zusammen arbeitet, ißt, trinkt, die Freizeit verbringt, der wird für seine Weggefährten lesbar, auch wenn er das nicht will oder sich bemüht, eine Rolle zu spielen. Die meisten haben das gar nicht versucht. Und wo sie sich, äußeren Drücken geschuldet, dazu gezwungen fühlten, war ich wütend – aber zum Wenigsten auf sie.

Ja, sie verdienen, dass man sich ihrer erinnert. Denn sie waren auch die mit dem guten Glauben und den festen Vorsätzen; sie hatten viel zu verteidigen und ich hoffe, dass es jedem von ihnen gelungen ist, so gut es ging.

Erläuterungen:

Seite		
6	Mengistu Haile Mariam	Staatsoberhaupt Äthiopiens von 1977 bis 1991.
7	FDJ	Freie Deutsche Jugend, Jugendorganisation in der Deutschen Demokratischen Republik
	Ständige Brigade	Brigade der Freundschaft Artur Becker mit Sitz in Addis Abeba
	Exa 1 B	Spiegelreflex-Kamera aus DDR-Produktion
	Lada	Sowjetische Automarke
10	Wofasept	in der DDR handelsübliches Desinfektionsmittel
	Neruda	Pablo Neruda (1904 – 1973), chilenischer Dichter
12	Fit	in der DDR handelsüblicher Geschirrspüler und Allesreiniger
14	KuS	Kultur und Sport
15	Goldbrand	Weinbrand-Marke in der DDR
16	Jelem! Hit!	Alles alle! Geht weg!
20	Niva	Geländewagen sowjetischer Bauart mit Vierrad-Antrieb
21	Armeerundschau	Monatszeitschrift in der DDR
	Magazin	Monatszeitschrift in der DDR
26	Kamas	LKW sowjetischer Bauart
28	Linda Neutral	in der DDR handelsübliche Waschpaste
32	Damals mit B.	Titel eines Gedichts des Autors
33	Lene Gram	dänische Dichterin (1941 – 2003)
	Bei der Fahne	Umgangssprachlich für Wehrdienst in der Nationalen Volksarmee
	Mädchen mit rotem...	Gedichtzeile des Autors

277

38	Chlorochin	Medikament zur Malaria-Prophylaxe
40	7. Oktober	Gründungstag (1949) der Deutschen Demokratischen Republik
45	Wolga	PKW der Mittelklasse sowjetischer Bauart
	Komsomol	Jugendorganisation in der UdSSR
48	LPG	Landwirtschaftliche Produktions-Genossenschaft
	Ferenjuk	Fremder
49	Blutige Erdbeeren	deutscher Titel des amerikanischen Spielfilms Strawberry Statement (1970) von Stuart Hagmann
53	NSW-Kader	Personen, die beruflich ins nicht-sozialistische Wirtschaftssystem reisen dürfen
55	VP	Volkspolizei
56	Schnatterinchen	Puppenfigur des DDR-Fernsehens
59	Minteno	Was ist los?
60	VDR	Volksdemokratische Republik
71	Pittiplatsch	Puppenfigur aus dem DDR-Fernsehen
72	Baca!	Schluß!
74	Tanastaling	Guten Tag
75	Fortschritt	VEB Landmaschinenbaukombinat Fortschritt
79	bei den Freunden	gemeint sind die sowjetischen Entwicklungshelfer
83	Ischi	ist klar
85	Artur Becker	Artur Becker (1905 – 1938), Politiker, kommunistischer Reichstagsabgeordneter, Kämpfer der Internationalen Brigaden im spanischen Bürgerkrieg
	Werner Lamberz	Werner Lamberz (1929 – 1978), Heizungsbauer, Mitglied des Politbüros

	Wilhelm Pieck	des Zentralkomitees der Sozialistischen Einheitspartei Deutschlands Wilhelm Pieck (1876 – 1960), Tischler, einer der Gründungsvorsitzenden der Sozialistischen Einheitspartei Deutschlands, Präsident der Deutschen Demokratischen Republik
86	AETSC	Agricultural Equipments & Technical Services Corporation
90	Jürgen Kuczynski	Jürgen Kuczynski (1904 – 1997), Historiker, Wirtschaftswissenschaftler, Auto unter anderem von „Dialog mit meinem Urenkel" (1983)
95	Gipfeltreffen	USA und UdSSR unterzeichneten im Dezember 1987 den INF-Vertrag (Washingtoner Vertrag über nukleare Mittelstreckensysteme)
100	ADN	Allgemeiner Deutscher Nachrichtendienst, staatliche Nachrichtenagentur der Deutschen Demokratischen Republik
	Junge Welt	Tageszeitung der Freien Deutschen Jugend
101	Intershop	Geschäfte in der DDR, in denen Waren nur gegen konvertierbare Währungen oder entsprechende Schecks verkauft wurden
103	Tukul	Eigentlich traditionelle Rundhütte, in diesem Fall Nationalrestaurant in Addis Abeba, das stark von Ausländern frequentiert wird
107	B 1000	Kleinbus der Marke Barkas aus DDR-Produktion
	W 50	LKW der Marke IFA aus DDR-duktion
110	Fjodorow	Alexej Fjodorowitsch Fjodorow (1901

		– 1989), sowjetischer Schriftsteller
111	Mont Kaka	Mount Kaka, Berg in Äthiopien
116	Orwo	ORWO – Original Wolfen, Marke der Filmfabrik Wolfen in der DDR
117	Singer	traditionelle Nähmaschinen-Marke
132	POS	Polytechnische Oberschule, zehnklassige allgemeinbildende Oberschule
136	Bastian	Horst Bastian (1939 – 1986), deutscher Schriftsteller
	Hans Weber	Hans Weber (1937 – 1987), deutscher Schriftsteller
139	Herbert Otto	Herbert Otto (1925 – 2003), deutscher Schriftsteller
141	Aurelie, Meister	vergl. Johann Wolfgang von Goethe, Wilhelm Meisters Lehrjahre
	Steffen Peltsch	Dr. Steffen Peltsch, deutscher Literaturwissenschaftler
146	Narva	Glühlampenwerk in Berlin
	Schilkin	Schnapsbrennerei in Berlin
154	Semper	Zigarettenmarke in der DDR
165	Eberhard Aurich	Eberhard Aurich (* 1946), Betonfacharbeiter, Lehrer, Erster Sekretär des Zentralrats der Freien Deutschen Jugend 1983 – 1989
201	Parteilehrjahr	Monatliche Pflichtveranstaltung für Mitglieder der Sozialistischen Einheitspartei Deutschlands zur politischen Weiterbildung
218	Hasso Laudon	Hasso Laudon (* 1932), deutscher Schriftsteller
221	LMAA	Leckt mich am Arsch; das ist mir gleichgültig
239	Inselmärz	Erzählung von Tine Schulze-Gerlach (1920 – 2011)
249	Harald Gerlach	Harald Gerlach (1940 –

253	Spee	2001), deutscher Schriftsteller Waschmittelmarke aus der DDR
256	Poesiealbum	Lyrikreihe des Verlages Neues Leben, in der der Autor 1987 debütierte
269	Kalaschnikow	sowjetische Maschinenpistole, Nato-Kennung AK 47
271	Interflug	Fluggesellschaft der DDR
272	Natschalnik	aus dem Russischen, Funktionär

Bilder

Seite

8	Camp in Garadella
18	Unterkunft in Garadella, in der Mitte Wohnbereich des Autors
22	Kinder in Garadella
32	Brigadisten mit Arbeitern der Staatsfarm Sirofta
41	Arbeitsgruppe mit Toyota und plattem Reifen
46	Treffen mit äthiopischen Kooperationspartnern
57	Kneipe in Asassa
67	Arbeit am Mähdrescher E 512
70	Reparatur am Mähdrescher E 512
77	Der Autor auf einem E 512
79	Nazret hat Geburtstag
80	Säcketräger bei Sirofta
82	Doktor Teshome (rechts) in Garadella
87	Mitglied der Ständigen Brigade Artur Becker in Addis Abeba
93	Feierabend in Asassa
106	Abendessen im Nationalrestaurant Tukul in Addis Abeba
114	Reparatur am Mähdrescher E 512
115	Am Garadellaberg
119	Im Hotel am Lake Langano
123	Lagerfeuer am Lake Langano
130	Freundschaftstreffen in Dodola
132	Baden im Wäschekorb, Duschen mit der WM 66
139	Party nach dem Solidaritätsbasar
147	Bergfest in Garadella
159	Treffen mit äthiopischen Kooperationspartnern in Garadella
161	Watchman auf einem Feld bei Sirofta
166	Mädchen in Garadella
170	Wasserfall am Wabe Shebele
172	Getreide-Verladung bei Sirofta

181	Kaffee-Zeremonie in Garadella
186	Kücken für die kubanischen Veterinäre
191	Freier Tag in Garadella
202	Neugierige beim Solidaritätsbasar
205	Solidaritätstag in Dodola
207	Familie von Dr. Teshome
210	Blacky
213	Höhlen-Familie
215	Hotel in Asassa
218	Stillleben
222	Schule in Garadella
223	Alter Nomade
226	Grabstätte
233	Erlegter Waschbär
237	Treffen mit äthiopischen Kooperationspartnern
240	Kollegen
243	Garadella
251	Vorbereitung auf die Heimkehr
261	Addis Abeba aus dem Hotel d´Afrique gesehen
276	Brigadisten in äthiopischer Nationaltracht

Ebenfalls bei Books on Demand erschienen:

wurzelland.wo - Gedichte

Henry-Martin Klemt
Paperback, 216 Seiten
15,00 Euro
ISBN 978-3-7392-2713-9

Liebe muss der Wahrheit Schwester sein

Eva Schönewerk
Die Gedichte
Herausgegeben von Henry-Martin Klemt
Paperback, 314 Seiten
14,00 Euro
ISBN 978-3-7392-2438-1

Museum für Wunder

Klaus-Dieter Schönewerk
Die Gedichte
Herausgegeben von Henry-Martin Klemt
Paperback, 232 Seiten
10,00 Euro
ISBN 978-3-7392-2476-3